Andreas Stadler

Ein Beitrag zur Ableitung regelbasierter Modelle aus Zeitreihen

Schriftenreihe des
Instituts für Angewandte Informatik / Automatisierungstechnik
an der Universität Karlsruhe (TH)
Band 8

Ein Beitrag zur Ableitung regelbasierter Modelle aus Zeitreihen

von
Andreas Stadler

universitätsverlag karlsruhe

Dissertation, Universität Karlsruhe (TH),
Fakultät für Informatik, 2004

Impressum

Universitätsverlag Karlsruhe
c/o Universitätsbibliothek
Straße am Forum 2
D-76131 Karlsruhe

www.uvka.de

Print on Demand

ISSN 1614-5267
ISBN 3-937300-53-8

Danksagung

Die vorliegende Dissertation entstand während meiner Tätigkeit als wissenschaftlicher Mitarbeiter am Institut für Angewandte Informatik (IAI) des Forschungszentrums Karlsruhe.

Mein Dank gilt Herrn Prof. Dr.-Ing. G. Bretthauer für die Möglichkeit, am IAI zu promovieren sowie für die Übernahme des Hauptreferates. Ebenfalls danken möchte ich Herrn Prof. Dr. rer. nat. P. H. Schmitt für sein Interesse an meiner Arbeit und die Übernahme des Korrefferats.

Mein besonderer Dank gilt Herrn Dr.-Ing. H. B. Keller, der als Leiter der Arbeitsgruppe „Innovative Prozeßführung" mein Interesse für die Analyse des Verhaltens dynamischer Systeme unterstützte und die Arbeit nach Kräften förderte. Danken möchte ich weiterhin meinen Kollegen Dr.-Ing. J. Jäkel, Dr.-Ing. J. Matthes, Dr.-Ing. R. Mikut, Dr.-Ing. B. Müller und Dr.-Ing. S. Zipser, die mich durch fachliche Diskussionen und die Durchsicht von Teilen der Arbeit unterstützten.

Ferner möchte ich meinen übrigen Kollegen und Frau Jung dafür danken, daß mir meine Zeit am IAI immer in guter Erinnerung bleiben wird.

Ganz besonders herzlich danken möchte ich meiner Frau Ellen für die Durchsicht der Ausarbeitung sowie für alle Unterstützung in der Zeit der Fertigstellung der Arbeit.

Karlsruhe, im März 2005 Andreas Stadler

Inhaltsverzeichnis

Kapitel 1

Einleitung

1.1 Modellierung komplexer dynamischer Systeme

Die klassische Modellierung dynamischer Systeme geht von der Prämisse „divide et impera“ aus: Ein System ist gegenüber seiner Umgebung abgrenzbar und besteht aus identifizierbaren Komponenten, zwischen denen beschreibbare Wechselwirkungen in Form von Materie-, Energie- oder Informationsströmen vorliegen. Komponenten lassen sich selbst wiederum zerlegen, bis letztlich einzelne Größen wie Temperatur, Volumen, Druck usw. faßbar sind. Dadurch, daß die Komplexität der Schnittstellen zwischen den Komponenten jeweils begrenzt ist, werden auch komplexe Systeme modellierbar. Der Vorteil des Zerlegungsansatzes besteht also darin, daß die Summe der Komplexitäten der Komponenten und der Schnittstellen zwischen ihnen niedriger ist als die Komplexität des Gesamtsystems.

Umgekehrt wird eine solche strukturorientierte Modellierung schwierig, wenn das Auftreten umfangreicher Wechselwirkungsgeflechte die Identifizierung klar abgrenzbarer Komponenten mit einfachen Schnittstellen zu anderen Komponenten unmöglich macht. Jede mögliche Zerlegung wird dann zwar eine Komplexitätsreduktion in Form einzelner, weniger komplexer Komponenten bedeuten, die Komplexität der Schnittstellen zur Beschreibung der Wechselwirkungen mit den restlichen Komponenten wird diesen Gewinn jedoch wieder zunichte machen. Im Extremfall wird somit eine strukturorientierte, „tiefe“ Modellierung scheitern und infolgedessen eine theoretische Modellierung, die schon durch komplizierte Wechselwirkungen mit Nichtlinearitäten oder Verzögerungen zwischen den Komponenten stark erschwert wird, extrem aufwendig oder unmöglich.

Um die hinter der Modellierungsaufgabe stehende eigentliche simulations- oder regelungstechnische Zielsetzung dennoch zu erreichen, kann auf eine funktionale oder verhaltensorientierte Modellierung ausgewichen werden. Ersteres bedeutet, daß sich das Interesse auf funktionale Abhängigkeiten zwischen den nach außen sichtbar werdenden Größen des Systems beschränkt. Letzteres heißt, daß noch weiter abstrahiert und lediglich Verhaltensmuster als Effekte nicht modellierter interner Wechselwirkungen analysiert werden.

1.2 Anwendungsbeispiel Thermische Abfallbehandlung

Ein wichtiges Beispiel für schwer modellierbare Systeme bilden Anlagen zur Thermischen Abfallbehandlung (siehe [Bra90] oder [TK94]). Außerhalb technischer Fragestellungen sind Systeme, bei denen die beobachteten Funktionen (Verhalten) in Verletzung der eingangs genannten Prämisse über viele eng miteinander vernetzte Komponenten verteilt sind, beispielsweise im ökologischen (Klima, Schadstofftransport- und Reaktionsvorgänge) und biologischen (neuronale Verschaltungen) Bereich anzutreffen.

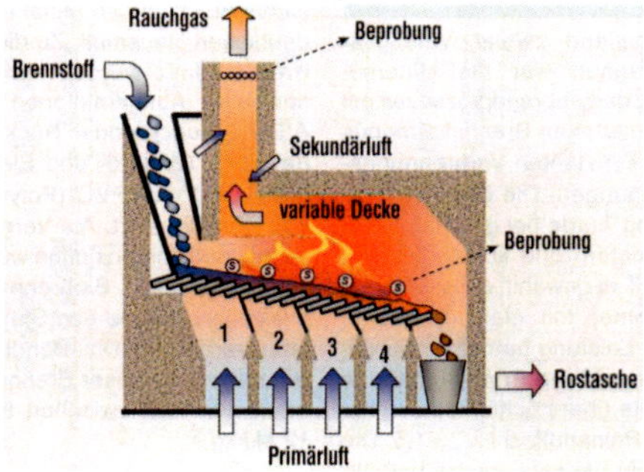

Abbildung 1.1: Die Versuchsanlage TAMARA. Ansicht des Kessels (links) und Querschnittzeichnung (rechts).

Obwohl in der Vergangenheit umfangreiche Arbeiten zur analytischen Modellierung von Anlagen, etwa der in Abbildung 1.1 gezeigten Versuchsanlage, durchgeführt worden sind (siehe [MD91], [MPSDB92] oder [Pet94]), konnten bislang nur für Teilbereiche (z.B. Glutbett und Gasphase) unter wohldefinierten Bedingungen getrennte Prozeßmodelle mit sehr hohen Parameterzahlen abgeleitet werden (vgl. [HJP00] oder [PKSF00]). Für großindustrielle Anlagen fehlen selbst solche Modelle, und es muß auf andere Verfahren zu ihrer Regelung zurückgegriffen werden [Gie96].

Wichtige Ziele der Thermischen Abfallbehandlung sind die Erreichung maximaler Energieausbeute, maximaler Müllmassenreduktion, d.h. optimalen Ausbrands, und minimaler Schadstoffemissionen. Eine besondere Rolle kommt hierbei der Entwicklung innovativer Prozeßführungsstrategien zu, da mit ihrer Hilfe nicht nur die Effizienz von Müllverbrennungsanlagen gesteigert, sondern im Gegensatz zu sekundären Maßnahmen, wie z.B. Filtern, die Entstehung von Schadstoffen schon während der Verbrennung vermieden werden kann.

1.3 Hintergrund und Einordnung der Arbeit

Zur Optimierung der Steuerung von Müllverbrennungsanlagen (vgl. Abbildung 1.1) wurden am Institut für Angewandte Informatik (IAI) des Forschungszentrums Karlsruhe umfangreiche Arbeiten durchgeführt. Als erfolgreich hat sich insbesondere die direkte Modellierung eines sinnvollen Eingriffsverhaltens auf Basis von Fuzzy Control erwiesen [Kie94]. Beispielsweise ist ein am IAI entwickeltes System zur Ausbrandsteuerung in einer großindustriellen Anlage seit 1995 im Einsatz (siehe [JK94] und [KKJA97]). An Weiter- und Neuentwicklungen wird im Rahmen des Projektes INSPECT 2 gearbeitet. Dabei handelt es sich um ein konfigurierbares Prozeßführungssystem zur Abbildung innovativer Prozessoptimierungsstrategien auf Anlagen der Thermischen Abfallbehandlung [KFK+02].

Als problematisch erwies sich bei der Entwicklung des Systems zur Ausbrandsteuerung u.a. der Aspekt der Wissensakquisition (siehe [Pup91] und [RD88]). Ein weiteres Problem bildete das Fehlen eines Verhaltensmodells zur Bewertung von Eingriffen, weshalb Arbeiten zur Entwicklung eines Simulators auf Basis Neuronaler Netze durchgeführt wurden [MK96], der u.a. zur on-line Ableitung optimaler Eingriffe im Sinne einer prädiktiven Regelung eingesetzt werden kann [Mül00].

Bedauerlicherweise bildet ein Neuronales Netz eine „black box“. Es liefert keine Erklärung für sein Ein-/Ausgabeverhalten, und sowohl sein Gültigkeitsbereich als auch seine Korrektheit und Qualität (Approximationsgenauigkeit) können nur schwer beurteilt werden. Dies führt zum einen zu prinzipiellen Problemen hinsichtlich der Zuverlässigkeit und Sicherheit von darauf basierenden Systemen und zum anderen zu Schwierigkeiten bei der Akzeptanz durch Anwender, die einem System vertrauen sollen, das keine Begründung für sein Verhalten liefert und dessen Qualität sie nicht beurteilen können.

Deshalb wurden von Weinberger [Wei94] Untersuchungen zur automatischen regelbasierten Modellierung dynamischer Systeme auf Basis von Zeitreihen durchgeführt und zum Teil realisiert. Mit der erstellten Software konnten erste Ergebnisse anhand ausgewählter Beispieldaten aus der halbtechnischen Versuchsanlage TAMARA („Testanlage zur Müllverbrennung, Abgasreinigung, Rückstandsverwertung und Abwasserbehandlung“, siehe [Bra90] und Abbildung 1.1) erzielt werden. Im Rahmen der Projekte am IAI zur innovativen Prozeßführung ist die vorliegende Arbeit als Fortsetzung dieser Arbeiten anzusehen.

Methodisch ordnet sie sich in den Bereich der Maschinellen Intelligenz [Kel00] als Oberbegriff für alle Versuche, Maschinen mit intelligentem Verhalten zu versehen, ein. Aufgrund der als Ausgangspunkt für die untersuchten Modellstrukturen gewählten Fuzzy-Systeme nach Mamdani handelt es sich einerseits um einen Betrag zur Ableitung von Fuzzy-Systemen aus Daten, ähnlich ROSA [Kra94] oder baumorientierten Verfahren [MJMB00]. Andererseits ist aufgrund der gewählten Methodik zur Ableitung von Abhängigkeitsbeziehungen der (enger verstandene) Bereich des klassischen symbolischen Maschinellen Lernens zu nennen.

Hintergrund der vorliegenden Arbeit bildet die Hypothese, daß es sinnvoll ist, sich bei der datenbasierten Modellierung stärker an der menschlichen Informationsverarbeitung zu orientieren, da der Mensch bislang als einziger in der Lage ist, komplexe Verhaltensmodelle aus Daten abzuleiten. Deshalb stellt auch die Kognitionspsychologie eine wichtige Grundlage des Ansatzes dar, wobei insbesondere Arbeiten von Dörner [Dör87] und Klix (siehe [Kli71] oder [Kli92]) zu nennen sind.

1.4 Ziele

Langfristiges Ziel ist die Entwicklung eines Systems zur teilautomatischen Modellierung des Verhaltens dynamischer Systeme (Simulationsproblem) sowie des Bedienerverhaltens (Eingriffsproblem). Zur Lösung dieses umfangreichen Problems werden im Rahmen dieser Arbeit sowohl theoretische Vorarbeiten geleistet als auch praktisch anwendbare Verfahren implementiert. Insbesondere werden zwei Themenbereiche bearbeitet.

Den ersten Themenschwerpunkt bildet die Entwicklung eines Systems zur Analyse numerischer Zeitreihen mit dem Ziel der Ableitung von zwischen verschiedenen Zeitreihen bestehenden Einzelzusammenhängen. Dabei wird besonderer Wert auf die Nachvollziehbarkeit und die Verständlichkeit der Ergebnisse gelegt. Beides wird sowohl durch einen interaktiven Ansatz als auch durch die Repräsentation der Zusammenhänge in Form einer bestimmten Art von Wenn-Dann-Regeln, die eine explizite Darstellung zeitlicher Abhängigkeiten ermöglicht, erreicht.

Der zweite Schwerpunkt besteht in der Entwicklung einer Modellstruktur, die nicht nur die verständliche, deskriptive Repräsentation von Zusammenhängen im Systemverhalten, sondern auch die Simulation eines Systems und die Prognose seines Verhaltens ermöglicht. Ziel ist also die Erzeugung vollständiger, regelbasierter Verhaltensmodelle analog dem auf Neuronalen Netzen beruhenden Simulator von Müller [MK96]. Die aus den Überlegungen entstandene Modellstruktur wird hinsichtlich ihrer Eigenschaften bei der Nachbildung von Systemverhalten untersucht, und es werden Möglichkeiten zur Ableitung konkreter Modelle aus erkannten Einzelzusammenhängen entwickelt.

1.5 Methodischer Ansatz

Um von einfachen Meßwerten in einer kognitionspsychologisch sinnvollen Art zu abstrahieren, werden die vorliegenden numerischen Zeitreihen zunächst als Kurven betrachtet und durch Folgen einfacher Muster (Trends oder Niveaus) approximiert. Die gefundenen Muster werden danach mit dem Ziel, typische Muster zu finden, im Sinne einer Merkmalsbildung geclustert. Mit Hilfe der dabei gefundenen repräsentativen Muster werden die Zeitreihen anschließend in symbolischer Form repräsentiert.

Die dann vorliegenden symbolischen Zeitreihen bilden eine abstrakte Repräsentation der wesentlichen Eigenschaften der ursprünglichen Meßwertreihen und besitzen die für das Verständnis der im nächsten Schritt abgeleiteten Abhängigkeitsbeziehungen wichtige Eigenschaft, daß die Symbole unmittelbar visuell Zeitpunkten oder Intervallen in den jeweiligen numerischen Zeitreihen zugeordnet werden können.

Zur Suche nach Zusammenhängen, wie zum Beispiel Ursache-Wirkungs-Beziehungen, zwischen unterschiedlichen symbolischen Zeitreihen wird ein maschinelles Lernverfahren, der Multi-Stream Dependency Detection-Algorithmus (MSDD, siehe [OC96] und [Kra01]) an die Problemstellung angepaßt und erweitert. Die Erweiterung betrifft die effiziente Verarbeitung auch großer Zeitverzögerungen und die Handhabung von Zeitintervallen für die Auftretenszeitpunkte von Symbolen.

Als Ergebnis liegt nach der Anwendung des Verfahrens eine Menge von Wenn-Dann-Regeln vor. Jede dieser Regeln beschreibt einen isolierten, verständlichen Zusammenhang zwischen dem Auftreten von Symbolen und damit bestimmten Arten von Mustern in verschiedenen Zeitreihen. Dabei werden etwaige Zeitverzögerungen explizit repräsentiert, und jede Regel wird bezüglich ihrer Korrektheit mittels eines Gütemaßes (*G*-Statistik) bewertet.

Zur Entwicklung einer neuen Modellstruktur, die eine effektive Simulation des Systemverhaltens bei expliziter Repräsentation zeitlicher Zusammenhänge ermöglicht, wird der Fuzzy-Systemansatz von Mamdani so erweitert, daß jedem Prämissenterm einer Fuzzy-Regel eine unscharfe Fuzzy-Menge zugeordnet wird, die die Zeitverzögerung zwischen dem Prämissenterm und der Konklusion der Regel angibt. Es werden verschiedene Fuzzy-Operatoren zur Auswertung solcher zeitbehafteten Prämissenterme und ihrer Verarbeitung im Rahmen der Fuzzy-Konklusionsberechnung untersucht und verglichen. Die prinzipielle Eignung des resultierenden „*t*-Fuzzy-Systems“ zur verständlichen Modellierung des Verhaltens dynamischer Systeme wird anschließend anhand einfacher Simulationsbeispiele demonstriert. Außerdem werden Ansätze zur Umwandlung von abgeleiteten Wenn-Dann-Regeln, die Zusammenhänge zwischen bestimmten Arten von Mustern beschreiben (siehe oben), in *t*-Fuzzy-Regeln entwickelt.

Weiterhin wird die direkte Ableitung geschlossener *t*-Fuzzy-Systeme aus Daten als Lernproblem im Sinne des Maschinellen Lernens dargestellt und ein entsprechender Lösungsansatz vorgeschlagen. Somit ist die Eignung der Modellstruktur zur datenbasierten Modellierung dynamischer Systeme auch unabhängig von dem oben beschriebenen symbolischen Ansatz zur Datenanalyse sichergestellt.

1.6 Gliederung

Kapitel 2 führt in die Modellierung dynamischer Systeme ein und stellt verschiedene Modelle und Modellierungsmethoden vor. Insbesondere wird das Problem der Verhaltensmodellierung als Abbildungsproblem dargestellt, und es werden wesentliche Verfahren der Maschinellen Intelligenz auf ihre Eignung zur Nachbildung funktionaler Zusammenhänge hin untersucht. Neben den Verfahren werden grundlegende Überlegungen zum Thema „Lernen aus Daten“ vorgestellt. Außerdem wird kurz auf das Lernverhalten und die Informationsverarbeitung des Menschen eingegangen, da er als einziges existierenden Beispiel für ein in den allermeisten Fällen erfolgreiches, funktionierendes Modellierungssystem angesehen werden kann. Dabei werden aus kognitionspsychologischen Erkenntnissen Prinzipien der menschlichen Informationsverarbeitung abgeleitet und in vereinfachter Art formalisiert (Relationenmodell).

Das folgende Kapitel 3 bildet den Kern der Arbeit. Hier wird zunächst ein mehrstufiges, interaktives Verfahren zur symbolischen Repräsentation numerischer Zeitreihen entwickelt. Danach wird, basierend auf dem MSDD-Algorithmus, der MSDD-I-Algorithmus als neues Verfahren zur rechnergestützten Analyse von symbolischen Zeitreihen hergeleitet. Als dritte Neuerung wird, ausgehend von dem Fuzzy-Systemansatz von Mamdani, die Modellstruktur „t-Fuzzy-System“ zur regelbasierten Modellierung dynamischer Systeme entwickelt.

In dem sich anschließenden Kapitel 4 wird die Eignung des MSDD-I-Algorithmus für die Analyse des Verhaltens dynamischer Systeme untersucht. Hierzu werden der MSDD-I-Algorithmus und das Verfahren zur Ableitung symbolischer Zeitreihen aus numerischen Daten implementiert und anhand eines simulierten dynamischen Systems mit Totzeit getestet.

Das nachfolgende Kapitel 5 beschreibt Experimente zur Untersuchung der Modellstruktur „t-Fuzzy-System“. Dazu wird zunächst eine entsprechende Software-Umgebung geschaffen und anschließend die Modellstruktur zur Nachbildung des Verhaltens unterschiedlicher dynamischer Systeme eingesetzt. Außerdem werden mit dem MSDD-I-Algorithmus gefundene Abhängigkeitsbeziehungen in t-Fuzzy-Regeln umgesetzt, und es wird das resultierende Verhalten untersucht.

Kapitel 6 faßt die wesentlichen Ergebnisse der Dissertation zusammen und formuliert Ansatzpunkte zu ihrer Weiterentwicklung.

Kapitel 2

Modellierung dynamischer Systeme

2.1 Dynamische Systeme

Formal betrachtet besteht ein System $S = (M, R)$ aus einer Menge von Systemelementen M und einer Menge von zwischen diesen bestehenden Relationen R. Ein System läßt sich somit durch die Angabe dieser beiden Mengen definieren, z.B. als der Menge M der Eingabe-, System- und Ausgabezustände und der Menge R der Eingabe-, Übergangs- und Ausgabefunktionen (vgl. [Bru91]).

Nach DIN 19226 ist ein System „ abgegrenzte Anordnung von aufeinander einwirkenden Gebilden. Solche Gebilde können sowohl Gegenstände als auch Denkmethoden und deren Ergebnisse ... sein. Diese Anordnung wird durch eine Hüllfläche von ihrer Umgebung vabgegrenzt oder abgegrenzt gedacht. Durch die Hüllfläche werden Verbindungen desSystems mit seiner Umgebung geschnitten. Die mit diesen Verbindungen übertragenen Eigenschaften und Zustände sind die Größen, deren Beziehungen untereinander das dem System eigentümliche Verhalten beschreiben.“

Von einem *komplexen* System wird gesprochen, wenn das System umfangreich ist, d.h. aus einer großen Zahl interagierender Systemelemente besteht, das System von außen nicht vollständig einsehbar ist, und Interaktion zwischen System und Umwelt, bei einem technischen System z.B. mit einem Bediener, besteht [KH90]. Besitzt das System ein beobachtbares Verhalten, das als Ergebnis des Zusammenspiels der Systemteile angesehen werden kann, so handelt es sich um ein *dynamisches* System [Wen91].

2.1.1 Eigenschaften dynamischer Systeme

Um ein dynamisches System zu modellieren, d.h. wesentliche Eigenschaften seines Verhaltens erfassen zu können, müssen bestimmte Bedingungen erfüllt sein [Unb93]. Diese sind:

- Kausalität des Systems
  Der Verlauf des Ausgangssignals des Systems bis zu einem Zeitpunkt hängt nur vom Anfangszustand und vom Verlauf des Eingangssignals bis zu diesem Zeitpunkt ab. Ohne diese Voraussetzung ist prinzipiell ein beliebiges, zufälliges Systemverhalten möglich.

- Stabilität des Systems (BIBO–Stabilität)
  Jedes beschränkte zulässige Eingangssignal hat ein ebenfalls beschränktes Ausgangssignal zur Folge („bounded-input bounded-output–Stabilität"), d.h. Zustandsänderungen sind als endliche Veränderungen darstellbar und können im zeitlichen Verlauf schrittweise verfolgt werden.

- Deterministische Meßgrößen
  Der Wert jeder Meßgröße ist zu jedem Zeitpunkt eindeutig durch einen reellen Zahlenwert bestimmt.

- Sämtliche das Systemverhalten beeinflussenden Größen müssen erfaßt (Eingangsgrößen) oder berechnet (Zustandsgrößen) werden können. Dies stellt sicher, daß die zur Berechnung des Systemverhaltens (mindestens) notwendigen Informationen vorliegen.

Weitere Systemeigenschaften sind, ebenso wie alternative Stabilitätsdefinitionen, beispielsweise in [Unb93] zusammengestellt.

2.1.2 Dynamische Systeme in dieser Arbeit

Die vorliegende Arbeit beschäftigt sich mit der datengetriebenen Modellierung komplexer dynamischer Systeme. Es wird dabei nicht nach Modellierbarkeit und Nicht-Modellierbarkeit im Sinne der Erfüllung der oben genannten Kriterien unterschieden. Vielmehr wird vorausgesetzt, daß sich kausale Abhängigkeiten im Systemverhalten im Verlauf der beobachteten Ein- und Ausgangsgrößen in statistisch relevanter Weise niederschlagen, so daß solche Abhängigkeiten vom Modellierungsverfahren erkannt und von anderen Effekten, die auf nicht erfaßten oder nicht erfaßbaren Eingangsgrößen oder auf Systemelementen mit indeterministischem Verhalten beruhen, abgegrenzt werden können. Indeterministische Verhaltenskomponenten bewirken Unsicherheiten im Modell, die zwar prinzipiell nicht beseitigt, aber möglicherweise in ihren Auswirkungen im Sinne einer Qualitätsbeurteilung des Modells abgeschätzt werden können.

In ähnlicher Weise werden zunächst auch weitere Anforderungen an das zu modellierende System, z.B. nach Linearität, oder an die zur Analyse vorliegenden Zeitreihen, z.B. Erfüllung des Abtasttheorems, nicht gestellt, sondern es wird in jedem Fall pragmatisch versucht, möglichst viel Information über das Systemverhalten in Form eines Modells zu erfassen. Der gewählte datenbasierte Modellierungsansatz geht anschaulich gesprochen davon aus, daß die zu einer erfolgreichen Modellierung notwendige Information in den Daten und dem (minimalem) Vorwissen, das sich in den vom Verfahren verwendeten Auswertungsheuristiken und Gütemaßen niederschlägt, enthalten ist.

Zur Erklärung der in den folgenden Kapiteln verwendeten Definitionen und Bezeichnungen sei auf Anhang 8 verwiesen.

2.2 Modellierung

Mit der Modellierung dynamischer Systeme können verschiedene Ziele verfolgt werden, die sich normalerweise auch in der Art der gewählten Modellstruktur niederschlagen (vgl. auch den Artikel über den Modellbegriff in der Informatik [Sch99b] und den nachfolgenden Leserbrief [Hol99]).

Im Zusammenhang mit dynamischen Systemen dient eine Modellierung zunächst allgemein dazu, Eigenschaften des Systems und seines Verhaltens besser verstehen zu können. Die vorliegende Arbeit beschränkt sich dabei zum einen auf die Modellierung bereits existierender Systeme, zum anderen werden nur Erkenntnisse über das *Verhalten* dynamischer Systeme und nicht über ihre innere technisch-physikalische Struktur angestrebt.

Im besonderen kann eine Modellierung auch dazu dienen, durch die Vorhersage künftiger Prozeßzustände bei angenommenen Eingangsgrößen (Stellgrößen) innerhalb eines bestimmten Zeithorizontes die Prozeßdynamik zu erfassen. Hierauf aufbauend kann nicht nur eine Prozeßsimulation, sondern ggf. auch eine modellbasierte prädiktive Regelung realisiert werden, die in der Lage ist, unzulässige Prozeßzustände zu vermeiden, und damit einer einfachen Regelung überlegen ist.

2.2.1 Modellarten

Soll das Verhalten eines existierenden technischen Systems, wie z.B. einer Müllverbrennungsanlage (siehe Abbildung 1.1), mit einem datengetriebenen Modellierungsansatz verbessert werden, so gibt es dazu im wesentlichen zwei Möglichkeiten (vgl. Abbildung 2.1).

Ein Weg besteht darin, direkt das technische System zu betrachten und zu versuchen, aus dem zeitlichen Verlauf der Werte der Ein- und Ausgangsgrößen U und Y ein Systemmodell abzuleiten. Als Modell ergibt sich z.B. eine Abbildung f, die aus

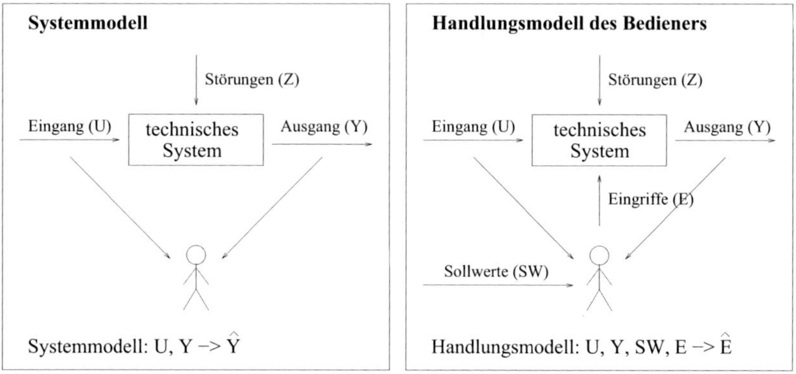

Abbildung 2.1: System- und Handlungsmodell (abgewandelt nach [Wei94]).

der Historie von U und Y innerhalb eines Zeitraumes $t_{k-l+1} \dots t_k$ auf den nächsten Wert von Y schließen kann:

$$\hat{y}(t_{k+1}) = f(y(t_{k-l+1}), \dots, y(t_k), u(t_{k-l+1}), \dots, u(t_k)). \tag{2.1}$$

Ein solches Systemmodell kann zur vertieften Einsicht (Simulation) in das technische System dienen oder als Grundlage, um eine Steuerungsstrategie (Handlungsmodell, Regler) abzuleiten.

Alternativ läßt sich ein Modell der Handlungen des Anlagenbedieners erstellen. Eingangsgrößen des betrachteten Systems „Bediener" sind in diesem Fall die Ein- und Ausgangsgrößen des technischen Systems U und Y sowie die vorgegebenen Sollwerte (SW). Die Eingriffe (E) des Bedieners in das technische System wiederum bilden die Ausgangsgrößen. Ein solches (Be-)Handlungsmodell beschreibt die Eingriffsmöglichkeiten (Kontrolle) in ein dynamisches System mit ihren Auswirkungen hinsichtlich bestimmter Randbedingungen direkt. Werden die modellierten Eingriffe des Bedieners in geeigneter Weise bewertet, oder werden Eingabestrategien unterschiedlicher Bediener berücksichtigt, so kann ein solches Modell sogar eine im Mittel gegenüber der Steuerung durch menschliche Bediener verbesserte Regelung des technischen Systems ermöglichen [Sol89].

Im folgenden wird weitestgehend nur noch auf das Systemmodell eingegangen. Dies bedeutet unter dem Gesichtspunkt der Verhaltensmodellierung keine Einschränkung, klammert jedoch die Problematik der Berechnung des „besten" Verhaltens (Bewertungsproblematik) aus.

2.2.2 Datenbasierte Modellierung

Häufig ist eine ausreichend gute theoretische Modellierung eines Systems nicht möglich, weil bestimmte chemisch-physikalische Gesetzmäßigkeiten nicht ausreichend genau bekannt sind oder eine analytische Modellbildung aufgrund von Komplexitätsproblemen scheitert (siehe [MD91], [MPSDB92] oder [Pet94]). Letzteres kann in einer (zu) hohen Anzahl von Systemelementen verbunden mit einem hohen Vernetzungsgrad der einzelnen Elemente begründet sein und führt oft zum Scheitern des klassischen Ansatzes der Komplexitätsreduktion, da bei Betrachtung kleinerer (einfacherer) Teile des Systems gleichzeitig die Komplexität der Schnittstellen zu anderen Systemelementen zunimmt. Möglicherweise sind auch gar keine sinnvoll abgrenzbaren Systemelemente identifizierbar (siehe z.B. Verbrennungsprozeß).

Einen Ausweg bietet in diesem Fall eine experimentelle Modellbildung, die auch als „Identifikation“ bezeichnet wird (vgl. etwa [Eyk74], [Ise88], [Str75], [Wer89] oder [Zad62]). Hierbei werden die Parameter eines aus einer vorgewählten Klasse stammenden Modells so bestimmt, daß das Verhalten des Modells mit dem des zu modellierenden Systems bei Anlegen geeigneter Testsignale möglichst gut übereinstimmt. Es wird somit lediglich das Verhalten des Systems modelliert, nicht seine chemisch-physikalische Funktionsweise.

Bei der Modellierung von Bedienerverhalten liegt die Annahme nahe, daß hier kein datenbasierter Ansatz notwendig ist, da der jeweilige Bediener ja Auskunft über seine Handlungsstrategien geben kann. Dabei treten jedoch schnell die bekannten Probleme der Wissensakquisition [Pup91] in Erscheinung, wie sie auch in [Wei94] zusammengefaßt werden: (Handlungs-)Wissen ist zumindest zum Teil unbewußt und nicht unbedingt verbalisierbar [RD88]. Verbalisiertes Wissen ist häufig als Erklärungsversuch für tatsächliches Handeln zu sehen und muß mit diesem nicht unbedingt übereinstimmen. Auch objektiv vorliegendes theoretisches Wissen eines Bedieners ist nicht unbedingt Handlungswissen [Dör93].

Wissen ist zudem in der Regel unvollständig, vage, teilweise widersprüchlich und nur innerhalb eines zugrundeliegenden mentalen Modells (heuristischer Kontext) gültig. Es kommt hinzu, daß solches heuristisches Wissen nicht standardisiert ist und somit in Abhängigkeit vom einzelnen Bediener und seiner Tagesform variiert. Es muß deshalb bewertet und in eine Repräsentationsform, die eine angemessene Weiterverarbeitung unterstützt, überführt werden. Die Motivation des Bedieners zur Auskunfterteilung spielt ebenfalls eine wichtige Rolle, ebenso wie seine begrenzte Fähigkeit, Einzelbeobachtungen über die Zeit zu integrieren und so eine allgemeine Gesamtbeschreibung auf adäquatem Abstraktionsniveau zu bilden.

All diese Punkte führten zum datenbasierten Ansatz der „Heuristischen Modellierung“ (siehe etwa [KW92] oder auch [Pes90] und [Pes94]), der versucht, menschliche Methoden zur Aneignung von Wissen über Systemverhalten sowie die diesen Methoden zugrunde liegenden Strukturen nachzubilden. Er modelliert im Gegensatz zu Verfahren der Systemidentifikation nicht nur das Verhalten, sondern auch den heuristischen Kontext, in dem abgeleitete Bezüge Gültigkeit besitzen.

2.2.3 Besondere Probleme der datenbasierten Modellierung

Neben den in den Abschnitten 2.1.1 und 2.1.2 genannten prinzipiellen Problemen der Modellierung dynamischer Systeme treten bei der datenbasierten Modellierung zusätzliche Schwierigkeiten auf:

Eine Modellierung ist nur in den Bereichen des Zustandsraumes möglich, für die ausreichend viele Daten vorliegen. Bereiche, die nur schlecht von Daten abgedeckt werden, können hingegen nicht oder nur unzureichend modelliert werden. Viele technische Prozesse besitzen typische Arbeitspunkte, um die herum sie „gefahren" werden. Diese Punkte werden z.B. durch vorgegebene Sollwerte bestimmt, und in ihrer Umgebung liegen in der Regel relativ viele Daten vor, so daß prinzipiell die Voraussetzungen für eine gute datenbasierte Modellierung gegeben sind. Werden die Arbeitspunkte jedoch aus irgendeinem Grund verlassen, so ist das abgeleitete Modell möglicherweise nicht mehr gültig. Ein besonderes Problem bilden kritische Prozeßzustände, die aus Sicherheitsgründen im normalen Betrieb möglichst vermieden werden, so daß für sie entsprechend wenig Daten vorliegen. Gerade für solche Bereiche des Zustandsraums ist jedoch eine gute Modellierung als Basis für richtige Eingriffe besonders wichtig.

Spezielle Aufmerksamkeit verdient bei der datenbasierten Modellierung die Auswahl der Lerndaten. Sie müssen nicht nur umfangreich sein und die wesentlichen Bereiche (Arbeitspunkte) abdecken, sondern auch alle relevanten Einflußfaktoren in ihren unterschiedlichen Ausprägungen erfassen, damit das Lernverfahren von diesen nicht in unerwünschter Weise abstrahiert.

Insbesondere müssen auch langfristige Änderungen von Eingangsgrößen, z.B. jahreszeitabhängige Schwankungen, berücksichtigt werden, die bei einzelnen Meßkampagnen nicht erfaßt werden können. Gegebenenfalls reicht es hierzu nicht, auf die üblichen im Prozeßleitsystem erfaßten Größen zurückzugreifen, sondern es wird die Erfassung zusätzlicher Größen durch Erweiterung der Sensorik notwendig.

Hieraus folgt, daß zumindest erkannt werden muß, wenn sich ein auf Basis eines Modells geregeltes System in einem Bereich großer Modellunsicherheit befindet, so daß rechtzeitig zusätzliche Maßnahmen, wie z.B. Notabschaltung oder Übergang zu manueller Regelung, ergriffen werden können.

Bei der Erstellung eines Handlungsmodells bzw. der Modellierung eines Bedieners besteht außerdem das Problem, daß ein Mensch häufig „zusätzliche" Eingangsgrößen berücksichtigt, beispielsweise mittels visueller Information aus einem Kamerabild. Soll nun seine Strategie nachgeahmt werden, so muß diese Information entweder aus anderen vorhandenen Prozeßgrößen abgeleitet oder in Form neuer Größen berücksichtigt werden. Eine Möglichkeit besteht beispielsweise in der Einführung umfangreicher Bildverarbeitungsverfahren, wobei normalerweise die vom Bediener berücksichtigte Information nur angenähert werden kann.

2.2.4 Anforderungen an Modelle

Modelle können strukturelle (tiefe), funktionale (spezifische Ein-/Ausgabe-Beziehungen) oder verhaltensorientierte Beschreibungen darstellen. Dabei ist ein eindeutiger Rückschluß von erkannten funktionalen Zusammenhängen oder von Verhaltensinformation auf die Systemstruktur nicht möglich. Es lassen sich jedoch von ihrem Verhalten her zusammengehörende Meßgrößen identifizieren und z.B. in einem Strukturgraph zusammenzufassen.

In dieser Arbeit steht die Ableitung von Verhaltensmodellen aus Zeitreihen im Vordergrund. An ein solches Modell werden verschiedene Anforderungen gestellt.

Anwendbarkeit

Zunächst soll das Modell eine Simulation des betrachteten Systems ermöglichen. Das bedeutet, daß es nicht nur eine in theoretischer Hinsicht effektive Berechnung von Prognosewerten ermöglichen muß, sondern daß die Berechnung auch effizient auf verfügbaren Rechnern innerhalb von durch die Anwendung (z.B. modellbasierte Regelung) vorgegebenen Zeiten durchführbar ist. Die Berechnungskomplexität, d.h. der (Rechner-) Resourcenverbrauch, des funktionalen Modells muß also ausreichend beschränkt sein.

Außerdem soll ein Modell an Änderungen im Anwendungskontext flexibel anpaßbar sowie erweiterbar sein.

Verständlichkeit

Das Modell soll des weiteren in einer für den Anwender gut verständlichen Form vorliegen. Hiermit wird eine Überprüfung der Korrektheit sowie Wartung im Sinne von Optimierung oder Erweiterung des Modells ermöglicht.

Außerdem sollen die mit seiner Hilfe erstellten Prognosen leicht nachvollziehbar sein oder zumindest auf Basis des Modells und der zugrundeliegenden Datenbasis einfach begründet werden können. Die Explizierbarkeit von Entscheidungen bildet nicht nur für die Validierung des Modells, sondern auch für die Akzeptanz durch den Anwender eine wichtige Voraussetzung, denn dieser wird nur schwer einem Modell vertrauen, das er nicht versteht, und das keine nachvollziehbaren Begründungen für seine Voraussagen liefert.

Aus beiden Forderungen ergibt sich die Notwendigkeit einer symbolischen Beschreibungsebene, auf der insbesondere auch Aspekte der Dynamik (Zeit- und Zustandsabhängigkeit funktionaler Zusammenhänge) explizit repräsentiert sind. Da zur Verarbeitung sich kontinuierlich ändernder Ein- und Ausgangssignale außerdem numerische Information verarbeitet werden muß, liegt die Verwendung eines Modells mit mehreren Beschreibungsebenen nahe. Die oberste Ebene kann z.B.

aus einer Menge von Regeln bestehen, die Prototypen, Idealisierungen oder Abstraktionen subsymbolischer Strukturen repräsentieren, während darunter liegende Ebenen die den Symbolen zugeordnete konkrete numerische Information verwalten.

Als weitere wünschenswerte Eigenschaft ist zu nennen, daß das Modell nicht nur Ergebnisse liefern soll, sondern auch Informationen über die damit verbundene (Un-)Sicherheit und (Un-)Schärfe. Dadurch soll eine bereichsweise Quantifizierung der Modellunsicherheit und damit eine Beurteilung der Güte der jeweiligen Prognosen ermöglicht werden.

Korrektheit

Eine der wichtigsten Aufgaben des Modellierungssystems besteht in der Sicherstellung der Korrektheit des erzeugten Modells. Dies betrifft sowohl die Widerspruchsfreiheit (Konsistenz) des Modells selbst als auch die Übereinstimmung mit dem vorhandenen Vorwissen und den gegebenen Daten (Kongruenz). Insbesondere ist auch zu überprüfen, ob ein etwaiger während der Datenanalyse vorgenommener Schluß von statistischen Zusammenhängen auf (physikalische) Kausalität im jeweiligen Kontext gültig ist. Hierzu muß die systemtheoretische Bedeutung des aufgebauten Modells bezüglich des eingebrachten Hintergrundwissens festgelegt sein.

In diesem Zusammenhang ist zu beachten, daß aufgrund des induktiven Schließens von Daten und Hintergrundinformation auf ein Modell mit im Prinzip beliebig vielen Freiheitsgraden nicht davon ausgegangen werden kann, daß nur genau ein richtiges Systemmodell gefunden werden kann. Vielmehr besteht normalerweise die Aufgabe in der Auswahl des wahrscheinlichsten Modells aus einer unendlich großen Menge von Kandidaten (siehe Abschnitt 2.5).

Modellgüte

Ein aus einer Verhaltensanalyse gewonnenes, gelerntes Modell stellt immer nur eine Näherung des realen Systems dar. Dies ist nicht nur auf Störungen zurückzuführen, die z.B. zu Widersprüchen in deterministischen Modellen und logikbasierten Ansätzen führen können, sondern es handelt sich um ein prinzipielles Problem des induktiven Lernens. Zur Beurteilung der Qualität des Modells werden Gütemaße verwendet, die die zu erwartenden Abweichungen zwischen Modellverhalten und Systemverhalten quantifizieren. Eine Maximierung der Güte wird meist in Form der Minimierung eines Fehlermaßes realisiert.

Die Wahl eines solchen Maßes ist von der simulations- oder regelungstechnischen Zielsetzung abhängig. Am gebräuchlichsten ist das folgende quadratische Fehlermaß:

$$\varepsilon = \lim_{n\to\infty} \frac{1}{n} \sum_{t=1}^{n} (y(t) - \hat{y}(t))^2. \tag{2.2}$$

Aufgrund der beschränkten, endlichen Menge an Lerndaten wird dieses Maß durch einen Vergleich mit der Menge der Testdaten $\{y(1), y(2), \ldots, y(N)\}$ geschätzt:

$$\hat{\varepsilon} = \frac{1}{N} \sum_{t=1}^{N} (y(t) - \hat{y}(t))^2. \tag{2.3}$$

2.3 Modellierung als Abbildungsproblem

Ziel der automatischen maschinellen Modellierung ist es, aus gemessenen Werten der Vergangenheit ein Systemmodell zu erstellen, das eine möglichst gute Prognose des zukünftigen Verhaltens des vorliegenden dynamischen Systems ermöglicht. Wird ein fester Zeitpunkt t_k betrachtet, so besteht die Aufgabe also darin, bei vorliegenden Meßwerten der Eingangsgrößen $U_1, \ldots, U_{n_u}$ und der Ausgangsgrößen $Y_1, \ldots, Y_{n_y}$ zu den Zeitpunkten $t_1, \ldots, t_k$ sowie bei Vorgabe des angenommenen Verlaufs der zukünftigen Eingangsgrößen für den Prognosezeitraum $t_{k+1}, \ldots, t_{k+m}$ eine Funktion f zur möglichst guten Berechnung der zukünftigen Ausgangsgrößen zu identifizieren:

$$\begin{gathered} \mathrm{f}: \mathbb{R}^{k*n_y} \times \mathbb{R}^{(k+m)*n_u} \rightarrow \mathbb{R}^{m*n_y} \\ f(\mathbf{y}_1, \ldots, \mathbf{y}_k, \mathbf{u}_1, \ldots, \mathbf{u}_{k+m}) = (\hat{\mathbf{y}}_{k+1}, \ldots, \hat{\mathbf{y}}_{k+m}). \end{gathered} \tag{2.4}$$

Dabei seien die Bezeichnungen so, wie in Anhang 8 erläutert, gewählt. Sollen wirklich universale Funktionsapproximatoren verwendet werden, so muß konsequenterweise jedes Eingabeelement gleichbehandelt werden. Deshalb dient die Schreibweise $\mathbb{R}^{k*n_y} \times \mathbb{R}^{(k+m)*n_u}$ bei der Angabe des Definitionsbereiches lediglich der Verdeutlichung, soll aber hier und analog im folgenden Abschnitt gleichbedeutend mit der normalisierten Version $\mathbb{R}^{k*n_y+(k+m)*n_u}$ sein.

Wird einkalkuliert, daß das Systemverhalten realistischerweise nur innerhalb eines endlichen Zeitbereiches berücksichtigt werden kann, der im folgenden vereinfacht als von konstanter Länge t_l angenommen werden soll (vgl. Abbildung 2.2), so ergibt sich als Aufgabe der Modellbildung die Identifikation einer Funktion f_1:

$$\begin{gathered} f_1: \mathbb{R}^{l*n_y} \times \mathbb{R}^{(l+m)*n_u} \rightarrow \mathbb{R}^{m*n_y} \\ f_1(\mathbf{y}_{k-l+1}, \ldots, \mathbf{y}_k, \mathbf{u}_{k-l+1}, \ldots, \mathbf{u}_{k+m}) = (\hat{\mathbf{y}}_{k+1}, \ldots, \hat{\mathbf{y}}_{k+m}). \end{gathered} \tag{2.5}$$

Die Funktion f_1 beschreibt dabei – wie jede Funktion – einen *statischen*, d.h. unveränderlichen Zusammenhang zwischen ihren Argumenten und ihren Funktionswerten. Die Systemdynamik wird erst durch die Zuordnung der Werte der

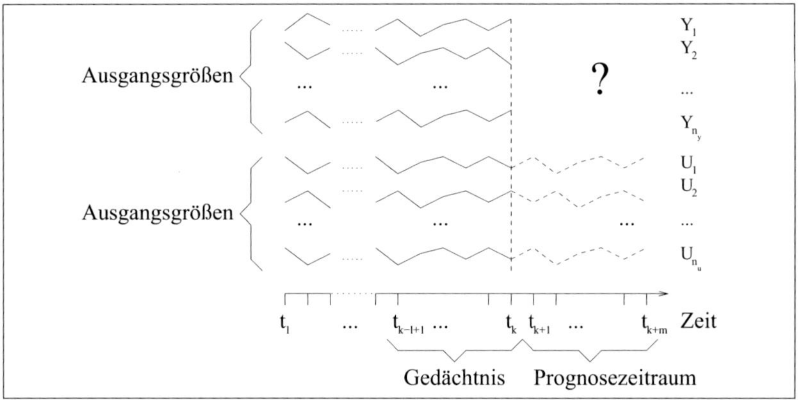

Abbildung 2.2: Prognose mit endlichem Gedächtnis.

Eingangs- und Ausgangsgrößen des betrachteten Systems zu bestimmten Zeitpunkten zu den Argumenten der Funktion erfaßbar. Beispielsweise werden in der obigen Darstellung die Werte der Ausgangsgrößen zum Zeitpunkt t_{k-l+1} dem ersten Argument zugeordnet. Da Zeitaspekte also außerhalb der Funktion repräsentiert werden, werden so aufgebaute Ansätze als „Modelle mit externer Dynamik" bezeichnet.

Dabei müssen gewisse Nebenbedingungen eingehalten werden. So muß beispielsweise die Ordnung des Systems klein genug sein, d.h. es dürfen z.B. keine Totzeiten länger als t_l auftreten, da sonst die Einflüsse von Ereignissen vor t_{k-l+1} auf den Wert der Ausgangsgröße zum Zeitpunkt t_{k+1} nicht mehr berücksichtigt werden können.

Einen wichtigen Fall stellt eine Prognose für den Fall dar, daß zukünftige Eingangsgrößen nicht bekannt sind und deshalb nicht berücksichtigt werden können. Es ergibt sich:

$$\begin{aligned} f_2 &: \mathbb{R}^{l*n_y} \times \mathbb{R}^{l*n_u} \to \mathbb{R}^{m*n_y} \\ f_2(\mathbf{y}_{k-l+1}, \ldots, \mathbf{y}_k, \mathbf{u}_{k-l+1}, \ldots, \mathbf{u}_k) &= (\hat{\mathbf{y}}_{k+1}, \ldots, \hat{\mathbf{y}}_{k+m}). \end{aligned} \tag{2.6}$$

Wird, ausgehend von Gleichung 2.5, jede zu prognostizierende Ausgangsgröße Y_i getrennt betrachtet, d.h. wird für sie jeweils ein eigenes Modell erstellt, so reduziert sich die Modellierungsaufgabe auf die Identifikation einer Funktion f_3:

$$\begin{aligned} f_3 &: \mathbb{R}^{l*n_y} \times \mathbb{R}^{(l+m)*n_u} \to \mathbb{R}^{m} \\ f_3(\mathbf{y}_{k-l+1}, \ldots, \mathbf{y}_k, \mathbf{u}_{k-l+1}, \ldots, \mathbf{u}_{k+m}) &= (\hat{\mathbf{y}}_{i,k+1}, \ldots, \hat{\mathbf{y}}_{i,k+m}). \end{aligned} \tag{2.7}$$

In den meisten Fällen wird lediglich versucht, eine Einschrittprognose zu erstellen (siehe. Abbildung 2.3), d.h. gesucht wird eine Funktion f_4:

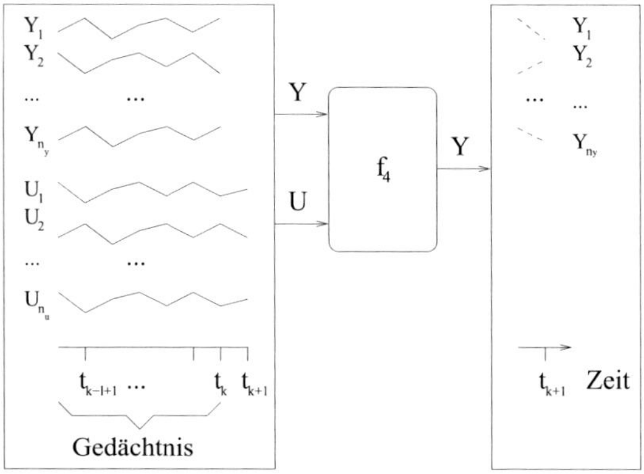

Abbildung 2.3: Einschrittprognose mit endlichem Gedächtnis und bekannten Werten der Eingangsgrößen.

$$\begin{aligned} f_4 : \mathbb{R}^{l*n_y} \times \mathbb{R}^{(l+1)*n_u} &\rightarrow \mathbb{R}^{n_y} \\ f_4(\mathbf{y}_{k-l+1}, \ldots, \mathbf{y}_k, \mathbf{u}_{k-l+1}, \ldots, \mathbf{u}_{k+1}) &= \hat{\mathbf{y}}_{k+1}, \end{aligned} \tag{2.8}$$

bzw. für jede Ausgangsgröße Y_i getrennt:

$$\begin{aligned} f_5 : \mathbb{R}^{l*n_y} \times \mathbb{R}^{(l+1)*n_u} &\rightarrow \mathbb{R} \\ f_5(\mathbf{y}_{k-l+1}, \ldots, \mathbf{y}_k, \mathbf{u}_{k-l+1}, \ldots, \mathbf{u}_{k+1}) &= \hat{y}_{i,k+1}. \end{aligned} \tag{2.9}$$

Dabei wird jeweils der nächste Wert jeder Ausgangsgröße Y_i auf Basis der beobachteten Vergangenheit von Eingangs- und Ausgangsgrößen sowie der bekannten Werte der Eingangsgrößen zum Zeitpunkt t_{k+1} vorausberechnet. Zur Vorhersage eines längeren Zeitraumes muß diese Funktion nacheinander unter Verwendung der jeweils aktuellen Werte der Eingangs- und Ausgangsgrößen für jeden Zeitpunkt ausgewertet werden.

Ist der jeweils nächste Wert der Eingangsgrößen nicht bekannt, oder werden lediglich nicht-sprungfähige Systeme betrachtet, ergibt sich:

$$\begin{aligned} f_6 : \mathbb{R}^{l*n_y} \times \mathbb{R}^{l*n_u} &\rightarrow \mathbb{R}^{n_y} \\ f_6(\mathbf{y}_{k-l+1}, \ldots, \mathbf{y}_k, \mathbf{u}_{k-l+1}, \ldots, \mathbf{u}_k) &= (\hat{\mathbf{y}}_{k+1}, \ldots, \hat{\mathbf{y}}_{k+m}) \end{aligned} \tag{2.10}$$

bzw.

$$\begin{aligned} f_7 : \mathbb{R}^{l*n_y} \times \mathbb{R}^{l*n_u} &\rightarrow \mathbb{R} \\ f_7(\mathbf{y}_{k-l+1}, \ldots, \mathbf{y}_k, \mathbf{u}_{k-l+1}, \ldots, \mathbf{u}_k) &= \hat{y}_{i,k+1}. \end{aligned} \tag{2.11}$$

2.4 Modellierung mit abgeleiteten Größen

Bedauerlicherweise treten, sobald eine Beschreibung der Modellierungsaufgabe als allgemeines Abbildungsproblem wie oben beschrieben vorliegt, in der Praxis massive Probleme bei der tatsächlichen Identifikation auf. Als Ursachen sind zunächst zu nennen:

- Größe des Eingaberaums
  Bei Betrachtung des Modellierungsproblems nach Gleichung 2.10 oder 2.11 und Vorliegen von $n = 20$ Prozeßgrößen sowie einer Vergangenheit der Länge $l = 20$ entsteht beispielsweise ein Eingaberaum der Dimension $n * l = 400$, so daß schon bei einfachen, linearen Modellen eine sehr hohe Anzahl von Parametern zu bestimmen ist und viele Verfahren der CI, wie z.B. Klassifikationsbäume (siehe [Qui86] oder [Qui93]), an ihre Grenzen stoßen.

- (geringe) Anzahl der Lernbeispiele
  Die Anzahl der Lernbeispiele ist zwar oft in absoluten Zahlen sehr groß (Anzahl Abtastschritte der Zeitreihe minus Anzahl Abtastschritte der betrachteten Vergangenheit), jedoch nicht im Vergleich zur Größe des Eingaberaums. Das bedeutet, daß sowohl dieser als auch der Raum der möglichen Abbildungen im allgemeinen nur unzureichend abgedeckt wird (vgl. auch Unterkapitel 2.2.3).

- Intransparenz der Identifikationsverfahren
  Gerade bei sehr mächtigen Identifikationsverfahren, wie z.B. Neuronalen Netzen [Bis94], tritt das „black box"-Problem auf. Das gefundene Modell leistet zwar zumindest bzgl. der Trainings- und der Testdaten das gewünschte, liefert jedoch keine Begründung für seine Ergebnisse, bzw. diese sind zwar auf einer numerischen, nicht aber auf einer kognitiv adäquaten Ebene nachvollziehbar (siehe hierzu auch die im Abschnitt „Verständlichkeit" von Unterkapitel 2.2.4 genannten Probleme).

Zur Lösung oder Vermeidung der genannten Probleme haben sich neben üblichen Methoden der Datenvorverarbeitung, wie z.B. Glätten oder Filtern, u.a. folgende „Standardmaßnahmen" weitgehend unabhängig vom gewählten Identifikationsverfahren bewährt:

- Beschränkung auf relevante Größen
  Mit Hilfe von Vorwissen oder durch dem eigentlichen Identifikationsverfahren vorgelagerte Methoden werden für die Prognose irrelevante Größen ausgeschlossen, d.h. sie werden bei der Identifikation nicht berücksichtigt.

- Reduktion der Zeitauflösung
  Oft muß nicht jeder einzelne Vergangenheitswert betrachtet werden, sondern

es genügt, beispielsweise lediglich die Mittelwerte bestimmter Zeitintervalle zu betrachten.

- Verwendung einer geeigneteren Eingangscodierung
  Häufig ist es z.B. im Sinne eines Modells mit weniger Parametern günstiger, statt der Abtastwerte die Differenzen zeitlich benachbarter Werte (Näherung der Ableitung) zu betrachten.

- Geschickte Berücksichtigung des Gedächtnisses
  Oft müssen nur von einem Teil der Eingangsgrößen länger zurückliegende Werte berücksichtigt werden, oder dies kann z.T. mit einer geringeren Zeitauflösung geschehen. Bei bestimmten Ansätzen, z.B. Reinforcement-Verfahren, kann es auch hilfreich sein, länger zurückliegende Werte a priori niedriger zu gewichten als beinahe aktuelle.

Die Probleme universeller Identifikationsverfahren mit großen Eingaberäumen sowie die Schwierigkeit des Menschen, die resultierenden Modelle zu verstehen, rühren jedoch nicht nur von der Größe der Eingaberäume und ihrer möglicherweise unzureichenden Abdeckung durch Daten her. Vielmehr sind sie oft vor allem dadurch begründet, daß diese Räume nicht strukturiert sind. Wird etwa jedes der $l * n_y + l * n_u = l * (n_y + n_u)$ Eingabeelemente der aus Größen und Zeitpunkten gebildeten zweidimensionalen Eingabematrix nach Gleichung 2.10 oder 2.11 gleichbehandelt, geht Information über zwischen den Elementen bestehende semantische Zusammenhänge verloren. Dies betrifft beispielsweise die Zugehörigkeit bestimmter Eingabeelemente zu derselben Größe (Zeitreihe) oder die Zugehörigkeit von Eingabeelementen zu demselben Zeitpunkt (Gleichzeitigkeit, Zustand). Insbesondere werden zwischen Eingabeelementen bestehende zeitliche Beziehungen nicht berücksichtigt. Selbiges Problem tritt auch auf Ausgabeseite bei einer Betrachtung des Problems nach Gleichung 2.5 oder 2.6 auf.

Soll das Paradigma der Behandlung des Modellierungsproblems als ein Abbildungsproblem, das durch den Einsatz universeller Identifikationsverfahren gelöst wird, beibehalten werden, so muß diese Information in den Eingabe- und Ausgabemengen der zu identifizierenden Funktion repräsentiert werden. Das bedeutet, daß anstelle der oder zusätzlich zu den Eingangs- und Ausgangsgrößen des zu modellierenden dynamischen Systems Ersatzgrößen betrachtet werden. Das Modellierungsproblem stellt sich nun in Anlehnung an Gleichung 2.6 so dar, wie in Abbildung 2.4 gezeigt. Hierbei ist angedeutet, daß das Ergebnis der zu identifizierenden Funktion f^* möglicherweise noch interpretiert werden muß, da auch im Bildbereich von f^* abgeleitete Größen verwendet werden können. Möglicherweise ist für die jeweilige Aufgabenstellung jedoch eine Prognose der Ausgangsgrößen selbst gar nicht notwendig, sondern es genügt schon, bestimmte Kennwerte des dynamischen Systems in Form abgeleiteter Größen zu prognostizieren.

Wie Abbildung 2.5 verdeutlicht, kann bei abgeleiteten Größen zwischen zustandsorientierten, musterorientierten und allgemeinen Größen unterschieden werden.

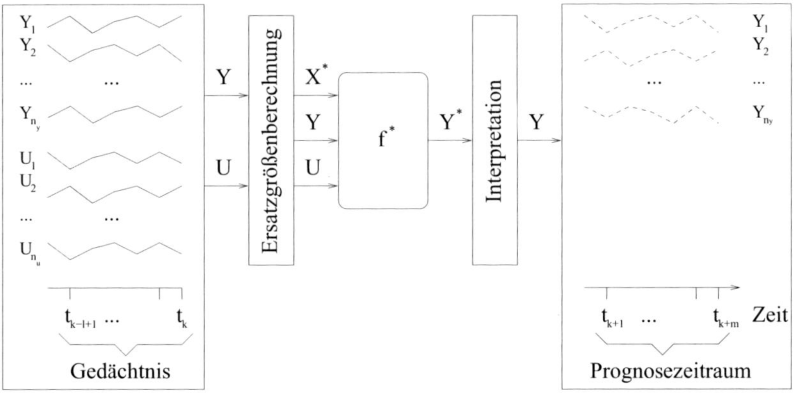

Abbildung 2.4: Identifikation mit Ersatzgrößen.

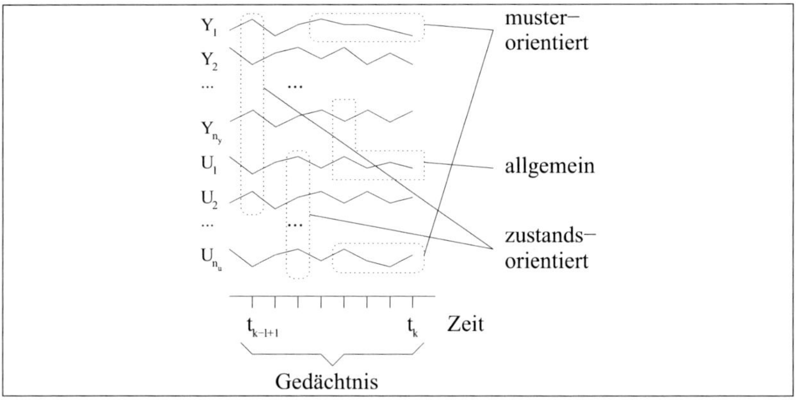

Abbildung 2.5: Zustands- und musterorientierte Ersatzgrößen.

Erstere entsprechen Projektionen der Meßwertvektoren in einen niedrigdimensionalen Raum. Musterorientierte Größen beschreiben Entwicklungen in einzelnen Zeitreihen, wie z.B. Trends. Im allgemeine Fall können beliebig komplizierte Zusammenhänge repräsentiert werden, bei einem räumlich ausgedehnten System beispielsweise zeitversetzte Auswirkungen von Ereignissen auf verschiedene Meßstellen.

Außerdem sind domänenabhängige und domänenunabhängige abgeleitete Größen zu unterscheiden. Während erstere entweder von einem Experten auf Basis von Hintergrundwissen über den Anwendungsbereich oder durch intelligentes Probieren gefunden werden müssen, können letztere standardisiert sein und allgemeine Eigenschaften von Meßkurven, wie z.B. Trends oder Extrema, erfassen.

Zum Schluß sei angemerkt, daß die Verwendung geeigneter abgeleiteter Größen natürlich auch bei Modellen mit interner Dynamik sinnvoll sein kann.

2.5 Lernen und Modellauswahl

Soll ein Modell nicht analytisch auf Basis von chemisch-physikalischem oder anderem Wissen, sondern datenbasiert erstellt werden, so sind im wesentlichen zwei Probleme zu lösen. Erstens wird eine Methode benötigt, um Modellkandidaten zu generieren. Zweitens muß aus der Menge der Kandidaten der wahrscheinlichste oder der bezüglich des zu lösenden Problems in anderer Hinsicht beste ausgewählt werden. Letzteres geschieht unter der in Unterkapitel 2.2.4, Abschnitt „Modellgüte", genannten Bedingung, daß jedes Modell immer nur eine Näherung des wirklichen Verhaltens darstellt.

2.5.1 Modellerstellung

Die datenbasierte Ableitung von Wissen ist eng mit der Entwicklung naturwissenschaftlicher Methoden zur Gewinnung von Wissen aus Beobachtungen verbunden.

Eines der einflußreichsten Werke in Wissenschaft und Philosophie hierzu war Bacons „Novum Organum" von 1620 (siehe [Bac90a] und [Bac90b]). Insbesondere beschäftigte Bacon sich mit Methoden, mit denen nicht nur allgemeine Aussagen, sondern auch Ursachen für Beobachtungen induktiv abzuleiten waren. Die Basis seiner Überlegungen stellten eine Liste von positiven Beispielen, eine Liste von negativen Beispielen und eine Liste von Intensitäten, in der die positiven Beispiele nach ihrem Grad oder Rang geordnet waren, dar. Das Finden der Ursachen für die Beobachtungen (Beispiele) geschah durch Suche nach einer Konjunktion von Eigenschaften, die in allen positiven Beispielen auftritt, in den negativen Beispielen nicht gültig ist und deren Intensität mit der Intensität der positiven Beispiele zunimmt. Bacon gab zwar keine Methode an, wie eine solche Konjunktion zu finden sei, und quantifizierte auch die „Intensität" nicht, führte seine Überlegungen jedoch sehr detailliert am Konzept der Wärme aus.

Exakte logische Formulierungen naturwissenschaftlicher Methoden in einem System gab John Stuart Mill 1843 mit der Veröffentlichung der „Principles of Logic, rationative and inductive" an [Mil73]. Seine vier Methoden zur Ableitung von Ursachen (Methode der Übereinstimmung, Methode des Unterschieds, Methode der Reste und Methode der begleitenden Veränderungen) stellten im wesentlichen eine Zerlegung und Präzisierung von Bacons Methode dar (vgl. [Mil73], S. 388ff und [Gly92]).

Heutzutage werden zur datenbasierten Modellierung zum einen die aus dem Bereich Regelungs- und Automatisierungstechnik stammenden Identifikationsverfahren (siehe etwa [Ise88], [Str75] oder [Wer89]) verwendet, zum anderen kommen neuere Ansätze, die ihren Ursprung häufig, jedoch nicht ausschließlich (z.B. künstliche Neuronale Netze) im Bereich der (symbolischen) Künstlichen Intelligenz haben, hinzu. Letztere können unter dem Oberbegriff „Maschinelle Intelligenz“ (siehe [Kel00] oder [UW81]) zusammengefaßt werden.

2.5.2 Modellauswahl

Neben der Frage nach konkreten Verfahren zur Modellerstellung, von denen einige in den Unterkapiteln 2.6 und 2.7 vorgestellt werden, stellt sich das Problem nach der Auswahl des besten Modells aus einer Menge von Kandidaten.

Hierzu formulierte schon der Philosoph William von Ockham (1285–1349) ein wichtiges Prinzip: „Wesenheiten soll man nicht über Gebühr vermehren“ (entia non sunt multiplicanda praeter necessitatem)[1], denn „Es ist eitel, etwas mit mehr zu erreichen, was mit weniger zu erreichen möglich ist“ (frustra fit per plura, quod fierit potest per pauceriora) [von84]. Dieses Prinzip wird „Ökonomieprinzip“ oder auch „Ockham'sches Rasiermesser“ genannt.

Anders ausgedrückt besagt es, daß einfache Erklärungen komplizierten vorzuziehen sind. Aus wahrscheinlichkeitstheoretischer Sicht läßt sich argumentieren, daß einfachere Modelle wahrscheinlicher sind, weil sie mit weniger Annahmen, z.B. in Form zu schätzender Parameter, auskommen.

Komplexe Modelle sind häufig in der Lage, beobachtetes Verhalten genauer nachzubilden als einfachere Modelle. Dabei besteht jedoch das Problem, daß datenbasiert erzeugte Modelle nicht unbedingt das Verhalten des Systems, sondern zunächst einmal lediglich dessen *beobachtetes* Verhalten, d.h. die Lerndaten, approximieren. Ein komplexes Modell mit ausreichend vielen Freiheitsgraden kann sich an jene im Prinzip beliebig genau anpassen, modelliert dabei aber möglicherweise lediglich Störungen. Es weist dann zwar einen niedrigen Trainingsfehler auf den Lerndaten, jedoch einen hohen Generalisierungsfehler, d.h. eine hohe Abweichung vom Verhalten des realen Systems, auf.

Dieses Phänomen ist als „Overfitting“ bekannt, so daß das Problem oft darin besteht, zwischen genauen, aber komplexen und ungenauen, aber einfacheren Modellen abzuwägen.

2.5.3 Theoretische Ansätze

Ein einfacher Ansatz zur Lösung des Problems besteht darin, heuristisch auf Basis von Erfahrungswissen oder durch Ausprobieren eine Bewertungsfunktion zu definieren. Diese bewertet geringe Fehler auf den Lerndaten positiv und hohe Komplexität, wie z.B. die Anzahl von Parametern, negativ in Form von „Straftermen“.

[1] Dieser vielzitierte Satz ist bei Ockham nicht nachweisbar, jedoch „Pluralitas non est ponenda sine necessitate.“

Das Finden des besten Modells läuft damit auf eine Suche nach dem Modell mit der höchsten Bewertung, d.h. auf ein Optimierungsproblem, hinaus.

Leider liefert ein solches Vorgehen keine verläßlichen Angaben über Approximationsgüte und Wahrscheinlichkeit der Korrektheit des Modells. Um solche Angaben überhaupt präzise fassen zu können, wurde die im folgenden beschriebene Lerntheorie entwickelt.

PAC-Lernen

In der PAC-Lerntheorie wird induktives Lernen aus Beispielen als Klassifikationsaufgabe angesehen, und es werden Aussagen darüber gemacht, wieviele Trainingsbeispiele (sample complexity) notwendig sind, um mit einer bestimmten Wahrscheinlichkeit eine vorgegebene Klassifikationsgüte (nahezu korrekte Klassifikation) zu erreichen. Dabei befaßt sich die Theorie sowohl mit der Bewertung von Lernalgorithmen und ihren Ergebnissen als auch mit der Einschätzung von Klassifikationsproblemen bezüglich ihrer Lernbarkeit. PAC steht für „probably approximately correct", und die Theorie geht u.a. auf eine Arbeit von Valiant [Val84] zurück.

Es sei c das unbekannte zu lernende Konzept aus einer Klasse C von Funktionen und h eine gelernte Hypothese. Dann wird zunächst der Fehler der Hypothese h als Wahrscheinlichkeit, daß die Hypothese für ein beliebiges Objekt x vom tatsächlichen Konzept abweicht, definiert:

$$error(h) = p(c(x) \neq h(x)). \tag{2.12}$$

PAC Lernen betrachtet eine Hypothese h dann als gut, wenn die Wahrscheinlichkeit, daß der Fehler größer als eine Schranke ε (accuracy) ist, kleiner als eine Schranke δ (confidence) ist:[2]

$$p(error(h) > \varepsilon) < \delta \tag{2.13}$$

Eine Klasse C von Funktionen heißt PAC-lernbar durch einen Lernalgorithmus L unter Verwendung eines Hypothesenraums H, wenn L für alle Funktionen c aus C, alle Verteilungen D über der Menge der Objekte X, alle ε, $0 < \varepsilon < 1/2$, und alle δ, $0 < \delta < 1/2$, in einer Zeit, die polynomial in $1/\varepsilon$, $1/\delta$, der Größe der Objekte n und der Codierungslänge von c ist, eine Hypothese h berechnet, die obige Gleichung erfüllt.

Für eine ausführliche Darstellung sei auf Kapitel 7 in [Mit97] verwiesen.

---

[2] In dem zitierten Artikel verwendete Valiant statt ε und δ einen gemeinsamen Parameter h bzw. $1/h$.

Bayes'sches Lernen

Sind a priori-Wahrscheinlichkeiten für Hypothesen bekannt, so ist es gegebenenfalls möglich, mit Hilfe des Bayes'schen Satzes die Wahrscheinlichkeit für die Korrektheit einer Hypothese explizit zu berechnen.

Gegeben seien eine Ereignismenge $\mathcal{A}$ und die Ereignisse $B_i \in \mathcal{A}$, $i = 1, \ldots, n$, die ein vollständiges Ereignissystem bilden, d.h. $\forall i = 1, \ldots, n : p(B_i) > 0$ und $\sum_{i=1}^{n} p(B_i) = 1$ sowie $\forall i, j = 1, \ldots, n : p(B_i \wedge B_j) = 0$ für $i \neq j$. Aus den Voraussetzungen folgt die statistische Unabhängigkeit der Ereignisse B_i.

Bezeichnet $p(B_i)$ die a priori-Wahrscheinlichkeit für das Auftreten eines Ereignisse B_i und $p(A|B_i)$ die bedingte Wahrscheinlichkeit für das Auftreten des Ereignisses A unter der Bedingung, daß B_i bereits aufgetreten ist, so lautet der Satz von Bayes [BSMM99]:

$$p(B_k|A) = \frac{p(A|B_k)p(B_k)}{\sum_{i=1}^{n} p(A|B_i)p(B_i)}. \tag{2.14}$$

Die Wahrscheinlichkeit einer Hypothese h ergibt sich, wenn für A die beobachteten Daten und für B_k die betrachtete Hypothese eingesetzt werden. Durch weitere Überlegungen lassen sich aus dem Bayes'schen Satz bekannte Lernverfahren wie „Bayes Optimal Classifier" oder „Naive Bayes Classifier" ableiten (siehe [Mit97], Kapitel 6).

Maximum Entropie-Prinzip

Neben Schwierigkeiten, die mit der Komplexität mancher rein theoretisch optimalen Verfahren zusammenhängen, besteht das Hauptproblem beim Einsatz statistischer Verfahren oft darin, daß die benötigten a priori-Wahrscheinlichkeiten nicht bekannt sind. Einen Ansatz zum Finden von a priori-Wahrscheinlichkeiten, bzw. entsprechenden Verteilungsfunktionen, bildet das Maximum Entropie-Prinzip [GS55]. Dabei werden die gleichförmigsten, d.h. mit der größten Entropie versehenen, Funktionen verwendet, die mit dem Vorwissen in Übereinstimmung stehen. So wird vermieden, daß bestimmte Hypothesen anderen vorgezogen werden, ohne daß dies durch das Hintergrundwissen gerechtfertigt ist.

Prinzip der minimalen Beschreibungslänge

Verbindungen zwischen statistischen Verfahren und Informationstheorie stellen der Ansatz der minimalen Nachrichtenlänge („minimum message length", MML) von Boulton und Wallace [WB68] und Rissanens Prinzip der minimalen Beschreibungslänge („minimum description length", MDL, vgl. [Ris78] und [Ris83]) dar. Beim MDL-Prinzip wird Modellierung als Codierungs- oder auch Datenkompressionsaufgabe angesehen. Eine Hypothese h aus einem Hypothesenraum H wird dann für gut befunden, wenn sie einerseits selbst kurz ist und andererseits die beobachteten Daten mit ihrer Hilfe besonders kurz beschrieben werden können:

$$\hat{h}_{MDL} = arg\min_{h\in H}\{Length_{C_1}(h) + Length_{C_2}(D|h)\} \tag{2.15}$$

Hierbei stellt C_1 eine Codierung von h und C_2 eine Codierung der Daten D mit Hilfe von h dar. Beispielsweise kann es sich bei h um einen Klassifikationsbaum und bei C_2 um eine Codierung derjenigen Lernbeispiele mit ihren Klassennummern handeln, die durch den Baum nicht korrekt klassifiziert werden können. Gewählt wird die Hypothese, bei der die Summe aus den Längen der beiden Codierungen minimal wird.

Entscheidend für den Erfolg der Methode ist die Wahl der Codierungen. Bei optimaler Codierung entspricht der Informationsgehalt I gerade der Codierungslänge, so daß Gleichung 2.15 umformuliert werden kann als:

$$\hat{h}_{MAP} = arg\min_{h\in H}\{I(h) + I(D|h)\}.$$

Für den Informationsgehalt gilt nun $I(h) = -log_2 p(h)$ und $I(D|h) = -log_2 p(D|h)$, und somit entspricht der Minimierung von Gleichung 2.15 die Maximierung von:

$$\hat{h}_{MAP} = arg\max_{h\in H}\{\mathrm{P}(h) * p(D|h)\}. \tag{2.16}$$

Dies entspricht einer Maximum a posteriori-Schätzung. Für konstante Beschreibungslängen des Modells, die bei optimaler Codierung einer Gleichverteilung der Hypothesen entsprechen, ist das MDL-Prinzip identisch mit einer Maximum-Likelihood-Schätzung.

MML-Ansätze funktionieren ähnlich. Für ausführliche Beschreibungen und Vergleiche sei auf [Grü98] und [Bax96] verwiesen.

Statistische Lerntheorie

Einen wichtigen Ansatz zur Lösung des Problems, daß sich zwar der empirische Fehler auf den Trainingsdaten (Trainingsfehler), nicht aber der Generalisierungsfehler messen und damit auch nicht direkt minimieren läßt, bildet Vapniks Statistische Lerntheorie [Vap98]. Als Maß für die Komplexität von Hypothesen verwendet er die VC-Dimension und leitet Aussagen über den Zusammenhang zwischen empirischem Fehler, VC-Dimension und Generalisierungsfehler von Support Vektor-Maschinen (SVM, siehe auch [Bur98]) her.

2.5.4 Praktisches Vorgehen

Da noch keine umfassende, universell anwendbare Theorie zur Modellauswahl existiert, wird in der Praxis oft ein pragmatisches Vorgehen gewählt. Üblich ist die

Aufteilung der zur Verfügung stehenden Lerndaten in eine Trainings- und eine Testmenge. Während auf ersterer gelernt wird, ermöglicht letztere die Beurteilung des gelernten Modells bzgl. des zu erwartenden Generalisierungsfehlers. Nachteil des Verfahrens ist, daß nur ein Teil der Daten zum Lernen zur Verfügung steht und die Testdaten zwar zur Abschätzung der Modellgüte, nicht aber zu ihrer Verbesserung verwendet werden.

Es ist zwar möglich, den Lern- und Testvorgang mit derselben oder anderen Aufteilungen der Lerndaten zu wiederholen, um schließlich das beste Modell auszuwählen. Dies bedeutet jedoch, daß indirekt alle Lerndaten zum Training verwendet werden, und somit die Abschätzung des Generalisierungsfehlers nicht auf unabhängigen Daten vorgenommen wird. Der Testfehler für das beste Modell wird den Generalisierungsfehler wahrscheinlich unterschätzen, so daß die Gefahr des Overfittings besteht.

Insbesondere bei Neuronalen Netzen werden die Lerndaten häufig in drei Mengen aufgeteilt [Bis94]: Die Trainingsdaten zum Lernen verschiedener Netze, die Validierungsdaten zur Auswahl eines guten Netzes und die Testdaten zur abschließenden Beurteilung der Güte dieses Netzes.

2.6 Klassische Modelle und Modellierungsmethoden

Die klassischen Verfahren zur Modellierung dynamischer Systeme lassen sich in theoretische (analytische) und experimentelle Modellierung (Identifikation) aufteilen. Sie sollen hier kurz genannt werden, da sie als vergleichsweise gut untersuchte, bewährte Verfahren einen Vergleichsmaßstab für alternative Ansätze bilden. Eine ausführlichere Gegenüberstellung von theoretischer und experimenteller Modellierung findet sich z.B. in [Ise88].

2.6.1 Theoretische Modellierung

Zur analytischen oder theoretischen Modellierung [Unb93] werden geeignete Eingangs-, Ausgangs- und Zustandsgrößen des Systems, z.B. Drücke oder Temperaturen, betrachtet, zwischen denen nach funktionalen Abhängigkeiten gesucht wird. Dazu wird in der Regel von vereinfachten Annahmen über das System ausgegangen, die sich in Form physikalisch-chemischer oder sonstiger Gleichungen formulieren lassen. Ein wichtiger Punkt ist die Zerlegung des Systems in einfachere, isoliert beschreibbare Teilsysteme, deren Modelle zu einem Modell des Gesamtsystems zusammengesetzt werden können. Diese Komplexitätsreduktion durch Zerlegung bildet die Voraussetzung für das Funktionieren der Methode.

Ergebnis der Modellierung ist normalerweise ein System gewöhnlicher oder partieller Differentialgleichungen. Dieses wird anschließend solange vereinfacht, beispielsweise durch Ordnungsreduktion oder Linearisierung, bis die konkrete Anwendung, z.B. Reglersynthese oder Simulation, lösbar wird. Hierbei und im vorhergehenden eigentlichen Modellierungsschritt besteht die Gefahr, daß mit dem Ziel der Beherrschung der Komplexität des zu modellierenden Systems unzulässige Vereinfachungen vorgenommen werden, die zu einem suboptimalen Ergebnis führen.

2.6.2 Experimentelle Modellierung (Identifikation)

Experimentelle Modellierungsverfahren arbeiten datenbasiert (siehe [Eyk74], [Göh74], [Ise88], [Str75], [Wer89] oder [Zad62]). Es wird zunächst eine Modellstruktur gewählt, und anschließend werden mit Hilfe eines Identifikationsverfahrens die Modellparameter derart ermittelt, daß das resultierende Modell möglichst gut zu einem gemessenen Verhalten (Zeitreihe, Signalverlauf) paßt. Im allgemeinen unterscheiden sich dabei Modell- und Systemstruktur, so daß eine Zuordnung der Modellparameter zu physikalischen Systemgrößen nicht möglich ist.

Durch die pragmatische Vorwahl einer mathematisch möglichst gut handhabbaren Modellstruktur und den Verzicht auf physikalische Interpretierbarkeit des resultierenden Modells ist zur Identifikation meist ein im Vergleich zu einer theoretischen Modellierung relativ geringer Zeitaufwand notwendig.

2.7 Verfahren der Maschinellen Intelligenz

Im folgenden sollen die wichtigsten Verfahren der Maschinellen Intelligenz in Hinblick auf ihre Eignung zur Modellierung dynamischer Systeme kurz untersucht werden. Für eine ausführlichere Vorstellung sei auf [Kel00], [RN95] und [Mit97] verwiesen.

2.7.1 Neuronale Netze

Künstliche Neuronale Netze sind aus einer großen Anzahl einfacher, meist gleichartiger Elemente aufgebaut, zwischen denen gerichtete, gewichtete Verbindungen bestehen. Aus Anwendersicht stellen sie lernende Verfahren dar, die sich innerhalb einer Trainingsphase selbständig, bzw. mit Hilfe eines für den jeweiligen Netztyp definierten Lernverfahrens, an ein durch Trainingsdaten vorgegebenes Ein-Ausgabe-Verhalten anpassen können. Danach ist das gelernte Wissen eines Neuronalen Netzes implizit in den Verbindungsstrukturen und deren Gewichten enthalten. Nach dem Training kann dieses Wissen durch Anlegen von Eingangsdaten, zu denen das Netz Ausgangsdaten berechnet, abgerufen werden.

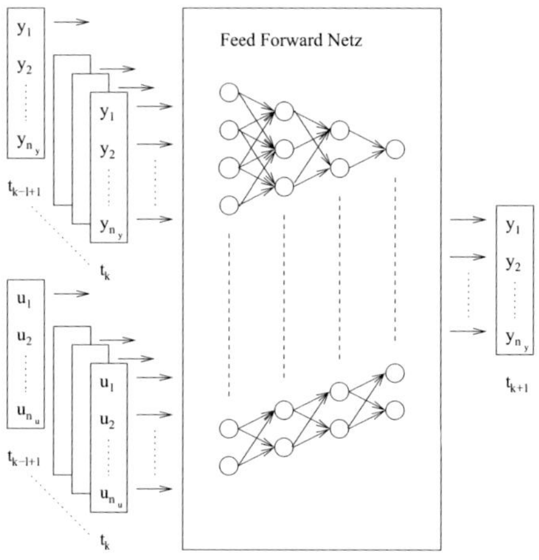

Abbildung 2.6: Multilayer Perceptrons als Abbildungen.

Neuronale Netze als Abbildungen

Der sicherlich bekannteste Netztyp ist das Multilayer Perceptron (MLP). Bei MLPs handelt es sich, ebenso wie bei mehrschichtigen RBF-Netzen (Radiale Basis-Funktionen), um universelle Approximatoren (siehe [HSW89] oder, darauf aufbauend, [Hor91] bzw. [PS91] und [HKK90]). Mit ihnen ist im Prinzip das Modellierungsproblem, z.B. in der Form von Gleichung 2.10, direkt umsetzbar (siehe Abbildung 2.6), und die Identifikation eines geeigneten Netzes kann einem Lernverfahren überlassen werden.

Dies scheitert jedoch meist an Komplexitätsproblemen, weil die zu betrachtende Vergangenheit zu groß und damit die Anzahl der Eingangsneuronen zu hoch wird. Ein besserer Ansatz besteht z.B. darin, die Vergangenheit durch extern zwischengespeicherte, aggregierte Werte, beispielsweise Mittelwerte über ein Zeitintervall, als Eingangsgrößen zu berücksichtigen [MK96].

Netze mit interner Dynamik

Time-Delay-Neural-Networks (TDNNs, vgl. [Hay94] oder [Zel94]) und rekurrente Netze, wie z.B. die Architekturen von Jordan oder Elman [Zel94], ermöglichen die Speicherung von Information über die Vergangenheit innerhalb des Netzes. Sie stellen somit Modelle mit interner Dynamik dar.

Wie Abbildung 2.7 verdeutlicht, werden beispielsweise in Elman-Netzen die Werte der verdeckten Schicht des vorhergehenden Abfrageschrittes in sogenannten „Kontextzellen“ zwischengespeichert. In diesen kann somit während der Anwendungsphase Information über die Vergangenheit und damit über den Zustand des mo-

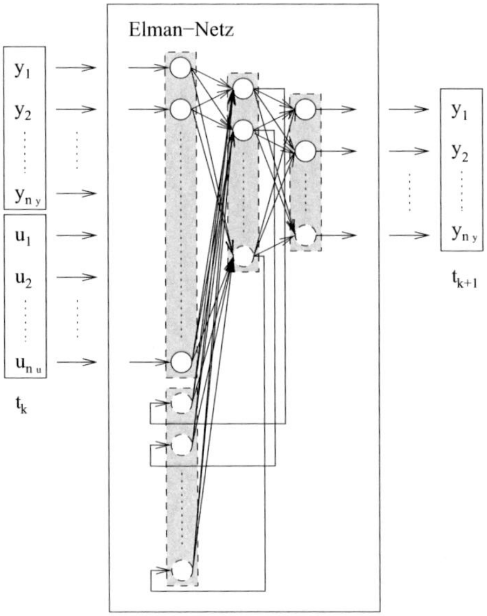

Abbildung 2.7: Elman-Netz.

dellierten Systems gehalten werden. Durch die vorhandene Rückkopplung können prinzipiell auch langfristige Einflüsse berücksichtigt werden.

Ergänzungen

Die Verwendung Neuronaler Netze zur Zeitreihenprognose ist schon bei den unterschiedlichsten Systemen erfolgreich eingesetzt worden. Allerdings ist sie mit den bekannten Einschränkungen verbunden: Ein Neuronales Netz stellt nach außen hin eine „black box" dar. Das enthaltene Wissen (Modell) liegt in numerischer, für den Menschen unverständlicher Form verteilt auf die Netzgewichte vor. Das Netz liefert keinerlei Begründung für seine Prognosen und auch keine Information über ihre Zuverlässigkeit. Des weiteren ist das Finden einer geeigneten Netzstruktur für das jeweilige Problem derzeit eher eine Kunst denn das Ergebnis eines systematischen Entwurfsvorgangs. Hinzu kommt, daß die Netze schnell sehr groß werden und ihr Training mit hohem Rechenaufwand verbunden ist.

Verfahren zur Regelextraktion aus Neuronalen Netzen, mit denen das enthaltene Wissen in eine verständlichere Form gebracht werden kann (siehe [Fu94]), liefern meist sehr viele, schlecht verstehbare Regeln, oder sie sind, wie z.B. der Ansatz der „Knowledge-Based Artificial Neural Network"s (KBANN, siehe [TS92]), auf besondere Netzstrukturen mit bestimmten Trainingsalgorithmen abgestimmt, die solche Netze zur Modellierung dynamischer Systeme eher ungeeignet erscheinen lassen.

Anzumerken ist noch, daß es bei künstlichen Neuronalen Netzen sinnvoll ist, zwischen dem Netztyp mit seiner Struktur sowie seinem für die Anwendungsphase definierten Verhalten auf der einen und dem zum Training verwendeten Lernverfahren auf der anderen Seite zu unterscheiden. MLPs werden beispielsweise oft nach dem wohl bekanntesten Lernverfahren auch als Backpropagation-Netze bezeichnet, obwohl für sie eine Vielzahl unterschiedlichster, z.B. auch algebraischer, Lernverfahren existiert.

2.7.2 Fuzzy-Systeme

In vielen Fällen, die sich einer exakten Modellierung entziehen, verspricht der Einsatz unscharfer Informationsverarbeitung Erfolg. Diese basiert auf der von Zadeh eingeführten Fuzzy-Logik [Zad65] und erlaubt die Formalisierung und Verarbeitung unscharfen, vagen Wissens, welches meist von Experten bereitgestellt und in einer natürlichsprachlichen, regelbasierten Form spezifiziert wird. Zur Einführung in Fuzzy-Systeme sei auf [BG93], [Kie94] und [KGK93] verwiesen.

Den bekanntesten und im Rahmen dieser Arbeit wichtigsten Anwendungsbereich unscharfer Informationsverarbeitung bildet Fuzzy Control. Hier werden vor allem die Ansätze von Mamdani sowie Sugeno und Takagi primär zur Regelung, aber auch zur Systemmodellierung (Prognose, Simulation) eingesetzt.

Fuzzy-Systeme nach Mamdani

In Fuzzy-Systemen nach Mamdani [MA75] wird Wissen in Form von Regeln der Art

$$\text{Wenn } [X_1 \text{ ist } A_1] \text{ Und } [X_2 \text{ ist } A_2] \text{ Und} \ldots \text{Dann } [Y \text{ ist } B].$$

formalisiert. Dabei sind X_1, X_2 und Y die Ein- und Ausgangsgrößen des Fuzzy-Systems und A_1, A_2 und B unscharfe Mengen.

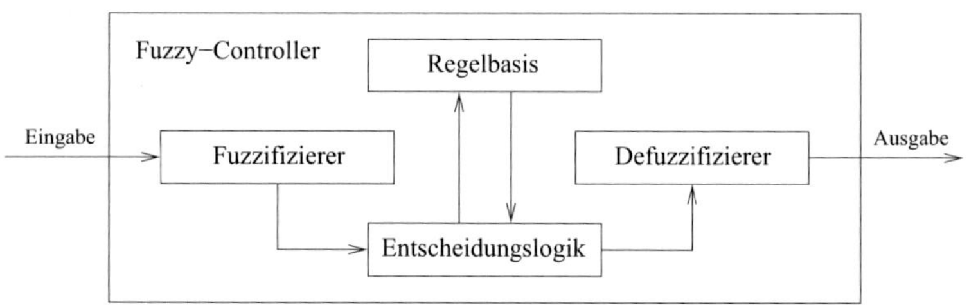

Abbildung 2.8: Fuzzy-System nach Mamdani.

Die logische Struktur eines Mamdani-Systems ist in Abbildung 2.8 angedeutet. Zunächst werden in einem „Fuzzifizierung“ genannten Schritt die Zugehörigkeitsgrade der angelegten Eingangsgrößen zu den entsprechenden Fuzzy-Mengen bestimmt. Die Zugehörigkeitsgrade bestimmen die Wahrheitswerte der Elementaraussagen, die in den Prämissen der Regeln vorkommen.

Das eigentliche Fuzzy-Modul enthält neben den linguistischen Regeln die logischen Operatoren und die Inferenzstrategie, die festlegt, auf welche Weise die Schlußfolgerungen aus den einzelnen Regeln (Aktivierungsschritt) zu einer ausgangsseitigen Zugehörigkeitsfunktion zu verrechnen sind (Akkumulationsschritt). Diese Zugehörigkeitsfunktion gibt für jeden potentiellen Wert der Ausgangsgröße an, welchen Zugehörigkeitsgrad er bei Vorliegen der aktuellen Werte aufgrund der Schlußfolgerungen aller Regeln besitzt.

Nach Prämissenauswertung, Aktivierung und Akkumulation wird durch die Defuzzifizierung aus der ausgangsseitigen Zugehörigkeitsfunktion ein eindeutiger Wert der Ausgangsgröße erzeugt.[3]

In üblichen Fuzzy-Systemen nach Mamdani ist es nicht möglich, auf weiter zurückliegende Werte zuzugreifen. Deshalb werden diese, genau wie z.B. bei Neuronalen Netzen mit externer Dynamik, extern gepuffert und zurückliegende Werte als Werte eigener Eingangsgrößen betrachtet.

Da es sich bei Fuzzy-Systemen nach Mamdani um universelle Approximatoren handelt (siehe [KMN98] oder den Überblick in [KNY00], läßt sich so, sofern überhaupt ein geeignetes funktionales Modell existiert, theoretisch immer ein geeignetes Fuzzy-System erstellen. Dennoch werden normalerweise die (numerisch geschätzten) Ableitungen und evtl. auch die Integrale oder weitere abgeleitete Merkmale ausgewählter Größen als zusätzliche Eingangssignale verwendet.

Fuzzy-Systeme nach Sugeno

Fuzzy-Systeme nach Sugeno [Sug85] ähneln im Aufbau den Mamdani-Systemen und sind ebenfalls universelle Approximatoren [KNY00]. Sie unterscheiden sich jedoch im Konklusionsteil der Regeln:

$$\text{Wenn } [X_1 \text{ ist } A_1] \text{ Und } [X_2 \text{ ist } A_2] \text{ Und} \ldots \text{Dann } [y := k].$$

Bei einer solchen Sugeno-Regel nullter Ordnung steht im Konklusionsteil ein konstanter Wert k. Der Ausgabewert des Reglers ist durch das durch die jeweiligen Prämissen gewichtete Mittel der Konklusionswerte aller die Ausgabegröße betreffenden Regeln gegeben.

[3]Die Darstellung orientiert sich an der VDI-Richtlinie VDI/VDE 3550 Blatt 2 „Fuzzy-Logik und Fuzzy-Control“ [VDI00] und der internationalen Norm IEC 61131-7. Bestimmte Autoren wählen zum Teil abweichende Bezeichnungen für die einzelnen Schritte, siehe etwa [KGK93].

Bei einer Sugeno-Regel erster Ordnung besteht ein linearer Zusammenhang zwischen dem Ausgabewert und den Werten der Eingangsgrößen:

$$\text{Wenn } [X_1 \text{ ist } A_{1,i}] \text{ Und } [X_2 \text{ ist } A_{2,i}] \text{ Und} \ldots$$
$$\text{Dann } [y := p_{0,i} + p_{1,i} * x_1 + p_{2,i} * x_2 + \ldots].$$

Dabei stellen die $p_{j,i}$ Konstanten der i-ten Regel dar. Als Gesamtergebnis der Auswertung aller Regeln mit einer gemeinsamen Ausgangsgröße ergibt sich der durch die Werte der jeweiligen Prämissenauswertungen gewichtete Mittelwert der Regelkonklusionen.

In Regeln höherer Ordnung können im Prinzip beliebige funktionale Zusammenhänge zwischen Ausgangswert und Eingaben hergestellt werden. Normalerweise werden aber lediglich Regeln erster Ordnung verwendet, da diese im Sinne eines bereichsweisen linearen Modells interpretierbar und gleichzeitig als universelle Approximatoren ausreichend mächtig sind.

Fuzzy-Regelgenerierung

Es existiert eine Reihe von Arbeiten zur automatischen Erzeugung von Fuzzy-Regelbasen aus Daten und zu ihrer Anwendung zur Vorhersage von Größen dynamischer Systeme (siehe etwa [Bet96], [MJMB00], [Kra94] oder [Zim99]). Beispielsweise existieren baumorientierte Ansätze zur Regelgenerierung [JMMB99], die eng mit Algorithmen des Maschinellen Lernens zur Induktion von Entscheidungsbäumen verwandt sind. Einfachere Ansätze beschränken sich auf die Verbesserung von Fuzzy-Systemen durch Optimierung der Zugehörigkeitsfunktionen.

Ein Verfahren zur automatischen Modellierung des Verhaltens dynamischer Systeme, das nicht nur Fuzzy-Regeln optimiert, sondern selbständig aus Zeitreihen eine Mamdani-Regelbasis aufbaut, ist das Fuzzy-ROSA-Verfahren (vgl. Fuzzy-ROSA in [Kra94]). Die bei der Suche nach Regeln auftretende kombinatorische Explosion wird neben dem Einsatz spezialisierter Heuristiken oder evolutionärer Algorithmen [SKK99] durch Einbringen von Vorwissen bewältigt. Zu nennen sind beispielsweise die Definition komplexer, relevanter Ereignisse, deren zeitlicher Ablauf anstelle der Meßwertreihen betrachtet wird, die Reduktion des Wertebereichs der neuen Zeitreihen auf nur drei Werte (Ein Ereignis findet statt, findet nicht statt oder ist unbekannt.), die Einschränkung der Komplexität der erzeugten Regeln und die Vorauswahl der zu betrachtenden Zeitabschnitte. Das Auftreten eines Ereignisses zu einem bestimmten, diskreten Zeitpunkt der Vergangenheit wird jeweils als eigenständige Fuzzy-Menge behandelt.

Dynamische Fuzzy-Systeme

Wird die Ausgabe eines Fuzzy-Systems nach Abbildung 2.8 über ein Totzeitglied auf den Eingang rückgekoppelt, so entsteht ein „dynamisches“ Fuzzy-System

[Sch99a]. Dabei wird die Rückkopplung fast immer außerhalb des Fuzzy-Systems, d.h. nach der Defuzzifizierung, vorgenommen.

Ein interessanter Ansatz zur Simulation dynamischer Systeme mit Rückkopplung der Ausgänge einer Fuzzy-Regelbasis *ohne* Defuzzifizierung findet sich in [Sch99a] und [SKS97]. Durch den Verzicht auf eine Defuzzifizierung kann prinzipiell der bei der Reduktion der Fuzzy-Mengen auf Schätzwerte auftretende Informationsverlust vermieden werden. Daraus ergeben sich jedoch sehr harte Beschränkungen sowohl für das Inferenzverfahren als auch für die Art der verwendeten Fuzzy-Mengen.

Der Ansatz sieht keine explizite Repräsentation zeitlicher Bezüge, insbesondere von Totzeiten, vor, sondern arbeitet streng taktweise, d.h. in jedem Schritt werden die aktuellen Eingangs-Fuzzy-Mengen auf Fuzzy-Mengen am Ausgang abgebildet, die wiederum einen Teil der Eingangs-Fuzzy-Mengen für den nächsten Zeitschritt darstellen. Ein direkter Rückgriff auf ältere Eingangs-Fuzzy-Mengen findet nicht statt.

2.7.3 Maschinelles Lernen

Der erste umfassende Überblick über den Bereich [MCM84] betrachtete Maschinelles Lernen als Oberbegriff für die verschiedensten rechnerbasierten Methoden zum Erwerb neuen Wissens, neuer Fähigkeiten und neuartiger Wege der Organisation des bestehenden Wissens. Darunter werden somit sowohl symbolorientierte, als auch konnektionistische Verfahren subsumiert. Demgegenüber werden heutzutage unter Maschinellem Lernen normalerweise die in engerem Sinne „symbolischen" Lernverfahren verstanden, und der Bereich wird der „klassischen" Künstlichen Intelligenz zugeordnet.

Entscheidungsbäume

Die bekanntesten Verfahren des Maschinellen Lernens, beispielsweise ID3 [Qui86] oder C4.5 [Qui93], dienen dem induktiven Ableiten von Entscheidungsbäumen. Es handelt sich dabei um Klassifikatoren, die die Menge aller möglichen Objekte in jedem Baumknoten solange rekursiv in Untermengen aufteilen, bis jedes Blatt des Knotens nur noch Objekte einer Klasse enthält. Dem Blatt ist dann diese Klasse zugeordnet.

Entscheidungsbäume werden während einer Lernphase, beginnend von der Wurzel, fortschreitend zu den Blättern (top down), aufgebaut. Hierzu wird in jedem Knoten des Baumes ein Attribut als lokales Entscheidungskriterium ausgewählt. Als Heuristiken zur Attributauswahl, mit dem Ziel, einen möglichst einfachen, d.h. kleinen Baum zu erhalten, stehen verschiedene Bewertungsmaße zur Verfügung. Zu nennen sind neben dem in CLS/ID3/C4.5 verwendeten Informationsgewinn z.B. Gini-Index, „Twoing Rule", Anzahl falsch klassifizierter Beispiele oder die Varianz der Klassennummern (siehe [MKS94]).

Viele moderne Entscheidungsbaumalgorithmen [LL00] versuchen, durch statistische Tests während der Lernphase oder anschließende „Pruning"-Schritte, Overfitting zu vermeiden. Andere Verfahren erlauben komplexere Tests in den Knoten und ermöglichen so, im Gegensatz zu den auf nur jeweils einem Attribut beruhenden Tests, auch nichtachsenparallele Splits.

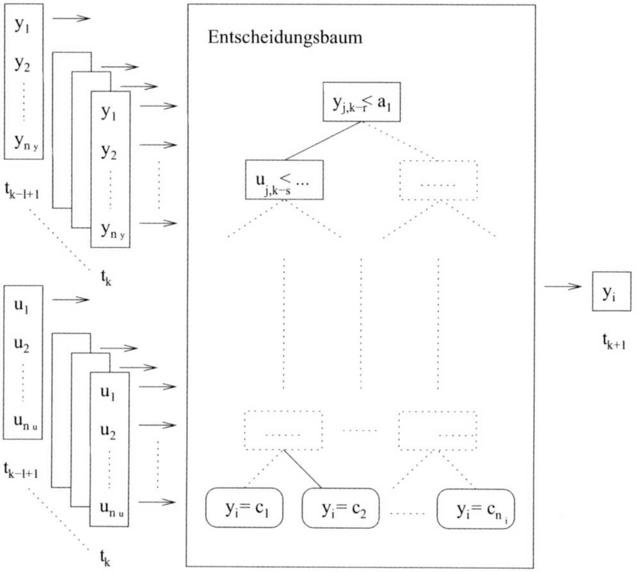

Abbildung 2.9: Entscheidungsbaum als Abbildung.

Eine direkte Anwendung von Entscheidungsbaumalgorithmen auf die Problemstellung nach Gleichung 2.11 (siehe Abbildung 2.9) scheitert in der Regel bereits an der hohen Dimensionalität des Eingabevektors (Merkmalsvektordarstellung der Eingabematrix). Hinzu kommt, daß Entscheidungsbäume als Klassifikatoren zunächst einmal nur diskrete Näherungen der Ausgabe erlauben, was in Abbildung 2.9 durch die Zuweisung von Konstanten c_j an die Ausgabe y_i angedeutet ist. Eine ausreichend genaue Auflösung im Wertebereich führt zu einer extrem hohen Anzahl von Klassen. Deshalb wurden Verfahren entwickelt, bei denen den Blättern eines Entscheidungsbaumes Funktionen hinzugefügt werden. Diese ordnen den meist in Form von Merkmalsvektoren repräsentierten Objekten in Abhängigkeit von ihren Attributwerten Zahlenwerte zu. Ein Beispiel für solche Funktionsapproximatoren bilden Regressionsbäume (siehe [BFOS84] oder [Kar92]).

Aufgrund der genannten Probleme werden Verfahren zur Entscheidungsbaumgenerierung nur selten direkt zur Prozeßanalyse eingesetzt, sondern es ist in der Regel eine Ebene zur Ableitung symbolischer Merkmale zwischengeschaltet. Einen wichtigen Einsatzbereich bildet die automatische Ableitung von Fuzzy-Regelbasen [JMMB99].

Weitere Verfahren

Gelingt es, mit Hilfe abgeleiteter Größen den Eingaberaum zu verkleinern und das Modellierungsproblem außerdem auf ein Klassifikationsproblem zu reduzieren, so kann im Prinzip eine große Anzahl weiterer Verfahren des Maschinellen Lernens eingesetzt werden. Ein Beispiel stellt das System DeNOx zur Berechnung der optimalen Ammoniak-Einspritzung in die Brennkammer einer Müllverbrennungsanlage dar [AB95]. Hier wird ein Ansatz aus dem Gebiet des Induktiven Logischen Programmierens (ILP) verfolgt, um Regeln zur Voraussage weniger, aufgrund von Vorwissen ausgewählter Systemzustände zu finden, für die die jeweils richtige Eingriffsstrategie bekannt ist. Die Vorhersage beschränkt sich auf vier mögliche Systemzustände, die innerhalb eines sehr kleinen Zeitfensters (zwei Minuten) prognostiziert werden. Dabei werden lediglich Mittelwerte und Änderungswerte zu zwei Zeitpunkten der Vergangenheit berücksichtigt.

Bei Verfahren, die direkt auf Basis numerischer Daten nach funktionalen Zusammenhängen zwischen physikalischen Größen suchen, ist insbesondere das System BACON.1 mit seinen Nachfolgern zu nennen (siehe [Lan78] oder [LBS84]). Mit anspruchsvollen Modellen auf einer höheren Abstraktionsebene beschäftigen sich die dem Bereich „kognitive Lerntheorien“ zugeordneten Arbeiten zur qualitativen Physik [dB84] und zur qualitativen Prozeßtheorie [FG86]. Im Bereich der Modelle mit innerer Dynamik stehen Verfahren zum Lernen von angepaßten Bayes'schen Netzen [TN94] oder von Hidden Markov-Modellen (HMM) [Sti98] zur Verfügung. Nicht vergessen werden dürfen auch Reinforcement-Verfahren [SB98] wie Temporal Difference-Lernen [Sut88] oder Q-Lernen [Wat89], die mit sehr wenig Hintergrundwissen auskommen und zum direkten Lernen einfacher Eingriffsstrategien geeignet erscheinen.

Zusammenfassung und Ausblick

Vorteil der meisten maschinellen Lernverfahren ist die aufgrund der symbolischen Repräsentation gegebene relativ gute Verständlichkeit der Ergebnisse. Allerdings scheiden die meisten Verfahren, die ursprünglich für diskrete oder nominale Attribute entwickelt wurden, schon aufgrund der sowohl im Ursprungs- als auch im Bildbereich vorzunehmenden Diskretisierungen als Methoden zur Verhaltensmodellierung aus. Zudem stellen Rauschen und üblicherweise auftretende nicht deterministische, bzw. „nur“ statistische Zusammenhänge (widersprüchliche Daten) für viele Verfahren große Probleme dar. Diese Verfahren müssen deshalb entweder an numerische Daten angepaßt werden, oder die Daten (Zeitreihen) sind vor Anwendung der Verfahren in eine symbolische Beschreibungsform (abgeleitete Größen) zu überführen. Gelingt letzteres, so werden z.B. auch Methoden zur Ableitung von Grammatiken (grammatical inference) oder andere Verfahren zur Generierung symbolischer Regeln, wie z.B. Multi-Stream Dependency Detection (MSDD, siehe [OC96]), anwendbar.

2.7.4 Ergänzungen

Auch wenn eine umfassende Beschreibung des Gebiets des Maschinellen Lernens an dieser Stelle nicht möglich ist, sollen zumindest noch einige weitere Ansätze aufgezählt werden, die für die maschinelle Modellierung von Interesse erscheinen. Zu nennen sind beispielsweise Neuro-Fuzzy-Ansätze, die versuchen, den Vorteil der Verständlichkeit von Fuzzy-Systemen mit der Lernfähigkeit Neuronaler Netze zu vereinen. Aus dem Bereich des Maschinellen Lernens stammen die schon im Zusammenhang mit der statistischen Lerntheorie erwähnten Support Vector-Maschinen [Bur98], die sich neben bestimmten für die Modellauswahl wichtigen Eigenschaften (siehe [Vap98]) vor allem durch ihre Fähigkeit zur Verarbeitung hochdimensionaler Merkmalsräume auszeichnen. Evolutionäre Verfahren sollen hier aufgeführt werden, da sie als universelle Optimierungsverfahren, die nur minimale Anforderungen an die zu optimierende Funktion stellen, zur Parameterbestimmung bei vielen Methoden zum Einsatz kommen können.

2.8 Menschliche Modellierung

Die in den vorhergehenden Abschnitten deutlichen gewordenen Probleme legen es nahe, den Menschen als mögliches Vorbild zu betrachten und seine Modellierungs- und Problemlösungsmethoden auf ihre Automatisierbarkeit hin zu untersuchen.

2.8.1 Allgemeine Betrachtungen

Die geistige Ausstattung des Menschen zum Problemlösen wird unter dem Begriff „Kognitive Struktur" zusammengefaßt (siehe [Dör87]). Die Kognitive Struktur besteht zum einen aus der „Epistemischen Struktur", in der das eigentliche Wissen über einen Realitätsbereich oder Sachverhalt gespeichert ist. Sie enthält neben dem Wissen über Objekte oder Gegenstände auch die Kenntnisse zum Umgang mit ihnen und ermöglicht so die Lösung bekannter Probleme (Aufgaben). Den zweiten Bestandteil der Kognitiven Struktur bildet die „Heuristische Struktur". Sie fungiert als Verfahrensbibliothek und stellt Methoden (Heuristiken) zur Konstruktion von Lösungen für neue Probleme bereit. Fertige Lösungen können gegebenenfalls in die Epistemische Struktur übernommen werden.

Die Vorstellungen eines Menschen über ein System, z.B. eines Benutzers über ein Gerät, werden als „Mentales Modell" [JL83] bezeichnet. Dieser Begriff ist in der

Psychologie zwar nicht eindeutig definiert, darunter wird aber im allgemeinen eine analoge Repräsentation des betrachteten Gegenstandsbereiches (Systems) verstanden, die es erlaubt, Schlußfolgerungen über ein System oder über sein Verhalten abzuleiten.

Die Art, wie Mentale Modelle dynamischer Systeme ohne die Zurückführung auf die unterlagerte Physik, Chemie usw. beim Menschen abgeleitet werden, oder wie sie im Gedächtnis codiert werden, ist erst ansatzweise bekannt bzw. umstritten [DKRS83]. Das Verhalten Neuronaler Netze spiegelt sicherlich nur sehr elementare Ebenen der Wissensverarbeitung beim Menschen wider. Auch die Analogie zwischen Gedächtnis und (Computer-)Speicher ist unzureichend, da ein Gedächtnis zum einen einen aktiven Speicher, der untrennbar mit Prozessen zur Informationsverarbeitung verbunden ist, und zum anderen einen assoziativen Speicher, dessen Inhalte eng miteinander verknüpft sind, darstellt (siehe [Dör96], S.161ff). Im Gegensatz dazu sind in einem Computerspeicher die Informationseinheiten voneinander getrennt abgelegt, und die Verarbeitung und Verknüpfung geschieht mittels davon getrennter Prozesse durch unabhängige Ausführungseinheiten (Prozessoren).

Lernen bedeutet die Abbildung von unstrukturierten Ereignissen (z.B. Zustandsfolgen) in eine interne Repräsentation (das Mentale Modell). Das darin enthaltene Wissen hat einen stark statistischen, vagen und auch unvollständigen Charakter, da es auf empirisch gewonnenen Erfahrungswerten basiert. Um unvollständige, unscharfe und manchmal auch widersprüchliche Beziehungen integrieren bzw. berücksichtigen zu können, ist das Mentale Modell in einen heuristischen Kontext eingebettet. Dieser dient auch dazu, das defizitäre Verhalten des Modells in solchen Bereichen auszugleichen, die nicht durch signifikant in Erscheinung getretene Effekte abgesichert sind (siehe [Dör87] oder [KW92]). Ein Mentales Modell ist solange als heuristisches Modell aufzufassen, wie es nicht das Systemverhalten vollständig und korrekt beschreibt.

Bei einer regelbasierten Repräsentation eines Modells bedeutet dies beispielsweise, daß zu jeder Regel nicht nur Informationen über ihre Genauigkeit und die Wahrscheinlichkeit ihrer Korrektheit festzuhalten sind, sondern auch darüber, in welchem Zusammenhang sie auf welche Art zusammen mit anderen Regeln anwendbar ist. Derartige Kontextinformation ermöglicht dann auch die Erkennung unbekannter Bereiche und Betriebszustände, über die das Modell keine sinnvollen Aussagen treffen kann, sowie die Unterscheidung zwischen kritischer Extrapolation und sinnvoller Interpolation bzw. Generalisierung.

2.8.2 Kognitive Prinzipien zur Modellbildung

Auf der Ebene der Eindrücke (Reize im Sinne elementarer, gleichartiger Informationseinheiten, z. B. visuell, akustisch etc.) basiert die menschliche Erkenntnisgewinnung im wesentlichen auf dem Erkennen von Reizmustern. Um Regularitäten innerhalb bzw. zwischen einzelnen Reizen zu bestimmen, werden die erkannten

Reizmuster zueinander in Bezug gesetzt. Diese Regularitäten werden im Laufe der Zeit durch ihr wiederholtes Auftreten verstärkt und können dadurch von zufälligen, rein kombinatorischen Bezügen unterschieden werden. Aus Wertefolgen werden Musterfolgen (Veränderungen) abgeleitet, die wiederum zu anderen in Beziehung gesetzt werden. Durch inkrementelle Einbeziehung neuer Werte verdichten sich bestimmte Beziehungen und werden bei ausreichend häufiger Bestätigung als Kausalitäten aufgefaßt.

Im einzelnen scheinen die folgenden Prinzipien vom Menschen im Rahmen der heuristischen Modellierung angewandt zu werden (siehe [Kli71] und [Dör87], vgl. auch [FK98] und [KF99]):

- Differenzprinzip

  Durch Vergleich zweier aufeinanderfolgender Muster (Eindrücke, Bilder) können die einzelnen konstruktiven Elemente (Attribute) des Musters bestimmt werden. Auf physiologischer Ebene ist hierzu ein bestimmter Mindestunterschied zwischen aufeinanderfolgenden Reizen notwendig. Diese Unterschiedsschwelle folgt der Weber-Regel. Bezüglich der Intensität der Wahrnehmung läßt sich daraus das Weber-Fechner-Gesetz ableiten (siehe [BS96], S.318).

  Veränderungen unterhalb der Eigenzeit des kognitiven Systems (Abtastrate) werden nicht wahrgenommen. Deshalb enthalten gleiche, aufeinanderfolgende Reize höchstens Information im Sinne von Wiederholungen und dem zugehörigen Zeitintervall.

- Kompositionsprinzip

  Bestandteile bzw. Komponenten (Attribute) werden, sobald sie erkannt wurden, als konstruierende Merkmale unmittelbar als existent betrachtet (Wahrheit der konstruktiven Erfahrung). Als Folge ergeben sich automatisch die Ausprägungen (Werte) der Attribute.

- Transformationsprinzip

  Die Ausprägung der Attribute als Wert und deren Veränderungen werden als mögliche Zustandsübergänge (Intra-Relation) betrachtet. Memoriert werden allerdings nur reguläre Strukturen, d.h. Wertefolgen, die bestimmte immer wiederkehrende Zustandsübergänge beschreiben. Je nach Fokus (siehe unten) kann eine niedrige oder auch hohe Granularität (Auflösung) vorliegen.

- Prinzip der assoziativen Parallelität

  Alle eingehenden Informationen bewirken eine Prägung informationstragender semantischer Elemente in einer eigenschaftsmäßig ähnlichen (nahen) Umgebung (siehe [And89], S. 141ff). Elemente mit einer Prägung durch ähnliche Muster ziehen die Aktivität in ihre Umgebung (analog selbst-organisierenden Karten, siehe [Koh82]). Alle informationstragenden Elemente stimulieren ihre Umgebung, die Stimulation eines Elements bewirkt eine Stimulation der es definierenden (Ursprungsmuster/-Elemente) und der durch es mit konstituierten (durch Abstraktion generierten) Elemente (Verstärkung, Hebb'sches Prinzip).

- Abstrahierendes Reflexionsprinzip

  Alle informationstragenden Elemente reflektieren ihre an sie gebundenen Informationsmuster als neue Eingangsinformation zu den echten Eingangsinformationen. Hierdurch werden schon erkannte reguläre Strukturen oder durch Abstraktion erzeugte Muster zu anderen Mustern in Beziehung gesetzt. Ähnliche oder gleichzeitig, bzw. immer nach der gleichen Zeitspanne auftretende, Informationsmuster erfahren eine Verstärkung (Umgebung der ähnlichen, evtl. zeitlich versetzten Informationsmuster) und konstituieren dabei durch die Reflexion (neue Eingangsinformation) ein neues abstrahierendes informationstragendes Element (Prägung). Dieses Vorgehen ermöglicht die einheitliche Verarbeitung von Reizmustern unabhängig von ihrer Komplexität.

- Hebb'sches Prinzip (Verstärkung)

  Eigentlich ist das Hebb'sche Prinzip eine Regel, die - formuliert als Lernregel für Neuronale Netze - beschreibt, wann und wie die Verbindungen zwischen einzelnen Neuronen eines Neuronalen Netzes beim Lernen von Mustern verändert werden sollen [Heb49]. Das Hebb'sche Prinzip kann wie folgt formuliert werden [RMt89]:

  „Falls die Neuronen A und B gleichzeitig erregt sind, dann erhöhe die Intensität der Verbindung zwischen ihnen."

  Im kognitionspsychologischen Zusammenhang bedeutet es, daß sich gleichartiges verstärkt, widersprüchliches sich gegenseitig abschwächt und einmaliges vergessen wird (siehe z.B. Pawlows klassisches Konditionieren, Thorndikes Lernen durch Versuch und Irrtum, Guthries Kontiguitätstheorie oder Operantes Konditionieren nach Skinner in [Zim83]).

- Fokusprinzip

  Unstrukturierte Information wird mit grobem Raster verarbeitet, je strukturierter die bisher verarbeiteten Informationen sind, desto feiner wird der Fokus (rekursiv) als Abweichung vom bisherigen Ideal. Der Fokus kann die Zeit, die Menge der Symbole oder den Grad der Veränderung betreffen, bei chaotischen Systemen ohne herausragende Information ist ein tieferer Einstieg schwierig oder gar unmöglich.

  Das Fokusprinzip dient der Einschränkung des Suchraums, d.h. der Menge potentieller Beziehungen zwischen Reizen, und lenkt die Aufmerksamkeit auf vielversprechende Kandidaten. Die Grenzen bei der Erkennung von kausalen Beziehungen oder von Wertefolgen über der Zeit sowie die Feinheit der Auflösung werden durch Speicherkapazität und Rechenkapazität (kombinatorische Explosion der Anzahl der möglichen Beziehungen) bestimmt. Der gesamten menschlichen Verarbeitung von Umwelteindrücken sind hierin deutliche Grenzen gesetzt. Beispielsweise können sehr schnelle und sehr langsame kontinuierliche Veränderungen oder nichtreguläre Verhaltensmuster schwer erfaßt werden.

- Kausalitätsprinzip

  Merkmale bzw. Attribute und deren Werte sind per Existenz wahr (Kompositionsprinzip), Ursache-Wirkungs-Beziehungen (Inter-Relationen) werden erst durch bestätigte Interpretation wahr. Dies entspricht der Form einer statistisch signifikanten Evidenz. Dabei besteht das Problem der Wahl des richtigen Symbol- und Zeit-Fokus (vgl. Kühlhausexperiment [RD88] und Lohhausen-Simulation [DKRS83]).

2.8.3 Beispiel

Am Beispiel von Abbildung 2.10 (nach [KF99]) sollen die oben aufgeführten Prinzipien verdeutlicht werden. Zu sehen sind fünf zeitlich aufeinanderfolgende visuelle Reize R_1 bis R_5, die gemäß den oben beschriebenen Prinzipien verarbeitet werden. In jedem der vier Teilbilder (von links nach rechts) werden jeweils zwei aufeinanderfolgende Reize verglichen und die erkennbaren Merkmalsausprägungen sowie die zwischen ihnen bestehenden Beziehungen dargestellt. Dazu wird ein einfaches Relationenmodell verwendet.

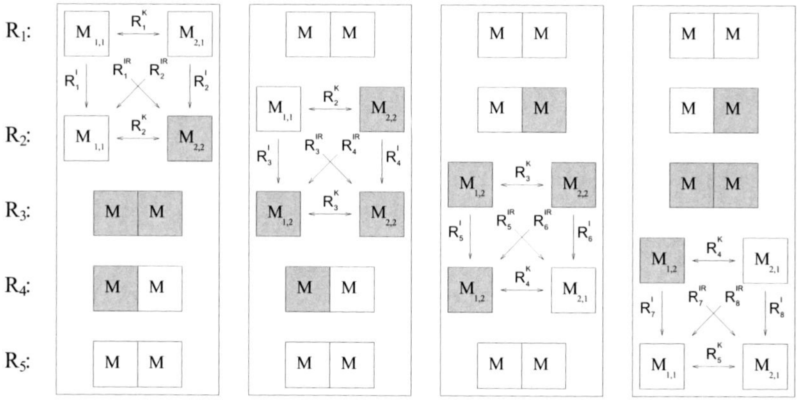

Abbildung 2.10: Folge von fünf aufeinanderfolgenden Reizen aus zwei unterscheidbaren Merkmalen. Die vier Teilbilder zeigen von links nach rechts die Beziehungen zwischen den Merkmalsausprägungen der Reize R_1 und R_2, R_2 und R_3, R_3 und R_4 sowie R_4 und R_5.

Merkmalserkennung und Relationenbildung

Der Vergleich der aufeinanderfolgenden Reize R_1 und R_2, d.h. die Anwendung des Differenzprinzips, führt zu einer Partition der Merkmalsmenge M in die Merkmale M_1 (links) und M_2 (rechts) mit den Merkmalsausprägungen $M_{1,1}$ (hell, links), $M_{2,1}$ (hell, rechts) und $M_{2,2}$ (dunkel, rechts)). Die Merkmale M_1 und M_2 ergeben sich dabei direkt aus dem Helligkeitsunterschied innerhalb des Reizes R_2, d.h. zum Zeitpunkt des Auftretens von R_2, die Merkmalsausprägungen $M_{2,1}$ und $M_{2,2}$ aus den im zeitlichen Verlauf auftretenden Helligkeitsunterschied innerhalb des Merkmals M_2. Die Anwendung des Kompositionsprinzips führt zur Bildung der Relationen $R_1^K(M_{1,1}, M_{2,1})$ (links und rechts hell) und $R_2^K(M_{1,1}, M_{2,2})$ (links hell und rechts dunkel), d.h. R_1^K und R_2^K repräsentieren jeweils mögliche Kombinationen von Merkmalsausprägungen innerhalb eines Reizes.

Durch Anwendung des Differenzprinzips auf aufeinanderfolgende Ausprägungen desselben Merkmals ergeben sich weiterhin die Intra-Relationen $R_1^I(M_{1,1}, M_{1,1})$ (Folge hell – hell, links) und $R_2^I(M_{2,1}, M_{2,2})$ (Folge hell – dunkel, rechts). Als Beziehungen zwischen aufeinanderfolgenden Ausprägungen verschiedener Merkmale werden die Inter-Relationen erster Stufe $R_1^{IR}(M_{1,1}, M_{2,2})$ (auf links hell folgt rechts dunkel) und $R_2^{IR}(M_{2,1}, M_{1,1})$ (auf rechts hell folgt links hell) gebildet. Im Rahmen des Reflexionsprinzips führt die Bildung von Intra-Relationen (Intra-Reflexion) zum Erkennen von gleichen oder ähnlichen aufeinanderfolgenden Reizkombinationen bezüglich desselben Merkmals, wohingegen Inter-Relationen (Inter-Reflexion) dem Erkennen von Beziehungen zwischen verschiedenen Merkmalen dienen.

Der Vergleich von R_2 und R_3 ergibt durch Anwendung des Differenzprinzips auf das Merkmal M_1 die neue Merkmalsausprägung $M_{1,2}$ (dunkel, links). Außerdem ergeben sich die Kompositions-Relation $R_3^K(M_{1,2}, M_{2,2})$ (links und rechts dunkel), die Intra-Relationen $R_3^I(M_{1,1}, M_{1,2})$ (Folge hell – dunkel, links) und $R_4^I(M_{2,2}, M_{2,2})$ (Folge dunkel – dunkel, rechts) sowie die Inter-Relationen $R_3^{IR}(M_{1,1}, M_{2,2})$ (auf links hell folgt rechts dunkel) und $R_4^{IR}(M_{2,2}, M_{1,2})$ (auf rechts dunkel folgt links dunkel). Da R_1^{IR} und R_3^{IR} die gleiche Beziehung zwischen den Merkmalen M_1 und M_2 beschreiben, wird diese aufgrund des Hebb'schen Prinzips verstärkt.

Die weitere Anwendung der kognitiven Prinzipien auf die aufeinanderfolgenden Ausprägungen R_1 bis R_5 des Reizes R ergibt als Ergebnis

- die Menge der Merkmale
  $M = \{M_1, M_2\}$,
- die Menge der Ausprägungen des Merkmals M_1
  $M_1^A = \{M_{1,1}, M_{1,2}\}$,
- die Menge der Ausprägungen des Merkmals M_2
  $M_2^A = \{M_{2,1}, M_{2,2}\}$,

- die Menge der Kompositionsrelationen

  $$\begin{aligned} R^K = \{ & R_1^K(M_{1,1}, M_{2,1}), \quad R_2^K(M_{1,1}, M_{2,2}), \quad R_3^K(M_{1,2}, M_{2,2}), \\ & R_4^K(M_{1,2}, M_{2,1}), \quad R_5^K(M_{1,1}, M_{2,1}) \} \end{aligned}$$

  mit der verstärkten Beziehung R_1^K bzw. R_5^K,

- die Menge der Intra-Relationen

  $$\begin{aligned} R^I = \{ & R_1^I(M_{1,1}, M_{1,1}), \quad R_2^I(M_{2,1}, M_{2,2}), \quad R_3^I(M_{1,1}, M_{1,2}), \\ & R_4^I(M_{2,2}, M_{2,2}), \quad R_5^I(M_{1,2}, M_{1,2}), \quad R_6^I(M_{2,2}, M_{2,1}), \\ & R_7^I(M_{1,2}, M_{1,1}), \quad R_8^I(M_{2,1}, M_{2,1}) \} \end{aligned}$$

  sowie

- die Menge der Inter-Relationen erster Stufe

  $$\begin{aligned} R^{IR} = \{ & R_1^{IR}(M_{1,1}, M_{2,2}), \quad R_2^{IR}(M_{2,1}, M_{1,1}), \quad R_3^{IR}(M_{1,1}, M_{2,2}), \\ & R_4^{IR}(M_{2,2}, M_{1,2}), \quad R_5^{IR}(M_{1,2}, M_{2,1}), \quad R_6^{IR}(M_{2,2}, M_{1,2}), \\ & R_7^{IR}(M_{1,2}, M_{2,1}), \quad R_8^{IR}(M_{2,1}, M_{1,1}) \} \end{aligned}$$

  mit den verstärkten Beziehungen R_1^{IR} bzw. R_3^{IR}, R_5^{IR} bzw. R_7^{IR}, R_2^{IR} bzw. R_8^{IR} und R_4^{IR} bzw. R_6^{IR}.

Interpretation

Die Menge der Kompositionsrelationen gibt die gleichzeitig vorkommenden Ausprägungen der verschiedenen (in diesem Fall 2) Merkmale wieder. Verstärkte Relationen beschreiben häufig vorkommende Zustände und ermöglichen gegebenenfalls die Vervollständigung bzw. Ergänzung unbekannter Merkmalsausprägungen, wenn nur ein Teil der Merkmale bekannt ist. Die Intra-Relationen beschreiben Zustandsfolgen eines Merkmals. Dabei werden typische Übergänge verstärkt, was sich bei nur zwei Merkmalsausprägungen natürlich nur begrenzt beobachten läßt, da die Merkmale sich entweder nicht ändern oder zur anderen Ausprägung wechseln. Zusammen mit den Inter-Relationen ermöglichen die Intra-Relationen eine Vorhersage des wahrscheinlichen nächsten System- oder Beobachtungszustandes ähnlich wie bei Markovkettenmodellen.

Ausblick

Eine Intra-Relation beschreibt eine Werteänderung eines Merkmals im System. Wird ein solches Ereignis (Intra-Relation) in Beziehung zu einem Ereignis eines anderen Merkmals gesetzt, so führt diese Relationenbildung (Inter-Relation zweiter Stufe, z.B. ${}^2R_2^{IR}(R_2^I, R_3^I)$) über Intra-Relationen zu potentiellen Ursache-Wirkungs-Beziehungen. Das frühere Ereignis bei der einen Größe hat das spätere Ereignis der anderen Größe zur Folge. Tritt eine solche Beziehung statistisch signifikant häufig auf (Hebb'sches Prinzip) und werden keine der Hypothese widersprechenden Beziehungen verstärkt (Abschwächung der Hypothese), so kann von einem kausalen Zusammenhang ausgegangen werden.

2.8.4 Basismerkmale und Basismuster

Die oben genannten kognitionspsychologischen Prinzipien setzen auf der Ebene elementarer Reize an. Abstraktere Repräsentationen lassen sich auf dieser Basis nur mühsam durch wiederholte Relationenbildung und -verstärkung gewinnen.

Mit einer Interpretation von Zeitreihen als Kurven werden auch Erkenntnisse über höhere Ebenen der Informationsverarbeitung beim Menschen interessant. So zeigen kognitionspsychologische Untersuchungen (siehe [Kli71], S.267ff), daß die für die menschliche Informationsverarbeitung wichtigen Punkte von Kurven durch die Stellen der stärksten Richtungsänderungen (Knickpunkte) gegeben sind.

Diese Erkenntnis führte beispielsweise bei dem in Abschnitt 2.8.5 kurz vorgestellten C^3R-System zu einer Segmentierung der eingegebenen Zeitreihen an den Extremwerten und der Interpretation der dazwischenliegenden, monoton steigenden oder fallenden Kurvenabschnitte als Muster. Dadurch wird die Komplexität einer Merkmalsgenerierung durch Relationenbildung auf Basis elementarer Reize vermieden und eine intuitiv verständliche Repräsentation der Zeitreihen bei der Mustererkennung sichergestellt.

2.8.5 Beispiel für die Umsetzung kognitiver Prinzipien

Einen Ansatz zur Umsetzung kognitiver Prinzipien mit dem Ziel der maschinellen Modellierung von Prozeßabhängigkeiten bildet das C^3R-System. C^3R steht für „Children's Cognitive Learning for Causal Reasoning about Dynamic Systems". Für eine ausführliche Darstellung sei auf [Wei94] verwiesen.

Als Eingabe dienen Zeitreihen der gemessenen Größen oder direkt Muster von beobachtbaren Größen aus dem (technischen) System. Die Ausgabe des C^3R-Systems besteht in der Darstellung der gefundenen funktionalen Abhängigkeitsbeziehungen durch eine Menge von Regeln. Die Vorgehensweise des Systems soll anhand von Abbildung 2.11 verdeutlicht werden.

Zunächst wird zur Eliminierung stochastischer Störungen und zur Unterstützung des nachfolgenden Segmentierungsschrittes eine Glättung (Datenvorverarbeitung) vorgenommen. Der folgende Segmentierungsprozeß dient der Erkennung und Isolierung signifikanter (Differenzprinzip), zusammenhängender Werteveränderungen (Muster, vergleichbar mit Intra-Relationen) in den geglätteten Meßkurven, was als Übergang von einer numerischen, subsymbolischen zu einer symbolischen Beschreibung gedeutet werden kann.

Anschließend werden Relationen (Inter-Relationen über Muster) zur Darstellung von Ursache-Wirkungs-Beziehungen zwischen jeweils zwei Systemgrößen gebildet. Diese Relationenbildung erfolgt auf Basis der erkannten signifikanten Muster und geschieht mehr oder weniger kombinatorisch. Um von den Relationen zu ersten prototypischen Kausalitätsaussagen zu kommen, werden Relationen mit gemeinsamen Ursache- und Wirkungsmeßgrößen inkrementell in einen C^3R-Kausa-

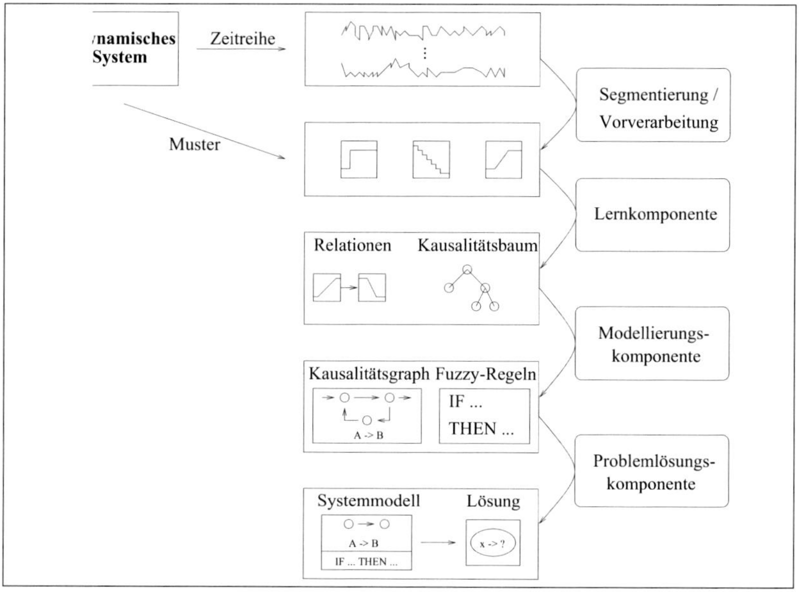

Abbildung 2.11: Verarbeitungsschritte im C^3R-System (nach [Wei94]).

litätsbaum eingefügt und verarbeitet. Der Baum dient dazu, wiederholt auftretende ähnliche Relationen zu erkennen, und aus empirisch bestätigten Relationen bereichsweise Aussagen (Regeln) zu bilden (Hebb'sches Prinzip). Dies wird durch Anwendung eines mehrstufigen Clusterverfahrens erreicht.

Der letzte Schritt besteht in der Ableitung und Visualisierung eines funktionalen und strukturellen Systemmodells in Form von Transformationsregeln und einem Kausalitätsgraph aus den verdichteten prototypischen Kausalitätsaussagen.

Bewertung des C^3R-Systems

Die vom C^3R-System beispielhaft erkannten Beziehungen zeigen die Chancen, die in der Umsetzung kognitiver Prinzipien für die Modellbildung im Bereich dynamischer Systeme liegen. Dabei ist zu beachten, daß es sich bei dem vorgestellten System um einen ersten prototypischen Ansatz handelt, der nur einen kleinen Bereich der vorgestellten Prinzipien in rudimentärer Weise umsetzt. Insbesondere werden derzeit die folgenden Punkte noch gar nicht berücksichtigt:

- Validierung

  Bei dem C^3R-System handelt es sich um die Umsetzung verschiedener Heuristiken zum Finden von Zusammenhängen in Zeitreihen in Anlehnung an die oben genannten psychologischen Prinzipien der menschlichen Modellbildung. Eine automatische Überprüfung der entstehenden Regelbasis auf Korrektheit bezüglich des vorhandenen Hintergrundwissens wird nicht vorgenommen.

- Mehrwertige Regeln

  C³R-Regeln beschreibenen lediglich Beziehungen zwischen jeweils zwei Größen. Komplexere Zusammenhänge sind daraus nur mittelbar ableitbar.

- Abstraktion und Generalisierung über Regelmengen

  Dies betrifft sowohl die Generierung allgemeinerer, nicht nur bereichsweise definierter Regeln als auch den Übergang zu potentiell unendlichen Strukturen, z.B. bei Wiederholungen („Schwingen mit Amplitude a und Periode λ").

- Zusammenspiel von Regeln

  Es werden lediglich isolierte Regeln gefunden. Beziehungen zwischen Regeln, wie z.B. Überlagerung oder Widersprüchlichkeit, werden nicht untersucht. Auch eine Bewertung von Regelmengen im Gegensatz zur Bewertung von Einzelregeln wird nicht vorgenommen.

- Systemtheoretische Interpretation

  Eine Definition der Bedeutung (Semantik) der Regeln in Hinblick auf ihre Verwendung zu Simulationszwecken ist ebenfalls nicht ausreichend festgelegt. Die Regeln haben lediglich einen deskriptiven Charakter.

Unabhängig von diesen Aspekten schränkt eine ganze Reihe von Punkten die praktische Anwendung ein:

- Ungeeignete Muster

  Bei den als Basis für die Suche nach Abhängigkeiten verwendeten Mustern, die als signifikante Veränderungen gedeutet werden, handelt es sich um Verbindungen benachbarter Extrema. Dadurch reagieren sie äußerst sensibel auf Störungen, so daß bei der Verarbeitung realer Prozeßdaten in den meisten Fällen trotz umfangreicher Datenvorverarbeitung keine geeigneten symbolischen Repräsentationen der Zeitreihen gefunden werden können.

- Hohe Anzahl von Parametern

  Das C^3R-System wird durch eine ganze Reihe von Parametern gesteuert, beispielsweise sind allein für den C^3R-Baum sieben Cluster-Parameter vorzugeben. Infolgedessen ist die Suche nach guten Parameterkombinationen schwierig. Eine selbständige Anpassung durch das System nach der Initialisierungsphase ist nicht realisiert. [Wei94] macht dazu nur unzureichende Angaben.

- Unvollständige Beschreibung und Implementierung

  Mit Ausnahme der Ausgabe des Kausalitätsbaumes in Form von Regeln sind die höheren Ebenen des C^3R-Systems nach Abbildung 2.11, z.B. die Ableitung und Visualisierung des Kausalitätsgraphen, nicht realisiert.

Dennoch besteht die Hoffnung, daß durch Erweiterung oder Neukonzipierung des Systems die Ableitung nützlicher Regeln als Wissensbasis für eine effizientere Prozeßführung erreicht und so der Flaschenhals der Wissensakquisition umgangen werden kann.

2.9 Folgerungen

Wie schon in [Wei94] dargestellt, erfordern sowohl analytische als auch experimentelle Modellierungsverfahren umfangreiches Vorwissen. Bei ersteren muß die Grundhypothese erfüllt sein, daß sich das zu modellierende System auf natürliche Weise in einfachere Systeme zerlegen läßt. Letztere beschränken sich im wesentlichen auf Verhaltensmodellierung. Dabei ist zur Auswahl einer geeigneten Modellstruktur zumindest Wissen über die Modellordnung notwendig, weshalb die Entwicklung von Methoden zur Ordnungsschätzung ein wichtiges Forschungsgebiet der Regelungs- und Automatisierungstechnik bildet (siehe [Ack93], [Sch67] oder [UGB74]).

Beiden Methoden ist gemeinsam, daß sich als Ergebnis der Modellierung ein mathematisches Modell ergibt, das zwar im Prinzip sehr präzise, jedoch für Nichtexperten ohne spezielles mathematisches Fachwissen nur schwer nachvollziehbar ist. Außerdem besteht jeweils die Gefahr, daß die Modellvereinfachung zu weit getrieben wird, um überhaupt eine explizite Lösung erhalten zu können.

Neuentwicklungen wie Fuzzy-Systeme, Neuronale Netze oder maschinelle Lernverfahren haben die Auswahl an Modellen und Identifikationsverfahren zur Modellierung dynamischer Systeme erheblich erweitert. Viele neue Verfahren haben jedoch einen „ad hoc"-Charakter oder basieren auf Heuristiken, die nur unter bestimmten Voraussetzungen gültig sind. Eine wichtige Aufgabe besteht daher in der theoretischen Untersuchung und Absicherung dieser Verfahren hinsichtlich der Güte der erzeugten Modelle. Arbeiten hierzu betreffen beispielsweise die Untersuchung der Stabilität von Fuzzy-Reglern (siehe beispielsweise [BK93], [BMO94], [BO94], [BMB95], [Har95], [Har97], [KR93] [Mik99] oder [Opt93]).

Obwohl sich Verfahren der Maschinellen Intelligenz immer neue Anwendungsgebiete, wie z.B. Knowledge Discovery in Databases (KDD, Data Mining), erschließen und Ansätze wie Neuronale Netze, Fuzzy Control oder Reinforcement Lernen in vielen Bereichen der Prozeßsteuerung erfolgreich eingesetzt werden, treten bei der Anwendung auf die Modellierung dynamischer Systeme beträchtliche Schwierigkeiten auf. Auch diese Verfahren sind nicht in der Lage, die in Abschnitt 2.2.4 angeführten Kriterien

- Anwendbarkeit (Effektivität und Effizienz),
- Verständlichkeit und Nachvollziehbarkeit (auch für Nicht-Experten) sowie
- Korrektheit und Güte (Qualität)

in gleicher Weise zu erfüllen.

Verbesserungen können zum einen mit Hilfe hybrider oder mehrstufiger Modelle erreicht werden, zum anderen bietet sich aufgrund der Beobachtung, daß Menschen durchaus in der Lage sind, aus der Beobachtung von Prozessen geeignete Handlungsstrategien abzuleiten, die Umsetzung kognitionspsychologischer Erkenntnisse zur menschlichen Konzeptbildung als neuer Ansatz an.

Die Aufgabe der Prognoseerstellung wird deshalb in der vorliegenden Arbeit in drei unterschiedliche Problemfelder aufgeteilt.

Ziel der symbolischen Repräsentation numerischer Zeitreihen ist es, als Voraussetzung für die Ableitung verständlicher Modelle eine Beschreibungsebene zu schaffen, auf der Zusammenhänge zwischen Zeitreihen in verständlicher Form dargestellt werden können. Dabei wird die Nachvollziehbarkeit der Repräsentation durch die Wahl kognitionspsychologisch motivierter Muster als Beschreibungselemente erreicht. Diese erlauben dem Anwender eine unmittelbare visuelle Zuordnung von Symbolen zu Mustern in den numerischen Zeitreihen. Außerdem wird durch die interaktive Eingabe einfacher, nachvollziehbarer Parameter, welche den Detaillierungsgrad der erzeugten symbolischen Beschreibung steuern, die Betrachtung der numerischen Zeitreihen auf unterschiedlichen Abstraktionsniveaus ermöglicht.

Die Analyse der symbolischen Zeitreihe dient der Ableitung isolierter Zusammenhänge zwischen symbolischen Zeitreihen in Form einfacher, verständlicher Wenn-Dann-Regeln. Dabei werden auch zeitliche Zusammenhänge zwischen Symbolen in Prämisse und Konklusion explizit dargestellt. Durch ein Gütemaß wird die Korrektheit jeder einzelnen Regel sichergestellt.

Zur expliziten Repräsentation zeitlicher Abhängigkeiten in einem anwendbaren Modell wird eine Modellstruktur mit externer Dynamik (Fuzzy-System vom Mamdani-Typ) um unscharfe Zeitangaben erweitert. Die neu entwickelte Modellstruktur „t-Fuzzy-System“ ermöglicht die explizite Formulierung zeitlicher Beziehungen zwischen numerischen Zeitreihen mit Hilfe verständlicher erweiterter Fuzzy-Regeln. Diese können beispielsweise manuell vorgegeben, aus anhand einer symbolischen Repräsentation erkannten Beziehungen abgeleitet oder direkt aus numerischen Daten gelernt werden. Die Modellstruktur eignet sich unabhängig von der gewählten Methode zur Ableitung der t-Fuzzy-Regeln zur direkten Modellierung und Simulation von Systemverhalten auf der numerischen Ebene.

Kapitel 3

Neue Ansätze zur regelbasierten Modellierung dynamischer Systeme

Kapitel 2 gab einen Überblick über das Gebiet der Modellierung dynamischer Systeme auf Basis von Eingangs- und Ausgangsdaten (Zeitreihen). Von den genannten Punkten werden im folgenden die Themen:

- symbolische Repräsentation von Zeitreihen,
- Analyse von Zeitreihen mit dem Ziel der Erkennung von Einzelzusammenhängen und
- Entwicklung einer regelbasierten Modellstruktur zur expliziten Repräsentation zeitlicher Beziehungen

näher betrachtet. Ausgangspunkt der Überlegungen bildet der in Abschnitt 2.8.5 beschriebene Ansatz [Wei94], der jedoch mit den dort genannten Unzulänglichkeiten, wie z.B. einer hohen Empfindlichkeit gegenüber Störungen oder einer hohen Parameterzahl, behaftet ist. Übergeordnetes Ziel ist die Ableitung von verständlichen, auf nachvollziehbaren Einzelzusammenhängen basierenden regelbasierten Modellen.

3.1 Überblick

Unabhängig davon, ob ein System- oder ein Handlungsmodell aufgebaut werden soll (siehe Abschnitt 2.2.1), kann das Problem der Ableitung verständlicher, zur effektiven Prognose und Simulation tauglicher Modelle in zwei sich überschneidende Themengebiete aufgeteilt werden:

1. die Datenanalyse zur Ableitung verständlichen, expliziten Wissens über den zugrundeliegenden Prozeß (technisches System oder Mensch) und

2. die Modellidentifikation, die unabhängig oder unter Verwendung dieses abgeleiteten Wissens ein effektives Verhaltensmodell erzeugt.

Das erste Themengebiet betrifft primär den Aspekt der Wissensgewinnung für den Menschen, während sich das zweite hauptsächlich auf den Aspekt der Anwendung des gewonnenen Wissens zur Prognose oder Simulation bezieht. Durch die Aufteilung können zum Teil divergierende Anforderungen, beispielsweise nach Verständlichkeit auf einem abstrakten Niveau einerseits und nach Effizienz und Anwendbarkeit auf der numerischen Ebene andererseits, besser berücksichtigt werden.

3.1.1 Datenanalyse

Methoden zur Datenanalyse, d.h. zur Gewinnung von Wissen aus und über Daten, werden in der Informatik meist unter den Stichwörtern „IDA“ (intelligente Datenanalyse, siehe [HHA+01]), „KDD“ (Knowledge Discovery in Databases, siehe etwa [FPSS96]) oder „Data Mining“ [FPSS96] betrachtet. Wie Abbildung 3.1 zeigt, handelt es sich dabei um einen mehrstufigen Prozeß, bei dem Ergebnisse späterer Stufen auf frühere Ergebnisse rückwirken.

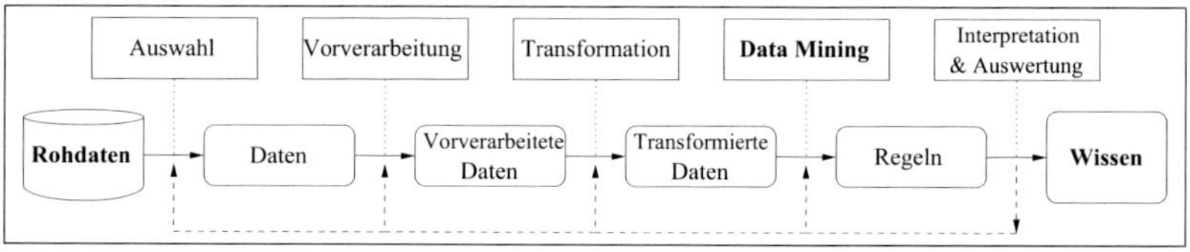

Abbildung 3.1: Der KDD-Prozeß (nach Fayyad et. al. [FPSS96]).

Eine Datenanalyse numerischer Zeitreihen wird normalerweise mindestens die folgenden Schritte umfassen:

1. Zunächst wird eine Auswahl der relevanten Zeitreihen auf Basis von Vorwissen über das betreffende System, bzw. den Prozeß vorgenommen. Häufig wird das vorhandene Wissen auch zur Klassifikation der Zeitreihen, etwa in Eingangs- und Ausgangsgrößen, genutzt.

2. Die Vorverarbeitung umfaßt neben der Behandlung fehlender oder fehlerhafter Werte insbesondere die Entfernung von Störungen mittels Filtern.

3. Der Transformationsschritt kann sowohl die Ableitung neuer numerischer Zeitreihen als auch die Erzeugung symbolischer Zeitreihen beinhalten. Ein

Beispiel für die Ableitung neuer numerischer Zeitreihen bildet die numerische Schätzung der Ableitung (Differenzierung) einer Größe. Die transformierten Zeitreihen können ergänzend oder allein die Datengrundlage für den nachfolgenden Schritt bilden (vergleiche Abschnitt 2.4).

4. Anschließend folgt das „Data Mining", d.h. die Anwendung eines geeigneten Verfahrens zur Entdeckung interessanter Muster oder sonstiger Regelmäßigkeiten in den Daten. Die gefundenen Muster werden je nach Verfahren etwa in Form von Klassifikationsbäumen oder Regelmengen repräsentiert.

5. Die abschließende Interpretation und Auswertung hängt von den mit der Analyse verbundenen Zielen ab. Sie dient sowohl dem Verständnis des Anwenders, der das analysierte System, bzw. den den Daten zugrunde liegenden Prozeß, verstehen möchte, als auch der Anwendung des abgeleiteten Wissens, beispielsweise mittels Übernahme gefundener Regeln in ein Modell.

Wie die Aufzählung verdeutlicht, ist die eigentliche Wissensgewinnung, d.h. der Data Mining-Schritt, zwar wichtig, stellt jedoch nur ein Glied einer aus mehreren Arbeitsschritten bestehenden Datenverarbeitungskette dar. Deshalb sollte sich ein Analyseverfahren nicht darauf beschränken, sondern weitere KDD-Schritte einbeziehen.

Ein wichtiges Kriterium für den Nutzen und die Anwendbarkeit eines Verfahrens stellt die Interaktion mit dem Anwender dar, welche es ihm ermöglicht, sein Wissen und seine Erfahrung in den Analyseprozeß einzubringen. Nachdem der Schwerpunkt der Forschung zunächst auf den Lernverfahren lag und das Ziel der vollautomatischen Analyse verfolgt wurde, wird mittlerweile die Wichtigkeit des Anwenders für den KDD-Prozeß von zahlreichen Autoren hervorgehoben (siehe etwa [FPSS96], [BA96] oder [Lan98]). So plädieren etwa Brachman und Anand in [BA96] für einen „Human-Centered" KDD-Prozeß, und Langley spricht in einer Analyse auf wissenschaftlichem Gebiet erfolgreicher KDD-Projekte von „Computer-Aided Discovery" [Lan98].

3.1.2 Identifikation und Datenanalyse

Wie oben bereits erwähnt, ist die Datenanalyse primär auf die Wissensgewinnung des Menschen ausgerichtet, während eine Identifikation auf die (datenbasierte) Erstellung eines zur Prognose und Simulation verwendbaren Modells abzielt. Aufgrund der allgemeineren Zielsetzung der Datenanalyse erscheint es sinnvoll, diese zuerst durchzuführen und die Ergebnisse anschließend in die Modellidentifikation einfließen zu lassen. Zusätzlich können auch Zwischenergebnisse der Analyse bei der Identifikation berücksichtigt werden, wie Abbildung 3.2 andeutet.

Eine Übernahme von Ergebnissen der Datenanalyse in den Identifikationsvorgang ist dann besonders einfach zu realisieren, wenn in beiden Fällen eine ähnliche Repräsentation vorliegt. Unter der Nebenbedingung der Verständlichkeit sowohl des

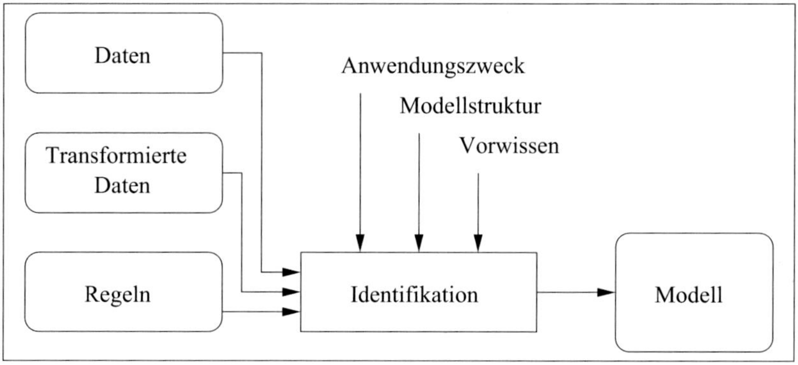

Abbildung 3.2: Identifikation auf Basis der Ergebnisse einer Datenanalyse.

Ergebnisses der Datenanalyse als auch des Prognosemodells kommt hierzu insbesondere eine Repräsentation in Form von Regeln in Frage.

Der Vorteil eines solchen Vorgehens besteht darin, daß es auf die jeweiligen Zielsetzungen ausgerichtete unterschiedlichen Repräsentationen zuläßt. So kann einerseits eine dem Anwender gerecht werdende abstrakte Sicht auf Zusammenhänge im Systemverhalten realisiert werden, während andererseits effektive Berechnungen auf der numerischen Ebene möglich sind. Dabei wird die Verständlichkeit des Simulationsmodells durch die Querbeziehungen zum Ergebnis der Datenanalyse sichergestellt. Hierzu ist es hilfreich, wenn wichtige Systemeigenschaften, beispielsweise Zeitverzögerungen, in beiden Modellen explizit repräsentiert sind und sich z.B. Regeln einander zuordnen lassen.

3.1.3 Neue Ansätze

Im folgenden wird zum einen ein Verfahren zur Analyse numerischer Zeitreihen entwickelt, dessen Ziel es ist, dem Anwender die Gewinnung von Wissen über das zugrundeliegende Systemverhalten zu ermöglichen. Das Verfahren kombiniert neue Algorithmen zur Kurvenapproximation und zur Ableitung von Regeln aus symbolischen Zeitreihen mit bekannten Verfahren zur Datenvorverarbeitung, Ordnungsschätzung und Clusteranalyse. Dabei wird sowohl auf Transparenz bei der Ableitung des Wissens als auch auf Verständlichkeit der Ergebnisse Wert gelegt.

Ersteres wird durch mehrstufiges, interaktives Vorgehen, bei dem der Anwender mittels einfacher, intuitiver Parametrisierung den Wissensentdeckungsprozeß beeinflussen kann und alle Zwischenergebnisse unmittelbar visualisiert werden, erreicht. Letzteres erfolgt durch die Repräsentation der Ergebnisse in Form einer bestimmten Art von Regeln.

Im einzelnen besteht das entwickelte Verfahren aus den folgenden Schritten:

1. Interaktive Erzeugung symbolischer Zeitreihen zur Erfassung der wesentlichen Eigenschaften numerischer Zeitreihen auf einer abstrakten Ebene.
   (a) Vorverarbeitung (Glättung, Störungsentfernung) der numerischen Zeitreihen mittels Filtern
   (b) abstrakte Repräsentation der Zeitreihen durch stückweise lineare Approximation
   (c) Ableitung von Symbolen
   (d) Generierung symbolischer Zeitreihen
2. Analyse der symbolischen Zeitreihen (Data Mining)
   (a) Schätzung der Systemordnung auf Basis numerischer und symbolischer Zeitreihen
   (b) Anwendung eines neu entwickelten maschinellen Lernverfahrens zur Ableitung von Regeln aus symbolischen Zeitreihen

Zum anderen wird eine neue regelbasierte Modellstruktur zur Prognose und Simulation des Verhaltens dynamischer Systeme entwickelt, die insbesondere die explizite Repräsentation zeitlicher Beziehungen ermöglicht. Mit Hinblick auf die Weiterverwendung des bei der Analyse gewonnenen Wissens werden Ansätze zur Entwicklung eines Identifikationsverfahrens nach dem in Abschnitt 3.1.2 vorgeschlagenen Schema untersucht. Diese Arbeiten lassen sich folgendermaßen gliedern:

1. Entwicklung und Definition einer neuen Modellstruktur
2. Untersuchung der Eigenschaften der Modellstruktur
3. Entwurf möglicher Identifikationsverfahren

3.2 Symbolische Repräsentation von Zeitreihen

Die symbolische Repräsentation dient dazu, die Anwendung bestimmter maschineller Lernverfahren zur Ableitung von zeitlichen Beziehungen zu ermöglichen. Eine solche Repräsentation einer Zeitreihe wird in drei Schritten erreicht. Zunächst wird eine Beschreibung der Zeitreihe als Folge von Mustern erzeugt. Hierzu wird ein neues Verfahren zur Approximation von Zeitreihen durch Regressionsgeraden entwickelt, welches sich durch die interaktive Erzeugung besonders gut verständlicher Approximationen bei gleichzeitiger Einhaltung unterschiedlicher Gütemaße auszeichnet. Anschließend werden die Muster anhand ihrer Parameter geclustert und den Clustern Symbole zugeordnet. Diese Symbole werden nun zur Erzeugung einer symbolischen Zeitreihe (Zeichenkette) verwendet. Durch Wahl unterschiedlicher Muster, Clusterverfahren oder Parameter können aus einer numerischen Zeitreihe verschiedene symbolische Zeitreihen entstehen, so daß unterschiedliche Eigenschaften der Zeitreihe auf unterschiedlichen Abstraktionsniveaus repräsentiert werden können.

3.2.1 Abstrakte Beschreibung von Zeitreihen

Eine sprachliche Beschreibung einer Zeitreihe X durch einen Menschen basiert zwar auf den numerischen Daten, abstrahiert jedoch in der Regel vom exakten Verlauf. Die Zeitreihe wird vielmehr als „Kurve" aufgefaßt, und die Beschreibung beschränkt sich auf ihre wesentlichen Eigenschaften. Der Kurvenverlauf wird beispielsweise durch Eigenschaften wie „steigend", „gleichbleibend" oder „fallend" beschrieben. Häufig werden markante Punkte, wie um Beispiel Extrema, genannt, oder zusammenhängende Kurvenabschnitte werden zu „Trends" wie „lange steil ansteigend" oder zu „Niveaus" wie „kurze Zeit im hohen Wertebereich" zusammengefaßt.[1] Eine solche zusammenfassende Betrachtung von Kurvenabschnitten anstelle von Einzelpunkten ist allerdings nur dann sinnvoll, wenn von einer gewissen Redundanz in den Daten ausgegangen werden kann, d.h. ein in Form eines Trends o.ä. erfaßbarer Zusammenhang zwischen aufeinanderfolgenden Punkten einer Zeitreihe besteht.

In Abhängigkeit vom Abstraktionsgrad können sich unterschiedliche Beschreibungen derselben Zeitreihe hinsichtlich ihrer Verständlichkeit und Genauigkeit unterscheiden. Während etwa eine kurze, knappe Beschreibung nur grobe Angaben über den Kurvenverlauf macht und so Aussagen über das ungefähre Verhalten im Minuten- oder Stundenbereich ermöglicht, kann eine längere, genauere Beschreibung zum Beispiel charakteristisches Verhalten im Sekundenbereich präzise beschreiben. Deshalb wird bei der Automatisierung des Beschreibungsvorgangs eine möglichst gute Skalierbarkeit des Abstraktionsniveaus gefordert.

Neben dem Übergang von einer numerischen auf eine symbolische Beschreibungsebene und der Reduktion der Beschreibung auf die wesentlichen Bestandteile der Zeitreihe besteht der Zweck des Abstraktionsschrittes auch in der Erreichung einer Datenreduktion, d.h. einer Einschränkung des Suchraums für die nachfolgende Suche nach Abhängigkeiten.

Datenvorverarbeitung und Glättung

Die Datenvorverarbeitung einer Zeitreihe dient der Entfernung von Störungen und der Erleichterung des nachfolgenden Approximationsschrittes. Da zur Datenvor-

[1] Der Begriff „Trend" bezeichnet im folgenden entsprechend der eher umgangssprachlichen Verwendungsweise einen mit einer Richtung, beispielsweise steigend oder fallend, versehenen Abschnitt einer Zeitreihe. Er wird nicht zur Beschreibung einer Eigenschaft einer ganzen Zeitreihe, z.B. als „langfristige systematische Veränderung des mittleren Niveaus einer Zeitreihe" verwendet, wie dies etwa in [SS94] getan wird.

verarbeitung bereits umfangreiche Software existiert, beispielsweise die Signalverarbeitungs-Toolbox von Matlab, wurden innerhalb des realisierten Analysetools lediglich einige wenige einfache Glättungsverfahren implementiert, die auch Nicht-Experten eine Verbesserung ihrer Daten ermöglichen.

Zu nennen ist zum ersten die Glättung durch einfachen gleitenden Durchschnitt [SS94]. Der Wert der geglätteten Zeitreihe $\overline{X}$ zu einem Zeitpunkt t_k wird dabei als Arithmetisches Mittel x_{mean} der Werte innerhalb eines symmetrisch um t_k liegenden Zeitfensters der Länge w berechnet:

$$\overline{x}_{mean}(t_k) = \frac{1}{w} \sum_{i=-\lceil \frac{w-1}{2} \rceil}^{\lfloor \frac{w-1}{2} \rfloor} x(t_{k+i}). \tag{3.1}$$

Der gleitende Durchschnitt wird z.B. zur Entfernung periodischer Veränderungen genutzt. Je größer w gewählt wird, desto glatter wird die Kurve, wobei allerdings zunehmend nicht nur Störungen entfernt werden, sondern auch die eigentliche Zeitreihe deformiert wird, was besonders an den Extremwerten auffällt. Leider reagiert der einfache gleitende Durchschnitt außerdem sehr empfindlich auf Ausreißer.

Eine verallgemeinerte Form des Arithmetischen Mittels ist das gewichtete Mittel:

$$\overline{x}_{weighted}(t_k) = \sum_{i=-\lceil \frac{w-1}{2} \rceil}^{\lfloor \frac{w-1}{2} \rfloor} \alpha_i \, x(t_{k+i}), \tag{3.2}$$

wobei für die Gewichte α_i gilt:

$$\sum_{i=-\lceil \frac{w-1}{2} \rceil}^{\lfloor \frac{w-1}{2} \rfloor} \alpha_i = 1.$$

Die entsprechende Transformation wird auch als lineares Filter bezeichnet. Für $\alpha_i = \frac{1}{w}$ ergibt sich das Arithmetische Mittel, bzw. der einfache gleitenden Durchschnitt.

Besonders gute Resultate hinsichtlich Störungsentfernung bei gleichzeitiger Erhaltung wichtiger Information wurden mit einer Gauß-gewichteten Glättung erreicht, bei der der Einfluß der Werte innerhalb des Zeitfensters auf das Ergebnis mit zunehmendem Abstand zum Zeitpunkt t_k abnimmt. Die Gewichte α_i entsprechen den Werten einer Normalverteilung an der Stelle i und errechnen sich mit:

$$sum = \sum_{i=-\lceil \frac{w-1}{2} \rceil}^{\lfloor \frac{w-1}{2} \rfloor} \frac{1}{\sqrt{2\pi\sigma}} e^{-\frac{i^2}{2\sigma^2}}$$

als

$$\alpha_i = \frac{1}{sum} \frac{1}{\sqrt{2\pi\sigma}} e^{-\frac{i^2}{2\sigma^2}}.$$

Als Ergebnis ergibt sich:

$$\bar{x}_{gauss}(t_k) = \frac{1}{sum} \sum_{i=-\lceil \frac{w-1}{2} \rceil}^{\lfloor \frac{w-1}{2} \rfloor} \frac{1}{\sqrt{2\pi\sigma}} e^{-\frac{i^2}{2\sigma^2}} x(t_{k+i}). \tag{3.3}$$

Wird nun die Größe des Glättungsfensters so berechnet, daß *sum* größer als $1-\varepsilon$ für einen ausreichend kleinen Wert ε, typischerweise 0,01 oder 0,05, ist, so ergibt sich ein Filter, das nur noch vom Parameter σ abhängt. Je größer dieser gewählt wird, desto stärker ist der Glättungseffekt.

Als drittes Glättungsverfahren wurde zur Entfernung von Ausreißern das Medianfilter implementiert.

Der Median einer Menge $\mathcal{M}$ ist so definiert, daß mindestens die Hälfte der Elemente der Menge kleiner oder gleich und gleichzeitig mindestens die Hälfte der Elemente größer oder gleich dem Median sind. Ist $m'_i, 1 \leq i \leq n$, die Folge der geordneten Elemente von $\mathcal{M}$, so ist der Median (vgl. [BSMM99], S.765):

$$median(\mathcal{M}) = \begin{cases} m'_{\frac{n-1}{2}+1}, & \text{falls } n \text{ ungerade} \\ \frac{1}{2}(m'_{\frac{n}{2}} + m'_{\frac{n}{2}+1}), & \text{falls } n \text{ gerade.} \end{cases} \tag{3.4}$$

Als geglättete Zeitreihe ergibt sich:

$$\bar{x}_{mean}(t_k) = median(\{x(t_{k-\lceil \frac{w-1}{2} \rceil}), \ldots, x(t_k), \ldots, x(t_{k+\lfloor \frac{w-1}{2} \rfloor})\}. \tag{3.5}$$

Im Gegensatz zum gleitenden Mittel ist das Medianfilter nicht von extremen Werten abhängig. Er eignet sich daher gut zur Entfernung kurzer, auch sehr starker Störungen. Als Nachteil erweisen sich jedoch die daraus resultierende, zum Teil drastische Wirkung auf echte Extremwerte und die im Ergebnis entstehenden Stufen im Kurvenverlauf.

Bei allen genannten Verfahren ergibt sich aufgrund der festen Größe des Zeitfensters das Problem der Randergänzung. Das bedeutet, daß nicht vorliegende Werte außerhalb des linken oder rechten Randes der Zeitreihe X benötigt werden. Da diese Bereiche beim Gesamtverfahren jedoch wegen $w \ll n_x$ kaum eine Rolle spielen und also kein großer Aufwand zur Optimierung der Extrapolation gerechtfertigt ist, wird die Zeitreihe zur Berechnung durch die Randwerte fortgesetzt, d.h. $x(t_k) := x(t_1)$ für $k \leq 0$ und $x(t_k) := x(t_{n_x})$ für $k > n_x$.

Abbildung 3.3 zeigt exemplarisch die Wirkung der genannten Verfahren. Im oberen Teilbild sind Beispiele für schwache Glättung durch das Verfahren des Gleitenden

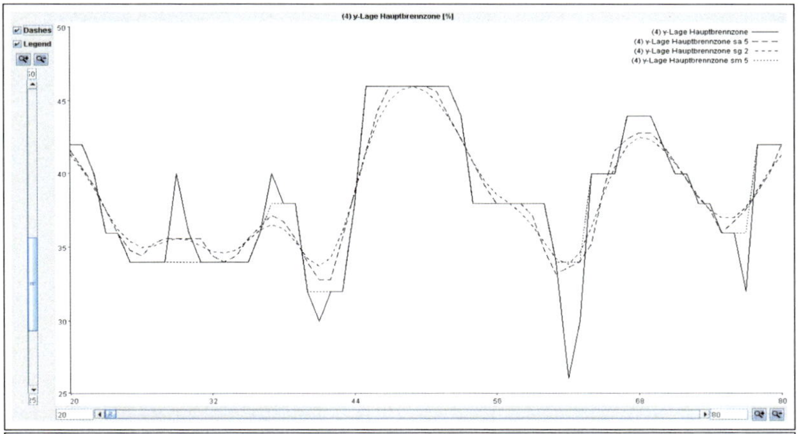

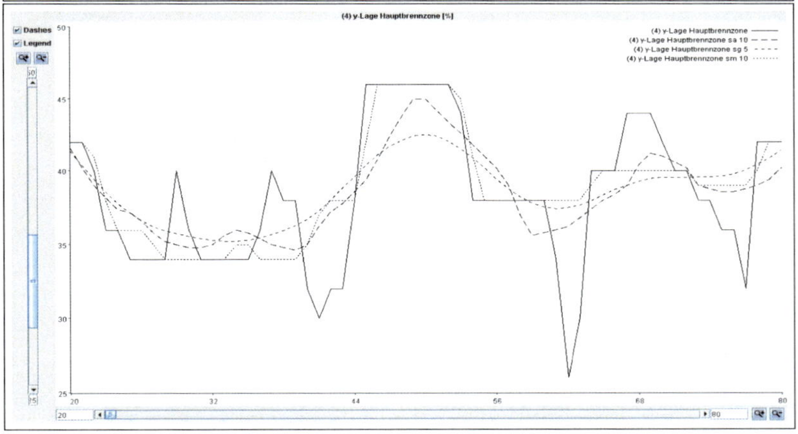

Abbildung 3.3: Beispiele für schwache (oben) und starke (unten) Glättung einer Zeitreihe mit verschiedenen Verfahren (Mittelwert: — — —, Fensterbreite $w = 5$ bzw. 10; Gauß: – – – –, Parameter $\sigma = 2$ bzw. 5; Median: - - - - -, Fensterbreite $w =$ 5 bzw. 10).

Mittels (— — —, Fensterbreite $w = 5$), durch Gauß-gewichtete Glättung (– – – –, $\sigma = 2$) sowie durch das Medianfilter (- - - - -, Fensterbreite $w = 5$) zu sehen. Die Originalkurve ist als durchgehende Linie eingetragen. Es ist zu erkennen, daß Gleitendes Mittel und Gauß-gewichtete Glättung vergleichbare Ergebniskurven liefern, die ungefähr dem Verlauf der Originalkurve folgen, jedoch insbesondere an den lokalen Extrempunkten (siehe etwa Zeitpunkte 29, 37, 41, 62 und 77) den Kurvenverlauf glätten. Deutlich abweichende Ergebnisse zeigt das Medianfilter, welches die Originalkurve größtenteils unverändert läßt, jedoch die Extrempunkte komplett abschneidet.

Das untere Teilbild zeigt Beispiele für stärkere Glättung. Die geglätteten Kurven weichen stellenweise erheblich von der Originalzeitreihe ab, sie spiegeln nur noch deren groben Verlauf wieder. Lokale Extrema finden sich zum Teil gar nicht mehr in den geglätteten Kurven wieder (siehe Zeitpunkte 29 und 41), sie sind in ihrer Lage verschoben (etwa von Zeitpunkt 62 auf 59) oder es entstehen sogar neue Extrema (siehe beispielsweise Zeitpunkt 34). Auffallend ist die Stufenstruktur des Ergebnisses der Anwendung des Medianfilters.

Muster zur Approximation von Zeitreihen

Eine gute Verständlichkeit bei der Abstraktion von der numerischen Darstellung einer Zeitreihe wird durch die stückweise Verwendung von Geradenabschnitten erreicht. Als Gesamtbeschreibung ergibt sich eine Folge solcher Abschnitte. Dieser Ansatz ist in der Literatur als „stückweise lineare Approximation“ (piecewise-linear approximation) oder auch als „lineare Spline-Interpolation mit freien Knoten“ bekannt und wurde insbesondere auf dem Gebiet der Computergeometrie in zahlreichen Arbeiten untersucht (siehe [Jup78], [II88], [HS91], [Bai94] oder [Goo95]).

Geradenabschnitte eignen sich zur Beschreibung beliebiger Zeitreihen unabhängig vom Anwendungsgebiet. Ihre Verständlichkeit resultiert einesteils aus ihrer Einfachheit und anderenteils aus der Möglichkeit der direkten visuellen Zuordnung von Mustern zu Kurvenabschnitten. Es wurden verschiedene Verfahren zur Beschreibung von Kurvenverläufen mit mehreren Varianten von Geradenabschnitten zur Beschreibung von Trends und Niveaus implementiert und getestet [Kra01]. Die Varianten werden im folgenden unter dem Begriff „Muster“ zusammengefaßt.

Ein Muster sei als 4er-Tupel (t_s, m_s, t_e, m_e) mit dem Wert m_s zum Startzeitpunkt t_s und dem Wert m_e zum Endzeitpunkt t_e definiert. Dabei liegt der Startzeitpunkt t_s um $e-s$ Zeitpunkte vor dem Endzeitpunkt t_e (bei konstanter Abtastrate, vgl. Anhang 8). Es läßt sich als Linie $l(t)$ durch die Punkte (t_s, m_s) und (t_e, m_e) interpretieren:

$$l(t) = m_s + (t - t_s)\,\frac{m_e - m_s}{t_e - t_s}, \quad t_s \leq t \leq t_e. \tag{3.6}$$

Mit den Definitionen

$$\begin{aligned} \bar{t} &= \frac{1}{e-s}\sum_{i=s}^{e} t_i, \\ \bar{x} &= \frac{1}{e-s}\sum_{i=s}^{e} x_i, \\ b_1 &= \frac{\sum_{i=s}^{e}(x_i - \bar{x})(t_i - \bar{t})}{\sum_{i=s}^{e}(t_i - \bar{t})^2} \quad \text{und} \\ b_0 &= \bar{x} - b_1\bar{t} \end{aligned} \tag{3.7}$$

ergibt sich als Regressionsgerade $r(t)$ durch die Punkte $(t_s,x_s),\ldots,(t_e,x_e)$ mit $t_s < t_e$ einer Zeitreihe [BSMM99]:

$$r(t) = b_0 + b_1 * t, \quad t_s \leq t \leq t_e \tag{3.8}$$

und damit das Muster $(t_s, b_0, t_e, b_0 + b_1 * t_e)$.

Eine Regressionsgerade hat die Eigenschaft, die Gerade mit dem kleinsten mittleren quadratischen Abstand (mean square error, MSE)

$$d_{MSE}(r,X) = \sqrt{\frac{1}{e-s}\sum_{i=s}^{e}(x_i - r(t_i))^2} \tag{3.9}$$

zu den gemessenen Punkten der Zeitreihe X im Bereich $t_s \ldots t_e$ zu sein. Mit Regressionsgeraden wurden im Rahmen der vorliegenden Arbeit besonders gut der Intuition entsprechende und damit verständliche Approximationen erreicht.

Als zweite einfache, intuitiv verständliche Form von Mustern werden stückweise konstante Funktionen, die Niveaus entsprechen, verwendet:

$$c(t) = \bar{x}, \quad t_s \leq t \leq t_e. \tag{3.10}$$

Dabei sei $\bar{x}$ wie in (3.7) als Mittelwert definiert, so daß sich das Muster $(t_s,\bar{x},t_e,\bar{x})$ ergibt. Analog zu den Regressionsgeraden hat diese Wahl die Eigenschaft, die konstante Funktion mit dem kleinsten mittleren quadratischen Abstand zur Zeitreihe X im Bereich $t_s \ldots t_e$ zu sein.

Wie in kognitionspsychologische Untersuchungen (siehe S.267ff in [Kli71]) nachgewiesen worden ist, sind die für die menschliche Informationsverarbeitung wichtigsten Punkte von Kurven, d.h. in diesem Fall Zeitreihen, durch die Stellen der stärksten Richtungsänderungen (Knickpunkte) gegeben. Die Beobachtung, daß der Mensch prinzipiell in der Lage ist, aus Kurvenverläufen Verhaltensmodelle abzuleiten, legt die Vermutung nahe, daß die wesentlichen Eigenschaften einer Kurve gerade die von ihm erfaßten sind. Hierdurch ist die im C^3R-System (siehe [Wei94] sowie Abschnitte 2.8.4 und 2.8.5) verwendete Beschreibung von Kurven durch Verbindungen aufeinanderfolgender, hinreichend stark differierender lokaler Extrempunkte als einer weiteren Form von Mustern motiviert. Der Ansatz basiert zudem auf der Überlegung, daß die Extremwerte den Beginn, bzw. das Ende von Veränderungen im Systemverhalten darstellen. Wendepunkte hingegen repräsentieren gewissermaßen den Höhepunkt (an Intensität) einer Veränderung, besitzen jedoch den Nachteil, daß diese Veränderung noch nicht abgeschlossen ist.

Es hat sich jedoch gezeigt, daß Muster, welche auf lokalen Extremwerten basieren, sehr empfindlich auf Störungen reagieren und sich zudem nicht unmittelbar zur Beschreibung von Zeitreihen auf unterschiedlichen Abstraktionsniveaus (siehe folgender Abschnitt) eignen. Deshalb sind Paare von aufeinanderfolgenden Extremwerten nur nach umfangreicher Datenvorverarbeitung, etwa nach der Anwendung von Filtern zur Glättung, sinnvoll als Muster zu verwenden. Ein anderes Problem besteht darin, daß das Weglassen kleiner Muster mit dem Ziel, nur wesentliche Veränderungen zu erfassen (Abstraktion), zu lückenhaften Kurvenbeschreibungen führt.

Als weitere Art von Mustern zur Repräsentation von Trends werden allgemeine Verbindungen von Kurvenpunkten verwendet, d.h. die Endpunkte der Muster (t_s, x_s, t_e, x_e) liegen hier, genau wie bei den Extremwertpaaren, auf der zu approximierenden Zeitreihe.

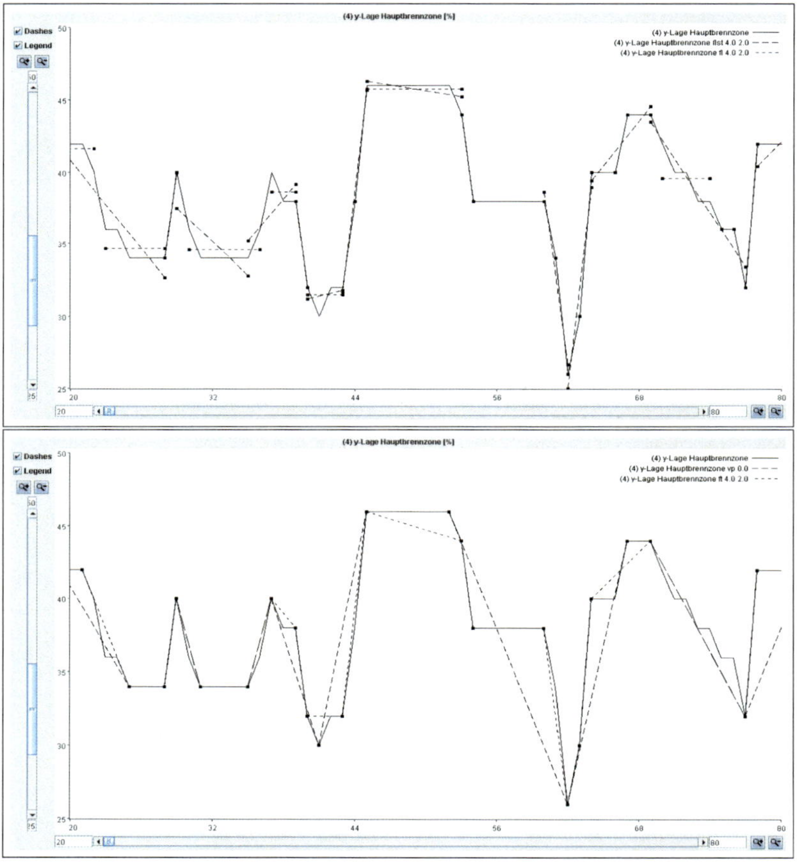

Abbildung 3.4: Approximation einer Zeitreihe durch Regressionsgeraden (— — —), Niveaus (– – – –) sowie Paare von Extrema (— — —) und Verbindungen von Kurvenpunkten (– – – –).

Abbildung 3.4 zeigt beispielhaft die Approximation einer Zeitreihe durch verschiedene Arten von Mustern.

Abstraktionsgrad und Gütemaße

Wie eingangs beschrieben, können sich Beschreibungen einer Zeitreihe in ihrem Abstraktionsgrad unterscheiden. Dieser sollte auch bei einer automatischen Beschreibung durch Muster möglichst einfach mittels weniger, intuitiv verständlicher Parameter steuerbar sein. Hierzu sind prinzipiell zwei unterschiedliche Herangehensweisen möglich.

Zum einen läßt sich der Abstraktionsgrad einer Beschreibung als Grad der Ähnlichkeit zwischen Beschreibung und Originalkurve interpretieren, welcher sich wiederum auf den Abstand zwischen jedem Muster der Beschreibung und dem jeweiligen Abschnitt der Zeitreihe zurückführen läßt. Dabei können auch verschiedene Abstandsmaße gleichzeitig betrachtet werden.

Als besonders günstig zur Bewertung der Güte eines einen Zeitbereich $t_s \dots t_e$ abdeckenden, als Linie $l(t)$, $t_e \le t \le t_s$, interpretierten Musters, haben sich der mittlere quadratische Abstand (siehe Gleichung 3.9) und der maximale absolute Abstand (Chebyshev-Metrik):

$$d_{max}(l,X) = \max_{s \le i \le e} |x_i - l(t_i)| \tag{3.11}$$

erwiesen. Ein weiteres, im Rahmen dieser Arbeit nicht verwendetes Gütemaß ist der mittlere absolute Abstand

$$d_{meanAbs}(l,X) = \frac{1}{e-s+1} \sum_{s \le i \le e} |x_i - l(t_i)|, \tag{3.12}$$

der, anders als der mittlere quadratische Abstand d_{MSE}, welcher große Abweichungen besonders hoch bewertet, alle lokalen Fehler in gleicher Weise berücksichtigt.

Alle drei Maße bewerten punktweise die Abweichung im Wertebereich. Weitere Gütekriterien, die von Kurven als zweidimensionalen Gebilden in der aus Zeit- und Wertebereich aufgespannten Ebene ausgehen, sind u.a. in [II88] beschrieben, werden hier jedoch nicht betrachtet.

Als Zeitreihenbeschreibung wird durch die Vorgabe von Maximalwerten für die gewählten Abstandsmaße die kürzeste Folge von Mustern definiert, die die gesamte Zeitreihe abdeckt und bei der gleichzeitig jedes Muster die gewählten Gütekriterien einhält. Diese Definition ist zwar nicht immer eindeutig, die Vorgaben legen jedoch die Qualität der resultierenden Beschreibung ausreichend gut fest.

Die zweite Herangehensweise besteht darin, den Abstraktionsgrad einer Beschreibung direkt über ihre Komplexität zu definieren. Ein sinnvolles Komplexitätsmaß stellt beispielsweise die Länge der Beschreibung, d.h. die Anzahl von Mustern, dar. Längere Beschreibungen können mehr Information über die Zeitreihe enthalten und somit eine genauere Rekonstruktion erlauben, d.h. auch hier liegt indirekt ein Maß für Ähnlichkeit vor.

Dieses Vorgehen wurde jedoch in der vorliegenden Arbeit nicht näher untersucht, da damit die Ähnlichkeit zwischen Beschreibung und Originalkurve auch von der Komplexität der Zeitreihe abhängig ist. Das bedeutet z.B. bei Verwendung der oben beschriebenen Muster, daß nach Vorgabe desselben Abstraktionsniveaus glatte Kurven sehr genau, andere aber nur sehr grob approximiert werden.

Neues Verfahren zur Approximation von Zeitreihen durch Muster

Beide im vorhergehenden Abschnitt genannten Herangehensweisen werden in der Literatur behandelt. So beschreibt etwa [HS91] einen $O(n)$-Algorithmus zur Berechnung einer Approximation mit einer minimalen Anzahl von Knoten für einen vorgegebenen Fehler ε_{max} unter Verwendung der Chebyshev-Metrik. Umgekehrt beschäftigt sich [Jup78] mit der Berechnung einer Approximation mit minimalem mittleren quadratischen Fehler d_{MSE} für eine vorgegebene Anzahl von Knoten, und [Goo95] löst das Problem für die Chebyshev-Metrik d_{max}.

```
timeSeriesApproximation(timeSeries, εMSE, εmax)
    result = {}
    start = 1
    while start < length(timeSeries) do
        pattern = findPattern(start, εMSE, εmax)
        if end(pattern) < length(timeSeries) then
            nextPattern = findPattern(end(pattern), εMSE, εmax)
            pattern = improvePattern(pattern, nextPattern, εMSE, εmax)
        end if
        result = addPattern(result, pattern)
        start = end(pattern)
    end while
    return(result)
```

Abbildung 3.5: Approximation einer Zeitreihe durch Muster.

Da sich während verschiedener Tests aber je nach Art der zu approximierenden Zeitreihe beide oben genannten Gütemaße als vorteilhaft erwiesen, wurde anstelle der bekannten Verfahren ein eigener, auf heuristischem Vorgehen basierender Algorithmus entwickelt, der in Abbildung 3.5 skizziert ist.

Nach der Initialisierung der Ergebnisliste (1) wird beginnend mit dem Anfang der Zeitreihe $t_{start} = 1$ (2), innerhalb einer Schleife (3–11) zunächst ein möglichst langes, bei t_{start} beginnendes Muster *pattern* (Abschnitt einer Regressionsgerade mit $t_s = t_{start}$) berechnet, für das sowohl $d_{MSE}(l,X) \leq \varepsilon_{MSE}$ als auch $d_{max}(l,X) \leq \varepsilon_{max}$ erfüllt ist (4). Sofern das Ende der Zeitreihe noch nicht erreicht ist (5), wird am Ende des Musters *pattern* beginnend in gleicher Weise das nächste Muster *nextPattern* berechnet (6). Dieses wird nun zur Optimierung des ersten Musters verwendet (7). Anschließend wird das möglicherweise optimierte Muster *pattern* zur Folge der Geradenabschnitte hinzugefügt (9), und die Mustersuche am Ende von *pattern* fortgesetzt (10). Die Schritte (3) bis (10) werden solange wiederholt, bis die Zeitreihe vollständig durch Muster approximiert ist. Danach wird die Folge der Geradenabschnitte als Ergebnis zurückgegeben (12).

Die Suche nach einem möglichst langen Abschnitt, der unter Einhaltung der Gütekriterien durch eine Regressionsgerade approximiert werden kann, geschieht in der Funktion „findPattern" (3). Diese verlängert, beginnend mit dem Muster $(t_{start}, x(t_{start}), t_{start+1}, x(t_{start+1}))$ als Regressionsgerade für das Intervall $[t_{start}; t_{start+1}]$, das Zeitintervall solange nach rechts, bis die zugehörige Regressionsgerade nicht mehr den Gütekriterien genügt. Zur Beschleunigung der Suche werden dabei Abschnitte übersprungen, indem die Länge des Intervalls für jeden Test auf Einhaltung der Gütekriterien um einen festen Anteil vergrößert wird.[2] Zum Schluß wird heuristisch durch binäre Suche nach einem möglichst langen Muster zwischen dem letzten passenden und dem ersten nicht mehr passenden Muster gesucht, das den Gütekriterien genügt.

Durch den frühen Abbruch der Suche beim ersten nicht mehr passenden Intervall sowie das Überspringen möglicher Musterkandidaten während der binären Suche kann nicht sichergestellt werden, daß wirklich das längste mögliche Muster gefunden wird, das Verfahren ist dafür jedoch sehr schnell und führt in der Praxis zu guten Ergebnissen.

Der Optimierungsschritt (6) wurde aufgrund der Beobachtung eingeführt, daß ohne Optimierung wesentliche Trends einer Zeitreihe zwar durchaus erkannt werden, die gefundenen Geradenabschnitte jedoch oft nach rechts in den nächsten Trend hineinragen. Folgt beispielsweise auf einen Anstieg ein abfallender Trend, so wird ohne Optimierung das den ansteigenden Trend repräsentierende Muster auch über das zwischen den Trends liegende Maximum hinaus verlängert, solange die Gütekriterien eingehalten werden.

Die Optimierung durch die Funktion „improvePattern" beruht auf der Idee, zwei benachbarte Muster *pattern* und *nextPattern* um die Grenze konkurrieren zu lassen. Hierzu wird das Muster *nextPattern* nach seiner normalen Berechnung zunächst auf der rechten Seite um einen bestimmten Anteil verkürzt,[3] damit es gegebenenfalls in Richtung des ersten Musters *pattern* verlängert werden kann. Anschließend wird

[2] Für alle Beispiele wurde ein Anteil von 50% verwendet.

[3] Alle Ergebnisse wurden mit einem Anteil von 25% erzielt.

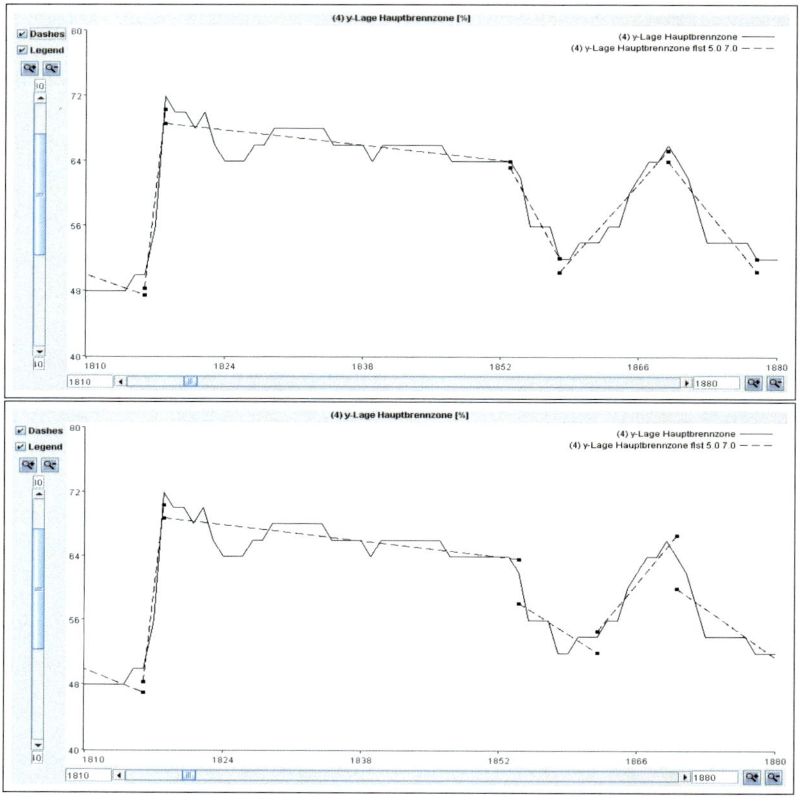

Abbildung 3.6: Trenderkennung mit (oben) und ohne (unten) lokale Optimierung (Parameter: $\varepsilon_{max} = 5$ und $\varepsilon_{MSE} = 7$).

pattern solange um eine Zeiteinheit verkürzt und *nextPattern* um eine Zeiteinheit nach links verlängert, wie sich die Summe der durchschnittlichen quadratischen Fehler $d_{MSE}(pattern, X) + d_{MSE}(nextPattern, X)$ verringert und beide Muster den Gütekriterien genügen. Die Optimierung entspricht somit einer Suche nach dem nächsten lokalen Minimum der Fehlersumme durch Gradientenabstieg.

Wie Abbildung 3.6 veranschaulicht, führt die beschriebene Optimierung fast immer zu einer besseren Erkennung von intuitiv erkennbaren Trends. Hinzu kommt eine Verbesserung der Güte der einzelnen Geradenabschnitte. Erkauft werden diese Vorteile durch eine minimale Erhöhung der Anzahl der zur Beschreibung einer Zeitreihe benötigten Geradenabschnitte.

Der beschriebene Algorithmus ermöglicht es dem Benutzer, durch Vorgabe der Maximalwerte Prioritäten bezüglich der Gütekriterien zu setzen. Im Extremfall kann durch geeignete Parameterwahl auch auf eines der Kriterien verzichtet werden. Wird beispielsweise ε_{MSE} größer als ε_{max} gewählt, so spielt der Abstand d_{MSE} keine Rolle mehr, da

$$
\begin{aligned}
& & d_{max}(l,X) &\leq \varepsilon_{max} \\
\Rightarrow & & \max_{s\leq i\leq e} |x_i - l(t_i)| &\leq \varepsilon_{max} \\
\Rightarrow & & (\max_{s\leq i\leq e} |x_i - l(t_i)|)^2 &\leq \varepsilon_{max}^2 \\
\Rightarrow & & \max_{s\leq i\leq e} |x_i - l(t_i)|^2 &\leq \varepsilon_{max}^2 \\
\Rightarrow & & \max_{s\leq i\leq e} (x_i - l(t_i))^2 &\leq \varepsilon_{max}^2 \\
\Rightarrow & & \frac{1}{e-s+1}\sum_{j=s}^{e}(\max_{s\leq i\leq e}(x_i - l(t_i))^2) &\leq \varepsilon_{max}^2 \\
\Rightarrow & & \frac{1}{e-s+1}\sum_{j=s}^{e}(x_j - l(t_j))^2 &\leq \varepsilon_{max}^2 \\
\Rightarrow & & \sqrt{\frac{1}{e-s+1}\sum_{i=s}^{e}(x_i - l(t_i))^2} &\leq \varepsilon_{max} \\
\Rightarrow & & d_{MSE}(l,X) &\leq \varepsilon_{max}.
\end{aligned}
$$

Anzumerken ist allerdings, daß in diesem Fall die Beschränkung auf Regressionsgeradenabschnitte als Muster zu nicht optimalen Mustern bezüglich des Maximalabstandes und damit auch zu einer relativ hohen Zahl von Mustern führen kann. Für den umgekehrten Fall läßt sich zwar keine einfache Beziehung zwischen den Maximalwerten angeben[4], in der Anwendung zeigte sich jedoch, daß eine Wahl von ε_{max} größer als $2 * \varepsilon_{MSE}$ in allen auftretenden Kurven ohne extreme Peaks ein Abschalten des Kriteriums „Maximalabstand“ bewirkte. Auch eine Vorgabe von ε_{max} als 100% des Wertebereichs leistet das Gewünschte.

Zusammenfassende Bewertung des entwickelten Approximationsverfahrens

Zur abstrakten Beschreibung einer Zeitreihe X eignen sich insbesondere die folgenden Arten von Mustern:

- Regressionsgeradenabschnitte
  Muster der Form $(t_s,\ b_0,\ t_e,\ b_0 + b_1 * t_e)$ mit b_0 und b_1 nach Gleichung 3.7. Sie minimieren den mittleren quadratischen Abstand d_{MSE} nach Gleichung 3.9.

[4]Dazu muß die mögliche Länge der Muster und damit im Extremfall die Länge der Zeitreihe X berücksichtigt werden, was im allgemeinen nicht zu einer hilfreichen Aussage führt.

- Niveaus
  Abschnittsweise konstante Muster der Form (t_s, c, t_e, c). Dabei wird der Mittelwert $c = \bar{x}$ nach Gleichung 3.7 zur Minimierung von d_{MSE} verwendet.

- Extremum-Paare
  Verbindungen $(t_s, x(t_s), t_e, x(t_e))$ benachbarter lokaler Extrema $x(t_s)$ und $x(t_e)$ zur Erfassung wesentlicher Werteveränderungen innerhalb eines Zeitabschnitts.

- Trends
  Muster der Form $(t_s, x(t_s), t_e, x(t_e))$ als einfache Verbindungen von Kurvenpunkten.

Als Parameter werden bei der Approximation durch Regressionsgeradenabschnitte, Niveaus oder einfache Trends der maximal erlaubte mittlere quadratische Abstand und der maximal erlaubte absolute Abstand ε_{MSE} und ε_{MSE} verwendet. Extremum Paare werden danach selektiert, ob zwischen zwei Extrema eine Mindestveränderung vp auftritt.

Zur Erzeugung guter Approximationen bei gleichzeitiger Übereinstimmung der Ergebnisse mit der intuitiven Erwartung wurde das oben erläuterte Verfahren entwickelt. Es stellt die Einhaltung der mittels der Parameter ε_{MSE} und ε_{max} vorgegebenen Gütekriterien sicher und minimiert gleichzeitig den mittleren quadratischen Abstand d_{MSE} durch die Verwendung von Regressionsgeradenabschnitten als Muster. Außerdem besitzt es den Vorteil, weitgehend unabhängig von der Wahl der Gütekriterien zu funktionieren und kann deshalb leicht um weitere Kriterien wie den durchschnittlichen absoluten Abstand $d_{meanAbs}$ ergänzt werden.

Nicht garantiert werden kann Optimalität bezüglich der Anzahl gefundener Muster. Dafür zeigen die Ergebnisse eine gute Übereinstimmung mit der intuitiven Erwartung, was durch die Verwendung von Regressionsgeradenabschnitten und eine lokale Optimierung an den Musterübergängen erreicht wird. Dies wurde auch im Vergleich mit anderen Verfahren deutlich (siehe [Kra01] und Abbildungen 3.4 und 3.6).

Einen großen Vorteil bildet die geringe Laufzeit des Verfahrens, die interaktives Arbeiten auch bei langen Zeitreihen mit beispielsweise mehr als 100.000 Abtastzeitpunkten ermöglicht.

Ergänzungen

Die beschriebene Mustererkennung dient dazu, Zeitreihen durch einfache und verständliche Eigenschaften mit Zeitbezug zu beschreiben. Das bedeutet, daß sich jedes Muster einem Zeitpunkt, bzw. einem Zeitintervall, zuordnen läßt, so daß sich daraus nicht nur Aussagen über Zusammenhänge zwischen Mustern, sondern auch über dazwischen liegende Verzögerungs- oder Totzeiten ableiten lassen. Da der Zeitbezug bei der Fouriertransformation verloren geht (keine Zuordnung von Frequenzanteilen zu Zeitpunkten), wurde diese nicht betrachtet, obwohl sie zum Grundrepertoire der Regelungstechnik zur Beschreibung und Analyse von Zeitreihen gehört [Föl82]. Ein solcher Zeitbezug läßt sich zwar zumindest prinzipiell durch Einsatz von Fenstertechniken (windowed Fourier transform (WFT), vgl. [Gab64]) herstellen, naheliegender erscheint jedoch die Verwendung der Wavelet-Transformation, die besonders zur Berücksichtigung lokaler Eigenschaften eines Signals geeignet ist (siehe als kurze Einführung in Wavelets beispielsweise [Gra95] oder als ausführliche Monographie [Hol95]). Das Problem des Verlustes von Anschaulichkeit für Nicht-Experten besteht allerdings unabhängig vom Zeitbezug bei allen diesen Transformationen.

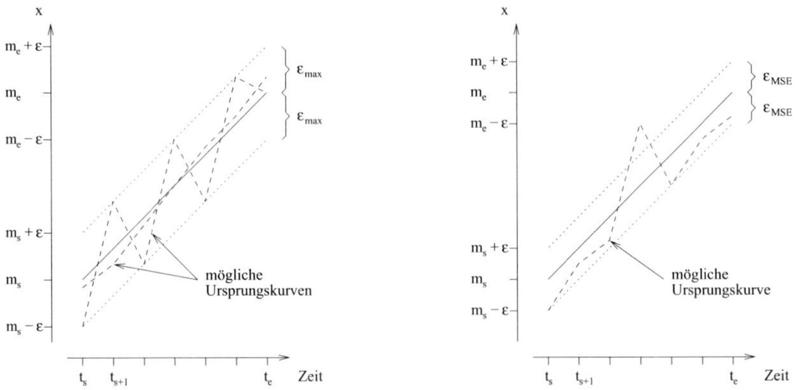

Abbildung 3.7: Beispiele für mögliche Kurvenrekonstruktion aus dem Muster (t_s, m_s, t_e, m_e) unter Berücksichtigung der Gütekriterien ε_{max} (links) und ε_{MSE} (rechts).

Die Mustererkennung wurde unter dem Aspekt der Kurvenapproximation entwikkelt, so daß sich aus einem Muster (t_s, m_s, t_e, m_e) nur eingeschränkte Aussagen über den ursprünglichen Kurvenverlauf im entsprechenden Zeitbereich t_s, t_{s+1}, $\ldots$, t_e ableiten lassen. Zur Veranschaulichung dieses Problems sind in Abbildung 3.7 Beispiele für mögliche Rekonstruktionen des Kurvenverlaufs aus einem gegebenen Muster bei bekannten Parametern ε_{max} und ε_{MSE} unter der Nebenbedingung, daß es sich bei dem Muster um einen Regressionsgeradenabschnitt handelt, dargestellt. Während der Parameter ε_{max} den Kurvenverlauf durch einen „Fehlerschlauch" um das Muster herum begrenzt (siehe linkes Teilbild), beschränkt ε_{MSE} zwar den Gesamtfehler, läßt jedoch lokal in Abhängigkeit von der zeitlichen Länge des Musters nahezu beliebig große Abweichungen zu (siehe rechtes Teilbild).

Relevant ist das Problem der Kurvenrekonstruktion immer dann, wenn auf Basis der Muster nicht nur Zusammenhänge zwischen Zeitreihen in Form beschreibender Regeln erkannt werden sollen (Analyse), sondern diese Regeln auch direkt zur Vorhersage angewendet werden (Prognose und Simulation). Das bedeutet, daß die vorhergesagten numerischen Werte einer Größe auf Basis prognostizierter Muster berechnet werden, und somit die erreichbare Vorhersagegüte nicht nur von der Qualität, etwa der statistischen Absicherung, der abgeleiteten Regeln, sondern auch in hohem Maße von den zur Approximation verwendeten Parametern abhängt.

Hier kann unter bestimmten Randbedingungen die Wahl von Extremum-Paaren als Muster Vorteile bieten, da sie schärfere Aussagen über die Lage der Endpunkte (auf der Kurve) und den Verlauf dazwischen (monoton steigend oder fallend) ermöglichen. Allerdings ist auch hier stets von einem bestimmten Prognosefehler auszugehen, der solche Vorteile relativiert.

3.2.2 Ableitung von Symbolen

Die Darstellung einer Zeitreihe als Folge von Mustern stellt einen erheblichen Fortschritt bei der Datenabstraktion und der damit verbundenen Reduktion auf das Wesentliche dar.

Viele maschinelle Lernverfahren, beispielsweise auch der im folgenden in angepaßter und erweiterter Form verwendete Multi-Stream Dependency Detection–Algorithmus (MSDD, siehe [OC96]), sind jedoch auf eine rein symbolische Darstellung angewiesen. Auch ist es im Sinne einer guten Verständlichkeit der später generierten Regeln wünschenswert, mit einer nicht-prädikatenlogischen Darstellung der Zeitreihen auszukommen.

Deshalb wird als nächstes aus der Menge der gefundenen (parametrisierten) Muster eine kleine Menge geeigneter (nichtparametrisierter) Symbole erzeugt, mit denen später eine gute symbolische Repräsentation der Zeitreihe als Zeichenfolge realisiert wird.

Clusterverfahren

Zur Ableitung von Symbolen aus der Repräsentation durch Muster werden Cluster-Verfahren eingesetzt. Diese fassen ähnliche Muster zu Klassen zusammen und berechnen gleichzeitig für jede Klasse ein repräsentatives Muster, dem dann ein Symbol zugeordnet wird. Als repräsentative Muster, auch „Klassenprototypen“ genannt, werden bei den implementierten Verfahren die Klassenzentren verwendet, die normalerweise nicht in der ursprünglichen Mustermenge enthalten sind.

Es wurden verschiedene Clusterverfahren realisiert [Kra00]. Zum einen handelt es sich um den ISODATA-Algorithmus („Iterative Self-Organizing Data Analysis Techniques A“, siehe [BH65]) als einem klassischen Verfahren, das zudem in der Lage ist, die Anzahl der Cluster entsprechend bestimmten Parametern, die die

Qualität der Cluster beschreiben, selbständig zu bestimmen. Zum anderen wurden der Hard-c-Means-Algorithmus [DH73] als schnelles Verfahren mit nur einem Parameter, nämlich der Clusteranzahl c, und der Fuzzy-c-Means-Algorithmus implementiert. Bei letzterem handelt es sich um eine Variante des Hard-c-Means-Algorithmus [Dun74], die eine unscharfe Zuordnung von Objekten zu Klassen ermöglicht. Der Grad der Unschärfe wird durch einen Parameter m („Fuzzifier") bestimmt [Bez73].

Alle genannten Algorithmen sind auf die Clusterung beliebig dimensionaler Datenpunkte $p_i \in \mathbb{R}^n$ ausgelegt. Mit der Anzahl n_p der Punkte gilt $1 \leq i \leq n_p$. Die Verfahren verwenden als Maß für den Abstand zwischen zwei Punkten p_i und p_j, $1 \leq i, j \leq n_p$ die Euklidische Metrik:

$$||p_i,\ p_j||_{euk} = \sqrt{\sum_{k=1}^{n} (p_i[k] - p_j[k])^2}. \tag{3.13}$$

Da keine weitere Metrik auftritt, steht im folgenden vereinfachend $||\cdot||$ für $||\cdot||_{euk}$.

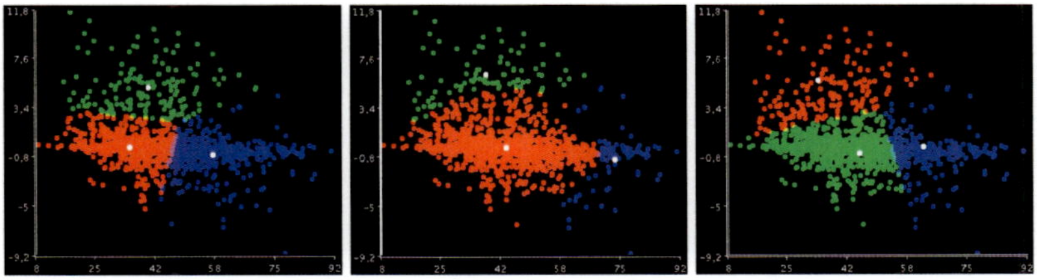

Abbildung 3.8: Beispiele für Clusterungen mit Hard-c-Means (links), Fuzzy-c-Means- (mittig) und ISODATA-Algorithmus (rechts) im $\mathbb{R}^2$.

Die Verfahren erzeugen normalerweise zwar unterschiedliche, jedoch vergleichbare Ergebnisse, wie Abbildung 3.8 veranschaulicht.

Der ISODATA- und der Hard-c-Means-Algorithmus versuchen, die Clusterzentren so zu positionieren, daß die Summe der quadratischen Abstände aller zu clusternden Datenpunkte p_i, $1 \leq i \leq n_p$, zu ihren Clusterzentren $c(p_i)$ minimal wird:

$$\sum_{i=1}^{n_p} ||p_i,\ c(p_i)||^2 = \sum_{i=1}^{n_p} \sum_{k=1}^{n} (p_i[k] - c(p_i)[k])^2 \stackrel{!}{=} \min.$$

Wird diese Summe clusterweise zerlegt, und werden die n_c Clusterzentren mit c_j, $1 \leq j \leq n_c$, und die jeweils $n_{p,j}$ zugeordneten Datenpunkte mit $p_{j,i}$, $1 \leq j \leq n_c$, $1 \leq i \leq n_{p,j}$, bezeichnet, so ergibt sich:

$$\sum_{j=1}^{n_c} \sum_{i=1}^{n_{p,j}} \sum_{k=1}^{n} (p_{j,i}[k] - c_j[k])^2 \stackrel{!}{=} \min.$$

Hieraus läßt sich eine Darstellung jedes Clusterzentrums als Arithmetisches Mittel der zugeordneten Punkte ableiten:

$$c_j = \frac{1}{n_{p,j}} \sum_{i=1}^{n_{p,j}} p_{j,i},$$

was bei den iterativen Strategien beider Algorithmen ausgenutzt wird.

Beim ISODATA-Verfahren werden zusätzliche Forderungen an das Ergebnis gestellt. Es wird ein Mindestabstand *mergingDistance* zwischen allen Paaren von Clusterzentren vorgegeben:

$$||c_i, c_j|| \geq mergingDistance, \; 1 \leq i < j \leq n_c.$$

Weiterhin wird die empirische Standardabweichung jedes Clusters durch die Konstante *splittingVariance* begrenzt:

$$\sqrt{\frac{1}{n_{p,j}-1} \sum_{i=1}^{n_{p,j}} ||p_{j,i}, c_j||^2} \leq splittingVariance, \; 1 \leq j \leq n_c,$$

und außerdem eine Mindestanzahl von Punkten pro Cluster *minimumSize* vorgegeben:

$$n_{p,j} \geq minimumSize, \; 1 \leq j \leq n_c.$$

Die drei Parameter *mergingDistance*, *splittingVariance* und *minimumSize* bestimmen gemeinsam die Anzahl der berechneten Cluster n_c, die bei den anderen beiden Verfahren vom Anwender vorgegeben wird.

Der Fuzzy-c-Means-Algorithmus führt eine unscharfe Zuordnung von Punkten zu Clustern durch. Er berechnet für jeden Punkt p_i und jedes Clusterzentrum c_j einen Zugehörigkeitsgrad $\mu_{i,j}$, $0 \leq \mu_{i,j} \leq 1$. Falls ein Punkt p_i sehr nahe an einem Clusterzentrum c_j liegt, d.h. $(p_i - c_j)^2 < \varepsilon$ für ε nahe Null, wird der Punkt dem j'ten Cluster mit dem Zugehörigkeitsgrad $\mu_{i,j} = 1$ und allen anderen Clustern mit einer Zugehörigkeit von Null zugeordnet. Sonst berechnet sich die Zugehörigkeit eines Punktes als:

$$\mu_{i,j} = \frac{1}{\sum_{k=1}^{n_c} \left(\frac{||p_i, c_j||}{||p_i, c_k||} \right)^{\frac{2}{m-1}}}. \tag{3.14}$$

Der Zugehörigkeitsgrad nimmt also mit zunehmender Entfernung vom Clusterzentrum ab. Der Grad der Abnahme ist vom Fuzzifier m, $m > 1$, abhängig. Je näher m an Eins liegt, desto ähnlicher werden die Ergebnisse dem Hard-c-Means-Algorithmus, und je größer m wird, desto weicher wird die Zuordnung. Ein großer Wert für m führt gleichzeitig dazu, daß sich die Abstände zwischen den Clusterzentren verringern, während für kleine Werte eher verstreute Cluster auftreten.

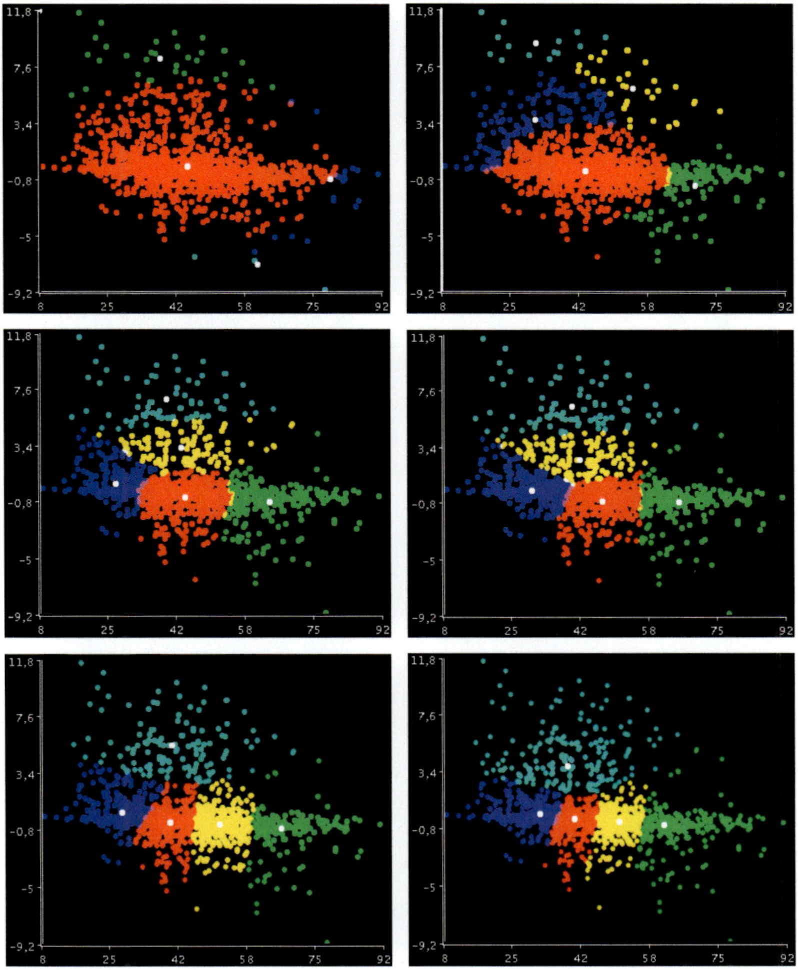

Abbildung 3.9: Abhängigkeit der Ergebnisse des Fuzzy-c-Means-Algorithmus vom Wert des Fuzzifiers m am Beispiel einer Clusterung mit 5 Clustern im $\mathbb{R}^2$ (m = 1.2, 1.3, 1.4, 1.5, 2.0, 4.0 von links oben zeilenweise). Die Clusterzentren sind jeweils weiß gekennzeichnet.

Bei eng zusammen liegenden Punkten, die sich nicht oder nur schlecht in getrennte Punktwolken aufteilen lassen, bewirkt ein kleiner Fuzzifier, daß ein oder wenige Cluster den Hauptteil der Punkte erfassen, während die übrigen Cluster nur kleinere Randbereiche abdecken. Ein größerer Wert für m führt zu einer gleichmäßigeren Aufteilung, wie Abbildung 3.9 veranschaulicht (Dominanz des roten Clusters für

$m = 1.2$ (links oben), gleichmäßigere Aufteilung ab $m = 1.4$ (Mitte)). Dabei ist, genau wie in Abbildung 3.8, für jeden Punkt durch die Färbung nur die Zugehörigkeit zu dem Cluster angedeutet, zu dem er den höchsten Zugehörigkeitsgrad besitzt. Die Clusterzentren sind jeweils weiß gekennzeichnet.

Die Clusterzentren werden beim Fuzzy-c-Means zu:

$$c_j = \frac{\sum_{i=1}^{n} (\mu_{i,j})^m p_i}{\sum_{i=1}^{n} (\mu_{i,j})^m}, \quad 1 \leq j \leq n_c \tag{3.15}$$

berechnet. Insgesamt gesehen versucht der Algorithmus, den Term:

$$\sum_{i=1}^{n} \sum_{j=1}^{n_c} (\mu_{i,j})^m ||p_i, c_j||$$

mit $\mu_{i,j}$ und c_j nach den Gleichungen 3.14 und 3.15 durch iterative Anpassung der Clusterzentren c_j, $1 \leq j \leq n_c$ zu minimieren (vergleiche auch die verallgemeinerte Darstellung in [HKK97]).

Eine harte Zuordnung läßt sich beim Fuzzy-c-Means-Algorithmus erreichen, indem jeder Punkt p_i dem Cluster zugeordnet wird, für das er den höchsten Zugehörigkeitsgrad aufweist:

$$c(p_i) = c_j, \text{ falls } \max_{k=1}^{n_c}\{\mu_{i,k}\} = \mu_{i,j} \text{ und } \forall k,\ k < j: \ \mu_{i,k} < \mu_{i,j}.$$

Interessant kann auch die Vorgabe eines Mindest-Zugehörigkeitsgrades ε_μ sein, durch den nur typische Punkte zugeordnet werden:

$$c(p_i) = \begin{cases} c_j, \text{ falls } \max_{k=1}^{n_c}\{\mu_{i,k}\} = \mu_{i,j} \text{ und } \forall k, k < j : \mu_{i,k} < \mu_{i,j} \text{ und } \mu_{i,j} \geq \varepsilon_\mu \\ \textit{undefiniert}, \text{ falls } \forall k,\ 1 \leq k \leq n_c: \ \mu_{i,k} < \varepsilon_\mu \end{cases}.$$

Bei Vorgabe eines derartigen zusätzlichen Kriteriums ist es jedoch, genau wie bei Anwendung des ISODATA-Verfahrens, welches ebenfalls nicht immer jeden Punkt zuordnet, notwendig, Maßnahmen zur weiteren Behandlung nicht zugeordneter Punkte zu ergreifen. Einfache Möglichkeiten stellen etwa die Zuordnung zu einem „Rest"-Cluster oder die nachträgliche Löschung dar.

Ergänzungen zu Clusterverfahren

Alle drei Clusteralgorithmen gehören zur Klasse der „Objective-Function Algorithms" [HKK97]. Das bedeutet, daß sie im Sinne der Lösung eines Optimierungsproblems eine Clustereinteilung mit einer möglichst hohen Güte bezüglich einer vorgegebenen Bewertungsfunktion berechnen. Die Vorgabe eines Gütekriteriums besitzt gegenüber der Verwendung hierarchischer Algorithmen den Vorteil, daß die Qualität der resultierenden Clustereinteilung objektiv bewertet werden kann.

Außerdem ist sichergestellt, daß eine höhere Qualität nur über eine Erhöhung der Zahl der Cluster zu erzielen ist.

Dennoch wirken die Ergebnisse oft nicht optimal, was an der Beschränkung der Verfahren auf die Erkennung von im wesentlichen achsenparallel liegenden, kugelförmigen Clustern liegt. Ein Verfahren, das die Erkennung beliebig liegender, ellipsenförmiger Cluster ermöglicht, stellt der Gustafson-Kessel-Algorithmus dar [GK79]. Die Erweiterung von Gath und Geva ermöglicht zusätzlich die Anpassung der Größe jedes einzelnen Clusters [GG89]. Ein Überblick über weitere unscharfe Clusterverfahren findet sich in [HKK97]

Mit Blick auf die Aspekte Verständlichkeit und Interpretierbarkeit der Zuordnung von Punkten zu Clustern, bzw. von Mustern zu Musterprototypen, erscheint jedoch die Verwendung komplexerer Clusterformen im Rahmen der vorliegenden Arbeit nicht vorteilhaft.

Anwendung der Clusterverfahren auf Muster

Zur Clusterung der in einer Zeitreihe gefundenen Muster wird bei jedem Muster zunächst die Information über den absoluten Auftretenszeitpunkt entfernt und stattdessen lediglich seine zeitliche Länge betrachtet. Aus dem Muster (t_s, m_s, t_e, m_e) wird so ein 3er-Tupel (t_l, m_s, m_e) mit dem Startwert m_s, dem Endwert m_e und der Länge $t_l = t_e - t_s$. Wird von der absoluten Lage des Musters im Wertebereich abstrahiert, so ergibt sich die Wertedifferenz $\delta = m_e - m_s$. Als weiterer charakteristischer Wert wird der Gradient $\gamma = \frac{\delta}{t_l} = \frac{m_e - m_s}{t_e - t_s}$ betrachtet, so daß insgesamt zur Clusterung das 5er-Tupel $(m_s, m_e, t_l, \delta, \gamma)$ herangezogen wird.

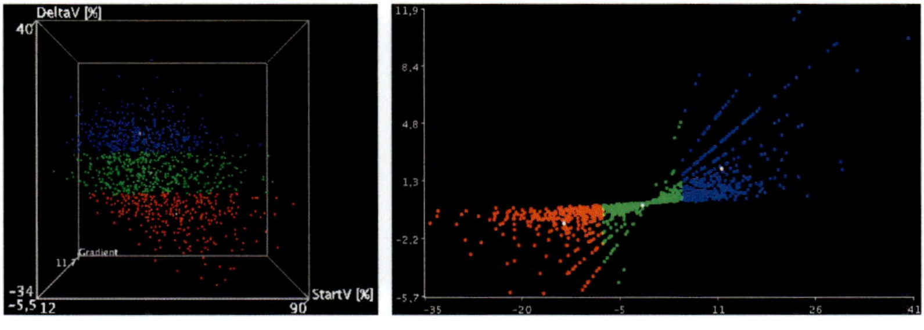

Abbildung 3.10: Beispiel für eine Punkteverteilung. 3D-Ansicht mit den Dimensionen Startwert m_s „StartV", Wertedifferenz δ „DeltaV" und Gradient γ „Gradient" (links) sowie 2D-Ansicht mit den Dimensionen Wertedifferenz und Gradient (rechts). Zur Erleichterung der visuellen Zuordnung sind die Punkte nach der Wertedifferenz in 3 Klassen geclustert.

Abbildung 3.10, links zeigt eine typische Punkteverteilung für die Dimensionen Startwert m_s, Wertedifferenz m_e und Gradient γ. Zu erkennen ist die Lage der Punkte nahe einer Ebene, die sich von hinten oben nach vorne unten erstreckt. Während sich im mittleren Wertebereich sowohl steigende als auch fallende Muster befinden (grüner Bereich), findet sich im linken, hinteren Bereich eine Häufung von Mustern mit positivem Werteunterschied, verbunden mit einem positiven Gradient (blau). Im rechten, vorderen Bereich tritt eine hohe Anzahl von Mustern mit negativem Werteunterschied und negativem Gradient auf (rot). Die Verteilung der Punkte entspricht umgekehrt der Tatsache, daß über einen weiten Bereich fallende Muster nicht am unteren und weit steigende Muster nicht am oberen Rand des Wertebereichs auftreten können.

Die einer Seitenansicht entsprechende Projektion auf die Dimensionen Wertedifferenz und Gradient (Abbildung 3.10, rechts) zeigt zudem die aus der diskreten Zeitrasterung entstehende Anordnung der Punkte in Ebenen (von links unten nach rechts oben verlaufende Punktfolgen). Jede Ebene enthält Muster derselben Länge. Alle Ebenen schneiden sich in einer Gerade, durch welche die waagerechten Muster charakterisiert sind (Wertedifferenz „DeltaV“ = 0 und Gradient „Gradient“ = 0).

Um eine konkrete Clustereinteilung zu erreichen, können die einzelnen Dimensionen der redundanten Darstellung der Muster als 5er-Tupel gewichtet werden. Dazu wird anstelle der „normalen“ Euklidischen Metrik aus Gleichung 3.13 die gewichtete Euklidischen Metrik:

$$||p_i, p_j||^{\alpha}_{euk} = \sqrt{\sum_{k=1}^{5} \alpha[k] \ (p_i[k] - p_j[k])^2} \qquad (3.16)$$

verwendet. Außerdem werden den oben beschriebenen Clusterverfahren die entsprechenden Gewichte $\alpha[k]$, $1 \leq k \leq 5$, $0 \leq \alpha[k] \leq 1$ vorgegeben. Ein Gewicht von Null bedeutet, daß die jeweilige Dimension keinen Einfluß auf das Ergebnis der Clusterung hat.[5]

Ein Beispiel für das Clustern von Mustern in 3 Klassen anhand nur eines Gesichtspunktes, hier des Startwertes „startV“, zeigt Abbildung 3.11, linkes Teilbild. Dargestellt sind die Dimensionen Startwert „startV“ und Wertedifferenz „deltaV“. Daneben ist eine Clustereinteilung derselben Daten in 4 Klassen unter zusätzlicher Berücksichtigung der Wertedifferenz „deltaV“ zu sehen.

Abbildung 3.12, links zeigt eine andere, dreidimensionale Clustereinteilung der Daten anhand der „natürlichen“ Dimensionen Startwert m_s, Endwert m_e und Länge t_l in einer dreidimensionalen Darstellung und als Projektion auf die Dimensionen Startwert m_s und Länge t_l.

Nach dem Clustern wird jedem Cluster, und damit indirekt jedem Muster, ein Symbol zugeordnet. Als Ergebnis ergibt sich ein „Vokabular“ zur Beschreibung der

[5] In der implementierten Version werden alle Dimensionen zunächst intern auf das Intervall $[0; 1]$ skaliert, so daß die Gewichtungsfaktoren vergleichbare Werte zwischen 0 und 1 aufweisen. Zudem sei angemerkt, daß die Skalierung in jeder Dimension mit $\alpha[i]$ *nach* dem Quadrieren einer linearen Skalierung mit $\beta[i] = \sqrt{\alpha[i]}$ *vor* dem Quadrieren entspricht.

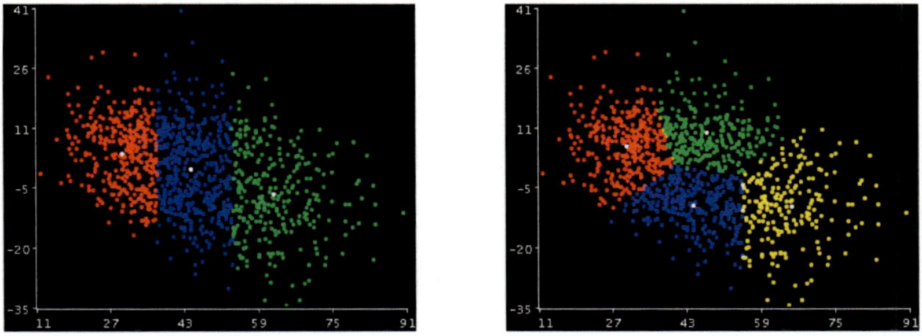

Abbildung 3.11: Beispiele für das Clustern von Mustern anhand des Startwertes m_s „startV" (3 Klassen, links) und anhand von Startwert m_S und Wertedifferenz δ „deltaV" (4 Klassen, Mitte). Dargestellt sind jeweils die zwei Dimensionen Startwert m_s und Wertedifferenz δ.

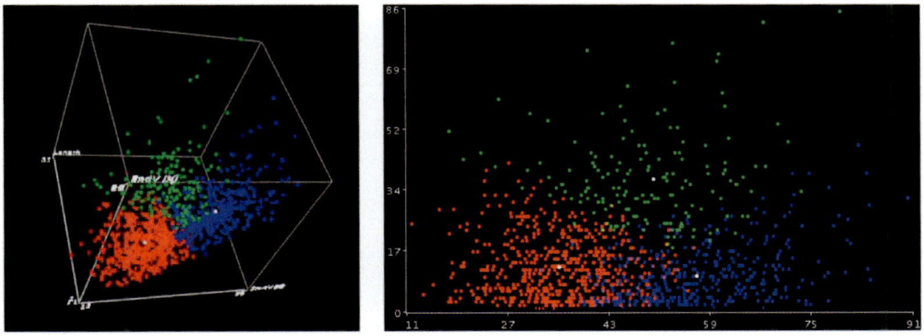

Abbildung 3.12: Beispiel für das Clustern von Mustern anhand der Dimensionen Startwert m_s „startV", Endwert m_e „endV" und Länge t_l „length" in 3 Klassen. Dreidimensionale Darstellung (links) und zweidimensionale Darstellung der Dimensionen Startwert m_s und Länge t_l (rechts).

Zeitreihe. Die Verständlichkeit der Symbole wird über die Clusterzentren sichergestellt, die eine einfache Zuordnung von Symbolen zu durchschnittlichen und damit typischen Mustern ermöglichen.

Allerdings stellen diese „durchschnittlichen Muster" (Clusterzentren), die von den Clusterverfahren als Arithmetische Mittel ihrer Cluster gebildet werden, normalerweise selbst keine gültigen Muster dar und sind nur als Zusammenfassung aller Muster des jeweiligen Clusters zu verstehen. Dies liegt zum einen daran, daß aufgrund der Mittelwertbildung nichtdiskrete zeitliche Längen auftreten. Wesentlicher ist aber, daß das Arithmetische Mittel der Gradienten aller Muster eines Clusters im allgemeinen nicht mit dem Quotienten aus dem mittleren Werteunterschied und der mittleren zeitlichen Länge der Muster übereinstimmt:

$$\gamma_j \overset{i.a.}{\neq} \frac{\delta_j}{t_{l\,j}}$$

Hierbei bezeichnet γ_j das Arithmetische Mittel der Gradienten, δ_j das Arithmetische Mittel der Werteunterschiede und $t_{l\,j}$ das Arithmetische Mittel der zeitlichen Längen aller Punkte des j'ten Clusters, $1 \leq j \leq n_c$. Zusammen mit dem Arithmetische Mittel der Endwerte des Clusters $m_{e\,j}$ und demjenigen der Startwerte $m_{s\,j}$ ergibt sich eine Darstellung des Clusterzentrums c_j als Tupel $(t_{l\,j}, m_{s\,j}, m_{e\,j}, \delta_j, \gamma_j)$.

Der Werteunterschied als linearer Kombination aus Startwert und Endwert ist demgegenüber völlig unproblematisch, da:

$$\begin{aligned}
\delta_j &= \frac{1}{n_{p,j}} \sum_{i=1}^{n_{p,j}} \delta_{j,i} \\
&= \frac{1}{n_{p,j}} \sum_{i=1}^{n_{p,j}} (m_{e\,j,i} - m_{s\,j,i}) \\
&= \frac{1}{n_{p,j}} \sum_{i=1}^{n_{p,j}} m_{e\,j,i} - \frac{1}{n_{p,j}} \sum_{i=1}^{n_{p,j}} m_{s\,j,i} \\
&= m_{e\,j} - m_{s\,j}
\end{aligned}$$

gilt. $\delta_{j,i}$ bezeichnet dabei den Werteunterschied, $m_{e\,j,i}$ den Endwert und $m_{s\,j,i}$ den Startwert des i'ten Punktes des j'ten Clusters, $1 \leq i \leq n_{p,j}$, $1 \leq j \leq n_c$.

Die Verständlichkeit der Symbole wird zusätzlich dadurch erschwert, daß sich das vollständige Wissen darüber, nach welchen Eigenschaften der Muster die Symbole unterscheiden und welche Eigenschaften der Zeitreihe sie damit in abstrakter Form repräsentieren, erst über die Gewichtungsparameter der Clusterverfahren erschließt.

Bewertung des Verfahrens zur Ableitung von Symbolen

Eine denkbare Alternative zur Ableitung von Symbolen aus der musterbasierten Beschreibung von Zeitreihen mit Hilfe von Clusterverfahren besteht in der direkten Definition von Symboleigenschaften und ihrer anschließenden Erkennung in den numerischen Zeitreihen. Dabei handelt es sich jedoch um ein „adhoc"-Verfahren, das sich höchstens für einfache, punktweise definierbare Kurveneigenschaften, wie z.B. „steigend" oder „fallend", eignet. Einer anderen möglichen Alternative, der manuellen Einteilung der Muster, fehlt die Flexibilität der Clusterverfahren, welche ein schnelles, interaktives Ausprobieren verschiedener Clustereinteilungen ermöglichen.

Der größte Vorteil des verwendeten Verfahrens besteht darin, daß es auf tatsächlich auftretenden Mustern beruht und mit Hilfe der zum Clustern verwendeten Gütefunktion in der Lage ist, bei der Symbolzuordnung die statistische Verteilung der Muster zu berücksichtigen.

Ein Problem der beschriebenen Ableitung von Symbolen besteht darin, daß diese zwar hinsichtlich ihrer Eignung zur Beschreibung der jeweils vorliegenden Zeitreihe optimiert sind, ihre Nützlichkeit für den nächsten Verfahrensschritt, nämlich die Ableitung von Regeln, jedoch nicht in das Ergebnis eingeht. Denkbar ist zur Verbesserung beispielsweise die Berücksichtigung von Transinformation oder bedingter Entropie (siehe Abschnitt 3.3.4) bei der parallelen Clusterung der Muster verschiedener Zeitreihen. Einen einfacher zu realisierenden Ansatz stellt die gezielte Neu-Clusterung der Muster bestimmter Zeitreihen mit veränderten Parametern nach einer Analyse der Abhängigkeitsbeziehungen zwischen den symbolischen Zeitreihen dar. Die Neu-Clusterung kann im implementierten Verfahren durch den Anwender angestoßen werden.

3.2.3 Beschreibung von Zeitreihen durch Symbole

Nach der Ableitung von Symbolen können diese zur Repräsentation der zugehörigen Zeitreihe als Symbolfolge genutzt werden. Es entsteht eine abstrakte, auf wesentliche Aspekte reduzierte Beschreibung, die zunächst einmal unabhängig von einer späteren Verwendung im Rahmen eines regelbasierten Modells zu sehen ist. Es ist möglich, eine numerische Zeitreihe durch mehrere verschiedene symbolische Zeitreihen zu beschreiben und so unterschiedliche Aspekte getrennt zu repräsentieren.

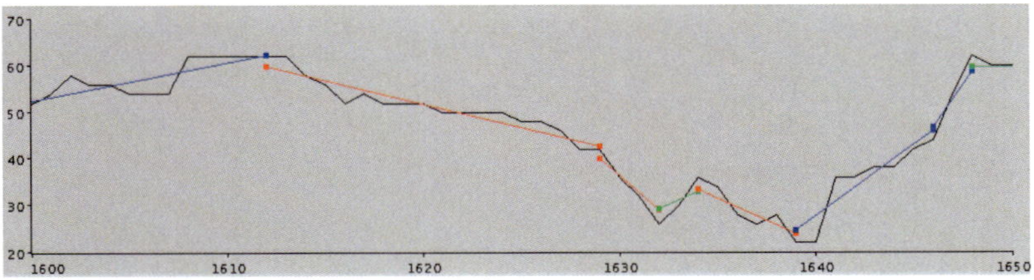

a) A B B C B A A C
b) AAAAAAAAAAABBBBBBBBBBBBBBBBBBCCBBBBBAAAAAAAAAACC

Abbildung 3.13: Beispiel für die Approximation einer numerischen Zeitreihe durch Muster und die anschließende Repräsentation als Folge der Symbole *A*, *B* und *C*. a) abstrakte ereignisorientierte Repräsentation („Startwert-Symbolisierung") b) abstrakte zustandsorientierte Repräsentation („kontinuierliche Symbolisierung").

Wie Abbildung 3.13 veranschaulicht, gibt es mindestens zwei verschiedene Möglichkeiten zu einer solchen „Symbolisierung". Eine Möglichkeit besteht darin, dem Anfangszeitpunkt eines Musters das jeweilige Symbol zuzuordnen und alle anderen Zeitpunkte mit Leersymbolen aufzufüllen (Abbildung 3.13, a)). Dieser Ansatz wird im folgenden als „Startwert-Symbolisierung“ bezeichnet. Vorteile einer solchen Darstellung sind ihre Kompaktheit und die damit möglicherweise je nach Verfahren verbundene effizientere Regelsuche sowie die klare Semantik gefundener Regeln, die sich auf eindeutige Auftretenszeitpunkte von Symbolen beziehen können. Zu vergleichbaren Ergebnissen führt die Wahl des Mittel- oder Endzeitpunktes des Musters als Bezugszeitpunkt.

Eine andere Möglichkeit besteht im fortlaufende Einsetzen des jeweiligen Symbols während der gesamten Dauer eines Musters, welches Abbildung 3.13, b) zeigt. Es ist zu erkennen, daß dann, wenn Muster mit demselben Symbol direkt aufeinanderfolgen, Information über die Auftretenszeitpunkte der einzelnen Muster verloren geht (siehe Zeitpunkte 1629 und 1646), was jedoch nicht unbedingt einen Nachteil darstellen muß. Problematisch ist dagegen die Semantik von Regeln, die auf einzelnen, eher nur Teilmuster repräsentierenden Symbolen basieren.

Ein großes praktisches Problem bei der Anwendung maschineller Lernverfahren auf solche Symbolfolgen stellt vor allem das Auftreten von Trivialregeln wie zum Beispiel „Auf Symbol *A* folgt Symbol *A*“ dar. Derartige Regeln sind zwar korrekt, stellen jedoch nur aus der Art der Symbolisierung resultierende Artefakte dar, die im wesentlichen die in den symbolischen Zeitreihen enthaltene Redundanz beschreiben. Aufgrund ihrer hohen Anzahl und ihres statistisch signifikant häufigen Auftretens verhindern sie in hohem Maße die Erkennung interessanter, aber seltener auftretender Zusammenhänge. Der Ansatz des fortlaufenden Einsetzens des jeweiligen Symbols wird in der vorliegenden Arbeit als „kontinuierliche Symbolisierung“ bezeichnet.

Im folgenden werden abgeleitete, symbolische Zeitreihen mit $S_1, \ldots, S_{n_s}$ bezeichnet.

3.2.4 Zusammenfassende Bewertung

Zur Erzeugung einer verständlichen Repräsentation numerischer Zeitreihen wird zunächst eine Vorverarbeitung der numerischen Zeitreihen vorgenommen.

Anschließend werden die vorverarbeiteten Zeitreihen durch Muster approximiert. Dabei sind die Muster so gewählt, daß sie sich unmittelbar Zeitpunkten in den numerischen Zeitreihen zuordnen lassen. Verschiedene Arten von Mustern, die auch als Geradenabschnitte interpretiert werden können, dienen der Beschreibung unterschiedlicher Eigenschaften der vorverarbeiteten Zeitreihen. Beispielsweise können Niveaus, Extrema oder Trends erkannt und beschrieben werden.

Die folgende Clusterung der Muster dient dazu, ähnliche Muster in Klassen zusammenzufassen und den Klassen Symbole zuzuordnen. Dabei hängen die gebildeten Klassen sowohl vom gewählten Clusterverfahren als auch von den vorgegebenen Parametern ab. Die Parameter ermöglichen eine Gewichtung der fünf bei der Clusterung betrachteten Eigenschaften von Mustern (Startwert m_s, Endwert m_e, zeitliche Länge t_l, Wertedifferenz δ und Gradient γ). Obwohl eine abschließende Beurteilung noch nicht möglich ist, wurde während der bisherigen Arbeit deutlich, daß zumindest für die Ableitung erster Erkenntnisse aus Zeitreihen der Startwert und die Wertedifferenz die wichtigsten Kennwerte von Mustern darstellen. Ersterer erfaßt den Bereich, in dem sich die jeweilige Größe befindet, letzterer die Dynamik.

Die den Klassen zugeordneten Symbole ermöglichen im letzten Schritt die Repräsentation der numerischen Werteverläufe durch symbolische Zeitreihen. Hierbei ermöglicht die Variante der Startwert-Symbolisierung eine sehr kompakte Repräsentation, welche insbesondere der Effizienz des in den nun folgenden Abschnitten entwickelten neuen Analyseverfahrens „MSDD-I“ (Multi-Stream Dependency Detection with Intervals) zu gute kommt.

3.3 Neues Verfahren zur Analyse von Zeitreihen

Die in den bisherigen Schritten hergeleitete Repräsentation ermöglicht die Anwendung symbolischer Verfahren des Maschinellen Lernens zur Erkennung von Mustern und Regeln. Ein solches Verfahren stellt der Multi-Stream Dependency Detection-Algorithmus (MSDD) dar, der im folgenden im Anschluß an den Abschnitt über die Interpretation abgeleiteter symbolischer Zeitreihen vorgestellt wird. Nach der Vorstellung des Originalalgorithmus wird die Semantik von Regeln zur expliziten Repräsentation zeitlicher Beziehungen untersucht. Als Ergebnis dieser theoretischen Untersuchung ergeben sich Anpassungen und Erweiterungen des MSDD-Algorithmus , die zu einem neuen Verfahren zur Ableitung sinnvoller, mit einer klaren Semantik versehener Regeln führen. In diesem Zusammenhang wird auch kurz auf die Schätzung der Systemordnung sowie von Zeitintervallen eingegangen, die dem neu entwickelten, erweiterten Algorithmus „MSDD-I“ (Multi-Stream Dependency Detection with Intervals) zur Suche nach Abhängigkeiten vorgegeben werden müssen.

3.3.1 Interpretation abgeleiteter symbolischer Zeitreihen

Den in Abschnitt 3.2.3 beschriebenen zwei Hauptmöglichkeiten zur Beschreibung von Zeitreihen auf der symbolischen Ebene entsprechen zwei unterschiedliche Sichtweisen auf das zugrundeliegende System (vergleiche Abbildung 3.13).

Die Belegung der Anfangszeitpunkte auftretender Muster durch das jeweilige Symbol und der dazwischenliegenden Zeitpunkte durch ein Leersymbol (Startwert-Symbolisierung) korrespondiert mit einer Betrachtung als ereignisdiskretes System. Jedes Muster wird als Ereignis angesehen und einem Zeitpunkt zugeordnet. Tritt es in einer Eingangsgröße auf, so kennzeichnet es eine signifikante Änderung, die eine Änderung im Systemzustand verursacht oder zumindest verursachen kann. In einer Ausgangsgröße stellt es einen Hinweis auf eine Änderung des Systemzustandes dar. Hieraus folgt, daß sich für eine solche Sicht normalerweise eher

Symbole eignen, die Änderungen beschreiben, deren Muster also beispielsweise Verbindungen von Extremwerten oder andere Geradenabschnitte mit Gradienten ungleich Null darstellen.

Demgegenüber entspricht das fortlaufende Einsetzen des jeweiligen Symbols während der gesamten zeitlichen Länge eines Musters (kontinuierliche Symbolisierung) einer abstrakten zustandsorientierten Betrachtung. Der Zustand des betrachteten abstrakten Systems mit symbolischen Zustandsgrößen ändert sich immer dann, wenn sich in einer der Zeitreihen das Symbol ändert. Eine besonders einfache Zuordnung von abstrakten Zuständen zu Zuständen des zugrundeliegenden Systems ergibt sich bei der Verwendung von Niveaus als Muster (siehe Abschnitt „Muster zur Approximation von Zeitreihen“ in Unterkapitel 3.2.1 und Gleichung 3.10). Der Abstraktionsschritt erlaubt jedoch auch die Betrachtung von „Zuständen“ wie „Größe 1 stark zunehmend und Größe 2 leicht abnehmend“ bei Auftreten approximierender Muster mit entsprechenden Gradienten.

Auf symbolischen Zeitreihen operierende maschinelle Lernverfahren sind zunächst einmal auf die Ableitung von Abhängigkeitsbeziehungen unabhängig von einer Interpretation ausgelegt. Diese wird damit eigentlich erst bei der Bewertung der Ergebnisse wichtig. Sowohl zur Beschränkung des Suchaufwandes als auch zur Erzielung guter Ergebnisse muß jedoch der Hypothesenraum der Verfahren eingeschränkt werden. Hierbei spielt das Wissen über die sinnvolle Interpretation symbolischer Zeitreihen eine wichtige Rolle. So kann bei Kenntnis der durch die Symbole repräsentierten Bedeutung beispielsweise die Erzeugung von Trivialregeln (siehe Unterkapitel 3.2.3) verhindert oder eingeschränkt werden. Auch eine Sonderbehandlung von Leersymbolen, welche kennzeichnen, daß zu dem jeweiligen Zeitpunkt kein zu berücksichtigendes Symbol auftritt, kann zu mehr Effizienz beitragen.

3.3.2 Multi-Stream Dependency Detection

Der Multi-Stream Dependency Detection-Algorithmus (MSDD) von Oates und Cohen (siehe [OC96] und Abbildung 3.17) dient der Suche nach Abhängigkeitsbeziehungen in symbolischen Zeitreihen („Strömen kategorischer Daten“). Dabei werden die k besten Beziehungen durch eine systematische Suche im Hypothesenraum gefunden. Die Stärke oder Güte einer Abhängigkeitsbeziehung wird mittels eines statistischen Maßes (G-Statistik) bewertet. Durch die Möglichkeit der Abschätzung von Beziehungsbewertungen kann der Suchraum begrenzt werden, was die praktische Anwendbarkeit des Verfahrens erst ermöglicht.

Abhängigkeitsbeziehungen und Regeln

Abhängigkeitsbeziehungen werden in der Form

$$x \stackrel{\delta}{\Rightarrow} y$$

ausgedrückt. Hierbei wird x als Precursor (Vorläufer) und y als Successor (Nachfolger) bezeichnet. δ stellt die zwischen dem Beginn von x und y liegende Totzeit („delay“) dar. Die Abhängigkeitsbeziehung besagt zunächst lediglich, daß die Häufigkeit des Auftretens von y oder $\bar{y}$ nach x oder $\bar{x}$ in statistisch signifikanter Weise von der a priori, d.h. bei Unabhängigkeit, zu erwartenden Auftretenshäufigkeit abweicht.

$x \overset{\delta}{\Rightarrow} y:$

	y	$\bar{y}$	$\sum$
x	n_1	n_2	r_1
$\bar{x}$	n_3	n_4	r_2
$\sum$	c_1	c_2	T

Abbildung 3.14: Kontingenztabelle einer MSDD-Abhängigkeitsbeziehung.

Für jede Abhängigkeitsbeziehung wird eine Kontingenztabelle nach Abbildung 3.14 aufgestellt. Die Tabelleneinträge geben die Anzahlen des beobachteten Auftretens von x und y (n_1), x und $\bar{y}$ (n_2), $\bar{x}$ und y (n_3) sowie $\bar{x}$ und $\bar{y}$ (n_4), jeweils mit einer Totzeit von δ, in den vorliegenden symbolischen Zeitreihen an, sowie die daraus berechneten Summenwerte.

Aus den Summenwerten werden die bei Unabhängigkeit von x und y zu erwartenden Häufigkeiten $\hat{n}_1, \ldots, \hat{n}_4$:

$$\begin{aligned}
\hat{n}_1 &= \hat{p}(x \wedge y)\,T = \frac{r_1}{T}\frac{c_1}{T}\,T = \frac{r_1 c_1}{T}, \\
\hat{n}_2 &= \hat{p}(x \wedge \bar{y})\,T = \frac{r_1}{T}\frac{c_2}{T}\,T = \frac{r_1 c_2}{T}, \\
\hat{n}_3 &= \hat{p}(\bar{x} \wedge y)\,T = \frac{r_2}{T}\frac{c_1}{T}\,T = \frac{r_2 c_1}{T} \qquad \text{und} \\
\hat{n}_4 &= \hat{p}(\bar{x} \wedge \bar{y})\,T = \frac{r_2}{T}\frac{c_2}{T}\,T = \frac{r_2 c_2}{T}
\end{aligned}$$

mit $T = c_1 + c_2 = r_1 + r_2$ (vgl. Abbildung 3.14) berechnet. Durch Vergleich der $n_1, \ldots, n_4$ mit diesen Werten läßt sich ableiten, welche der Regeln:

$$\begin{aligned}
&\text{Wenn } x \text{ zum Zeitpunkt } t, \\
&\quad \text{Dann } y \text{ zum Zeitpunkt } t+\delta \text{ mit Wahrscheinlichkeit } p(y|x,\delta). \\
&\text{Wenn } x \text{ zum Zeitpunkt } t, \\
&\quad \text{Dann Nicht } (y \text{ zum Zeitpunkt } t+\delta) \text{ mit Wahrscheinlichkeit } p(\bar{y}|x,\delta). \\
&\text{Wenn Nicht } (x \text{ zum Zeitpunkt } t), \\
&\quad \text{Dann } y \text{ zum Zeitpunkt } t+\delta \text{ mit Wahrscheinlichkeit } p(y|\bar{x},\delta). \quad \text{und} \\
&\text{Wenn Nicht } (x \text{ zum Zeitpunkt } t), \\
&\quad \text{Dann Nicht } (y \text{ zum Zeitpunkt } t+\delta) \text{ mit Wahrscheinlichkeit } p(\bar{y}|\bar{x},\delta).
\end{aligned} \tag{3.17}$$

zutrifft, bzw. zutreffen. Die bedingten Wahrscheinlichkeiten des Zutreffens der Regelkonklusionen können durch:

$$\begin{aligned}
\hat{p}(y|x,\delta) &= \frac{n_1}{r_1}, \\
\hat{p}(\bar{y}|x,\delta) &= \frac{n_2}{r_1}, \\
\hat{p}(y|\bar{x},\delta) &= \frac{n_3}{r_2} \quad \text{bzw.} \\
\hat{p}(\bar{y}|\bar{x},\delta) &= \frac{n_4}{r_2}
\end{aligned}$$

geschätzt werden.

Hypothesenraum

Das MSDD-Verfahren untersucht Ströme S_i, $1 \leq i \leq n_s$, d.h. symbolische Zeitreihen, der Länge n mit Werten $S_i(t)$ zu den Zeitpunkten t, $1 \leq t \leq n$. Jeder Wert $S_i(t)$ stammt aus der Menge $\mathcal{V}_i = \{v_{i,1}, \ldots, v_{i,n_{v,i}}\}$ der in dem Strom S_i auftretenden Symbole, d.h. $S_i(t) \in \mathcal{V}_i$. Die Symbole werden auch als „Token“ bezeichnet.

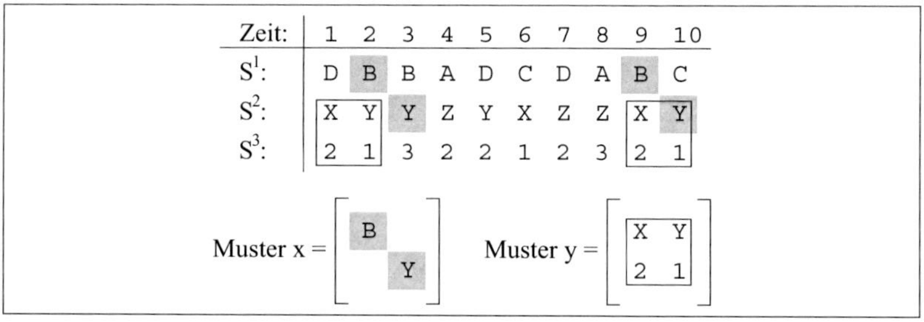

Abbildung 3.15: Beispiel mit 3 Strömen (nach [OC96]). Muster $x = \{(B,1,0), (Y,2,1)\}$ ist grau hinterlegt und Muster $y = \{(X,2,0), (2,3,0), (Y,2,1), (1,3,1)\}$ umrandet dargestellt.

So sind etwa im Beispiel von Abbildung 3.15 mit 3 Strömen und 10 Zeitschritten, die Mengen der Token durch $\mathcal{V}_1 = \{A,B,C,D\}$, $\mathcal{V}_2 = \{X,Y,Z\}$ und $\mathcal{V}_3 = \{1,2,3\}$ gegeben.

Der Precursor x und der Successor y einer Abhängigkeitsbeziehung $x \overset{\delta}{\Rightarrow} y$ beschreiben Tokenmuster in Strömen. Ein solches Muster ist durch eine Menge von 3er-Tupeln (v,s,d), $v \in \mathcal{V}_s$, $1 \leq s \leq n_s$, $0 \leq d < w$, gegeben, wobei w die maximal erlaubte Länge des Musters ist. Ein Tupel (v,s,d) spezifiziert das Auftreten des Tokens (Symbols) v in Strom S_s mit dem Zeitoffset d relativ zum Musterbeginn t_m, d.h. $S_s(t_m + d) = v$. Da ein Muster Token für verschiedene Ströme zu unterschiedlichen Zeiten festlegt, wird es in [OC96] auch als „Multitoken" bezeichnet. Zur Beschränkung des Raums möglicher Beziehungen werden die Länge des Precursors und des Successors durch die MSDD-Parameter w_p und w_s beschränkt.

Im Beispiel von Abbildung 3.15 spezifiziert etwa das Multitoken $x = \{(B,1,0), (Y,2,1)\}$ ein Muster, bei dem zunächst B in S_1 und einen Zeitschritt später Y in S_2 auftritt. x liegt zu den Zeitpunkten 2 und 9 vor (grau hinterlegt). Das Muster $y = \{(X,2,0), (2,3,0), (Y,2,1), (1,3,1)\}$ beginnt mit dem gleichzeitigen Auftreten von X in S_2 und 2 in S_3. Darauf folgt das gleichzeitige Auftreten von Y in S_2 und 1 in S_3. y tritt zu den Zeitpunkten 1 und 9 auf (umrandet).

Bei n_s Streams mit je $|\mathcal{V}_i| = n_v$ Symbolen beträgt die Anzahl möglicher Precursor-Muster $(n_v + 1)^{n_s w_p}$, denn Precursor-Muster spezifizieren für einen Block von $n_s w_p$ Positionen entweder jeweils eines von n_v Symbolen oder lassen die jeweilige Position unspezifiziert ($n_v + 1$ Alternativen). Entsprechend existieren $(n_v + 1)^{n_s w_s}$ mögliche Successor-Muster.

Eine Abhängigkeitsbeziehung $x \overset{\delta}{\Rightarrow} y$ spezifiziert zwei Multitokens x und y mit einer dazwischenliegenden Totzeit von δ. Da es sich bei δ um einen festen Parameter des MSDD-Algorithmus handelt, ist die Anzahl n_B möglicher Beziehungen gegeben durch

$$n_B = (n_v + 1)^{n_s w_p} (n_v + 1)^{n_s w_s} = (n_v + 1)^{n_s (w_p + w_s)}. \tag{3.18}$$

Diese Zahl wird selbst für kleine Werte der Parameter n_s, n_v, w_p und w_s sehr groß. Für $n_s = 10$, $n_v = 5$, $w_p = w_s = 3$ ergibt sich beispielsweise ein Wert größer 10^{45}.

Der Hypothesenraum des MSDD-Algorithmus ist durch die Parameter w_p, w_s und δ sowie die Tokenmengen $\mathcal{V}_1, \ldots, \mathcal{V}_{n_s}$ vollständig spezifiziert. Dabei ist jede in den Strömen $S_1, \ldots, S_{n_s}$ auftretende Abhängigkeitsbeziehung in einer großen Zahl von durch jeweils unterschiedliche Parameter definierten Hypothesenräumen enthalten. Das bedeutet, daß eine Abhängigkeitsbeziehung unter mehreren Parameterkombinationen gefunden werden kann, so daß der Algorithmus recht robust gegenüber der Parametrisierung ist.

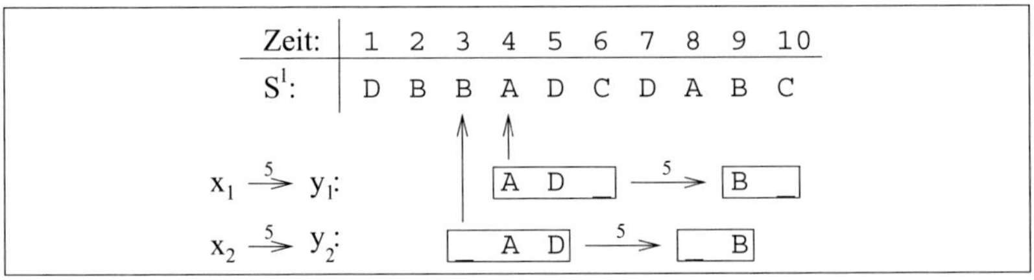

Abbildung 3.16: Beispiel für die nicht eindeutige Repräsentation einer Abhängigkeitsbeziehung mit den Parametern $w_p = 3$, $w_s = 2$ und $\delta = 5$.

Leider kann umgekehrt eine Abhängigkeitsbeziehung oft auch durch unterschiedliche Muster x und y bei identischen Parametern w_s, w_p und δ ausgedrückt werden. Dieser Fall tritt immer dann auf, wenn für eine Abhängigkeitsbeziehung auch eine verschobene Variante existiert. So wird beispielsweise durch $x_1 \stackrel{5}{\Rightarrow} y_1$ mit $x_1 = \{(A,1,0), (D,1,1)\}$ und $y_1 = \{(B,1,0)\}$ sowie $x_2 \stackrel{5}{\Rightarrow} y_2$ mit $x_2 = \{(A,1,1), (D,1,2)\}$ und $y_2 = \{(B,1,1)\}$ dieselbe Beziehung ausgedrückt, welche im obigen Beispiel zum Zeitpunkt 4 bzw. 3 auftritt (siehe Abbildung 3.16). Das MSDD-Verfahren berücksichtigt jeweils nur die Variante, bei der der Precursor zum frühestmöglichen Zeitpunkt auftritt und entfernt die übrigen Versionen aus dem Suchraum.

Bewertungsfunktion

Zur Bewertung von Hypothesen verwendet der MSDD-Algorithmus die G-Statistik für 2x2 Kontingenztabellen. Sie ist ein statistisches Maß für die Unabhängigkeit von Hypothesen und wird auch als Likelihood-Ratio-Statistik bezeichnet [Wic89].

Mit den in Abbildung 3.14 eingeführten Bezeichnungen berechnet sich die Bewertung G einer Beziehung $x \stackrel{\delta}{\Rightarrow} y$ zu:

$$G = 2\sum_{i=1}^{4} n_i \log \frac{n_i}{\hat{n}_i}. \qquad (3.19)$$

Für $n_i = 0$ wird der entsprechende Summand übergangen bzw. zu 0 gesetzt. Während G-Werte nahe 0 auf die Unabhängigkeit von x und y hinweisen, sind hohe Werte ein Zeichen für das Vorliegen einer Abhängigkeit.

Angesichts der hohen Anzahl möglicher Beziehungen ist es nicht zweckmäßig, den Hypothesenraum vollständig zu durchsuchen und jede einzelne Beziehung getrennt zu bewerten. Die Anwendbarkeit des MSDD-Algorithmus beruht darauf, die Güte von Beziehungen, die von einer Beziehung durch Spezialisierung, d.h. durch Hinzufügen von Token zu Precursor oder Successor, abgeleitet werden, nach oben abschätzen zu können. Kann, ausgehend von einer Beziehung $x \stackrel{\delta}{\Rightarrow} y$, die Güte jeder abgeleiteten Beziehung nicht besser als die Güte der schlechtesten der bis dahin gefundenen k besten Abhängigkeiten werden, so ist eine weitere Untersuchung von Spezialisierungen von $x \stackrel{\delta}{\Rightarrow} y$ unnötig.

Prinzipiell lassen sich zwei Arten von Spezialisierungen unterscheiden. Zum einen können zu einem Precursor x Token hinzugefügt werden, so daß der sich ergebende neue Precursor x' seltener als x auftreten wird. Infolgedessen werden in der Kontingenztabelle nach Abbildung 3.14 n_1-Einträge zu n_3-Einträgen und n_2-Einträge zu n_4-Einträgen, und als neue Kontingenztabelle der Beziehung $x' \stackrel{\delta}{\Rightarrow} y$ ergibt sich:

	y	$\bar{y}$
x'	$n_1-\Delta_1$	$n_2-\Delta_2$
$\bar{x'}$	$n_3+\Delta_1$	$n_4-\Delta_2$

mit $0 \leq \Delta_1 \leq n_1$ und $0 \leq \Delta_2 \leq n_2$. Zum anderen kann ein speziellerer Successor abgeleitet werden, so daß sich die Kontingenztabelle folgendermaßen ändert:

	y'	$\bar{y'}$
x	$n_1-\Delta_1$	$n_2+\Delta_1$
$\bar{x}$	$n_3-\Delta_2$	$n_4+\Delta_2$

Dabei gilt $0 \leq \Delta_1 \leq n_1$ und $0 \leq \Delta_2 \leq n_3$.

Bei der Suche nach Abhängigkeiten spezialisiert der MSDD-Algorithmus innerhalb eines Suchbaumes zunächst den Precursor und danach den Successor. Deshalb wird jeder Abkömmling eines Knotens mit nicht-leerem Successor und einer Kontingenztabelle (n_1, n_2, n_3, n_4) denselben Precursor und einen spezielleren Successor haben. Seine Kontingenztabelle hat damit die Form $(n_1-\Delta_1$, $n_2+\Delta_1$, $n_3-\Delta_2$, $n_4+\Delta_2)$. Da der Wert von G für die Fälle $\Delta_1 = n_1$ und $\Delta_2 = 0$ sowie $\Delta_1 = 0$ und $\Delta_2 = n_3$ maximal wird, folgt als obere Grenze für die Güte einer von einem Knoten mit nicht-leerem Successor abgeleiteten Beziehung:

$$G_{max_1} = \max \begin{pmatrix} G(n_1, n_2, 0, n_3+n_4) \\ G(0, n_1+n_2, n_3, n_4) \end{pmatrix}. \quad (3.20)$$

Bei Knoten mit leerem Successor kann sowohl der Precursor als auch der Successor abgeleiteter Beziehungen spezifischer werden, was eine Abschätzung des Wertes von G erschwert. Es läßt sich jedoch die folgende obere Schranke angeben [OC96]:

$$G_{max_2}(n_1, n_2, n_3, n_4) = \max \begin{pmatrix} G(n_1, 0, 0, n_2+n_3+n_4), \\ \quad \text{falls } n_1 \leq n_2+n_3+n_4 \\ G(\frac{n_1+n_2+n_3+n_4}{2}, 0, 0, \frac{n_1+n_2+n_3+n_4}{2}), \\ \quad \text{sonst} \\ \\ G(0, \frac{n_1+n_2+n_3}{2}, \frac{n_1+n_2+n_3}{2}, n_4), \\ \quad \text{falls } n_1 \leq abs(n_2-n_3) \\ G(0, n_2, n_1+n_3, n_4), \\ \quad \text{falls } n_2 > n_3 \text{ und } n_1 > abs(n_2-n_3) \\ G(0, n_1+n_2, n_3, n_4), \\ \quad \text{sonst} \end{pmatrix}. \quad (3.21)$$

Suchraum

Zur Suche nach den k besten Abhängigkeiten baut der MSDD-Algorithmus einen Suchbaum im Hypothesenraum auf. Begonnen wird mit der allgemeinsten Regel

($\{\} \overset{\delta}{\Rightarrow} \{\}$) als Wurzelknoten, die keine Token für Precursor und Successor spezifiziert.

Die direkten Nachkommen eines Knotens werden durch Hinzufügen eines 3er-Tupels zum Precursor oder Successor gebildet. Dabei dürfen keine zwei Tupel des Precursors x bzw. des Successors y Token für denselben Zeitpunkt in demselben Strom spezifizieren, d.h. $\forall \tau_i, \tau_j \in x \cup y, \tau_i = (v_i, s_i, d_i), \tau_j = (v_j, s_j, d_j)$ gilt: $(i \neq j) \Rightarrow (s_i \neq s_j \vee d_i \neq d_j)$. Eine solche Angabe ist entweder redundant und wird den Suchbaum unendlich groß machen, oder sie ist widersprüchlich.

Des weiteren darf auch kein Tupel des Successors ein Token für denselben Zeitpunkt und denselben Strom wie ein Precursortupel spezifizieren, d.h. $\forall \tau_i \in x, \tau_j \in y, \tau_i = (v_i, s_i, d_i), \tau_j = (v_j, s_j, d_j)$, gilt: $s_i \neq s_j \vee d_i \neq d_j + \delta$. So wird sichergestellt, daß kein Token sich selbst voraussagt (wenn $v_i = v_j$) oder widerspricht (wenn $v_i \neq v_j$).

Die Bewertung eines Knotens im MSDD-Suchbaum ist unabhängig vom Pfad zwischen Wurzel und Knoten, so daß die mehrfache Ableitung von Knoten überflüssig ist. Ein systematisches Durchsuchen eines ungeordneten Hypothesenraums, bei der jeder Knoten nur einmal erzeugt wird, kann durch die Einführung einer beliebigen totalen Ordnung auf den Knoten und die Vorschrift, daß von jedem Knoten nur größere Knoten abgeleitet werden dürfen, erreicht werden [Web96]. Im MSDD-Algorithmus wird dies indirekt durch die Einführung einer Ordnung auf den 3er-Tupeln erreicht, sowie durch die Vorschrift, daß ein Knoten nur um solche 3er-Tupel erweitert werden darf, die größer sind als jedes schon in dem Knoten, d.h. in seinem Precursor oder Successor, vorkommende 3er-Tupel.

Die Ordnung auf den Tupeln eines Knotens $x \overset{\delta}{\Rightarrow} y$ ist folgendermaßen definiert:

- Ein Tupel des Precursors ist kleiner als ein Tupel des Successors:

  $\forall \tau_i \in x, \tau_j \in y : \tau_i < \tau_j$.

- Ein Tupel des Precursors ist kleiner als ein anderes Tupel des Precursors, wenn entweder sein Zeitoffset oder, bei gleichem Zeitoffset, der Index seines Stromes (Nummer der symbolischen Zeitreihe) kleiner ist:

  $\forall \tau_i, \tau_j \in x, \tau_i = (v_i, s_i, d_i), \tau_j = (v_j s_j, d_j) : \tau_i < \tau_j \Leftrightarrow d_i < d_j \vee d_i = d_j \wedge s_i < s_j$

- Entsprechendes gilt für die Tupel des Successors:

  $\forall \tau_i, \tau_j \in y, \tau_i = (v_i, s_i, d_i), \tau_j = (v_j s_j, d_j) : \tau_i < \tau_j \Leftrightarrow d_i < d_j \vee d_i = d_j \wedge s_i < s_j$

Daraus folgt u.a., daß Abhängigkeitsbeziehungen zunächst um 3er-Tupel im Precursor und anschließend um 3er-Tupel im Successor erweitert werden. Wenn der Successor nicht leer ist, kann keine Erweiterung auf Precursor-Seite mehr vorgenommen werden. Dies wird bei der Abschätzung von Knotenbewertungen ausgenutzt (siehe vorhergehender Abschnitt).

Algorithmus

```
MSDD(S, w_p, w_s, δ, f, k)
(1)  best = {}
(2)  open = {({} ⇒ {})}
(3)  while not empty(open) do
(4)      node = nextNode(open)
(5)      children = systematicExpand(node, w_p, w_s)
(6)      children = removePrunable(best, children, f)
(7)      open = add(open, children)
(8)      for child in children do
(9)          if length(best) < k or
             ∃b ∈ best : f(child, S, δ) > f(b, S, δ) then
(10)             best = add(best, child)
(11)         if length(best) > k then
(12)             best = removeWorst(best)
(13)     end for
(14) end while
(15) return(best)
```

Abbildung 3.17: Der MSDD-Algorithmus (nach [OC96]).

Die Pseudocode-Darstellung in Abbildung 3.17 gibt einen Überblick über den Algorithmus. Als Parameter werden die Ströme $\mathcal{S}$, die Längen von Precursor und Successor w_p und w_s, die Totzeit δ, die Bewertungsfunktion f und die gewünschte Anzahl zu suchender Abhängigkeitsbeziehungen übergeben.[6]

Zum Finden der k besten Abhängigkeiten, die in *best* gesammelt werden (1), wird eine Liste möglicher Abhängigkeiten *open* verwaltet und leer initialisiert (2).

[6] Prinzipiell wird hier durch die Erfinder des MSDD-Algorithmus auch die Übergabe einer anderen Bewertungsfunktion f als der G-Statistik erlaubt, obwohl sie in ihren Veröffentlichungen nur diese Funktion verwenden. Bei Ersatz der Bewertungsfunktion muß jedoch auch die Funktion „removePrunable" angepaßt werden, da sie, wie oben beschrieben, die Eigenschaften der G-Statistik zur Beschneidung des Suchbaumes ausnutzt.

Ausgehend von der leeren Abhängigkeit $\{\} \stackrel{\delta}{\Rightarrow} \{\}$ wird innerhalb einer Schleife (3 – 14) jeweils eine Abhängigkeitsbeziehung *node* aus *open* ausgewählt und entfernt (4). Anschließend wird sie erweitert bzw. spezialisiert (5). Wie im vorhergehenden Abschnitt erläutert, stellt die Erweiterungsmethode „systematicExpand" dabei sicher, daß jeder Kandidat nur höchstens einmal generiert wird (optimal refinement operator). Danach werden solche neuen Abhängigkeiten (*children*), die durch weitere Spezialisierungen sicher nicht mehr zur Bestenliste *best* beitragen können, entfernt (6). Dies geschieht durch Ausnutzung der oben beschriebenen Abschätzungen G_{max_1} und G_{max_2} (siehe Gleichungen 3.20 und 3.21) für die verwendete Bewertungsfunktion in „removePrunable". Danach werden die verbleibenden Kandidaten (*children*) zur Liste *open* hinzugefügt (7) und in der darauffolgenden Schleife (9 – 13) bei ausreichend guter Bewertung (9) gegebenenfalls in die Liste *best* aufgenommen (10). Hierbei wird sichergestellt, daß *best* maximal *k* Knoten enthält (11 – 12).

Die while-Schleife (3 – 14) wird solange wiederholt, bis alle *node*s der *open*-Liste abgearbeitet sind. Zum Schluß wird *best* als Ergebnis zurückgegeben (15).

Laufzeitverhalten

Zur Abschätzung des Laufzeitverhaltens bei Vorliegen von n_s Strömen der Länge n und einer erlaubten Länge von Precursor bzw. Successor von w_p bzw. w_s Zeitschritten wird angenommen, daß sich Precursor und Successor nicht überschneiden ($\delta > w_p$) und der Hypothesenraum vollständig durchsucht werden muß. Da der Berechnungsaufwand durch die Bewertung der $(n_v + 1)^{n_s(w_p+w_s)}$ Abhängigkeitsbeziehungen (siehe Gleichung 3.18) dominiert wird und der Aufwand für das jeweilige Aufstellen der Kontingenztabelle mit der Länge der Zeitreihen n linear wächst, kann das Laufzeitverhalten des Algorithmus mit:

$$O(n\,(n_v + 1)^{n_s(w_p+w_s)}) \qquad (3.22)$$

angegeben werden.

Zusammenfassung und Bewertung

Mit dem MSDD-Algorithmus liegt ein mächtiges Verfahren zur Suche nach allgemeinen Abhängigkeitsbeziehungen in symbolischen Zeitreihen vor. Den wichtigsten Vorteil des Verfahrens stellt die garantierte Optimalität des Ergebnisses bezüglich der Gütefunktion dar. Diese wird durch eine prinzipiell vollständige Suche im Hypothesenraum sowie eine effiziente Beschneidung des Suchbaumes, welche die Anwendung des Verfahrens auf realistische Problemstellungen erst möglich macht, erreicht. Einen weiteren Vorteil bildet die Fähigkeit zur Suche nach beidseitig komplexen Abhängigkeiten, die die a priori-Definition von Zielkonzepten, beispielsweise Klasseneinteilungen, überflüssig macht.

Einen wesentlichen Nachteil des Verfahrens stellt die mit der Anzahl der Zeitreihen und der Länge der für Precursor und Successor erlaubten Zeitintervalle exponentiell wachsende Laufzeitkomplexität (O-Komplexität) dar. An diesem exponentiellen Verhalten ändern auch die verwendete Abschätzung von Knotenbewertungen zur Suchraumbeschneidung und die Entwicklung paralleler Varianten des Algorithmus [OSC97] prinzipiell nichts.

Hiermit eng verbunden ist das Problem, daß der Parameter δ, d.h. die zwischen Precursor und Successor möglicher Abhängigkeitsbeziehungen liegende Totzeit, vorab näherungsweise bekannt sein muß. Zwar ermöglicht theoretisch eine ausreichend große Wahl der erlaubten Längen w_p und w_s von Precursor und Successor eine hohe Robustheit gegenüber δ, praktisch müssen diese Parameter jedoch aufgrund der Berechnungskomplexität sehr klein gewählt werden.

Beide Punkte machen gemeinsam die unmittelbare Anwendung auf die vorliegende Problemstellung, bei der auch große, unbekannte Totzeiten auftreten können, unmöglich. Hinzu kommt das Problem, daß der MSDD-Algorithmus nicht in der Lage ist, über Totzeiten zu abstrahieren, so daß geringste Unterschiede im zeitlichen Auftreten von Token die Erkennung von Mustern oder Abhängigkeitsbeziehungen verhindern können. Dennoch bildet das Verfahren einen guten Ausgangspunkt für Weiterentwicklungen, die diese Mängel beheben.

3.3.3 Untersuchung der Semantik von Regeln zur expliziten Repräsentation zeitlicher Beziehungen

Wie im vorhergehenden Abschnitt erwähnt wurde, erkennt der MSDD-Algorithmus nur sehr spezielle Beziehungen, die sich durch exakte Zeitangaben für das Auftreten von Symbolen in Zeitreihen auszeichnen. Diese Zeitangaben werden im folgenden in mehreren Schritten verallgemeinert.

Begonnen wird mit der Verallgemeinerung von Totzeiten zwischen Precursor und Successor in MSDD-Abhängigkeitsbeziehungen. Anschließend folgen Überlegungen zur Verallgemeinerung von Zeitangaben innerhalb von Multitupeln. Die Untersuchungen münden in einen Ansatz zur einheitlichen, gemeinsamen Behandlung beider Arten von Zeitangaben.

Verallgemeinerung von Totzeiten

Ausgangspunkt der Überlegungen bilden die in Abbildung 3.18 zusammengefaßten Zeitverhältnisse in einer MSDD-Abhängigkeitsbeziehung $x \overset{\delta}{\Rightarrow} y$. Dargestellt ist das Auftreten des Precursors x zum Zeitpunkt t_p, dem der Successor y nach δ Zeitschritten zum Zeitpunkt $t_s = t_p + \delta$ folgt. Die Totzeit δ ist unabhängig von der zeitlichen Ausdehnung von x und y, d.h. den Längen w_p und w_s, zu sehen. Die im Anschluß an die Verallgemeinerung von Totzeiten betrachtete Verallgemeinerung

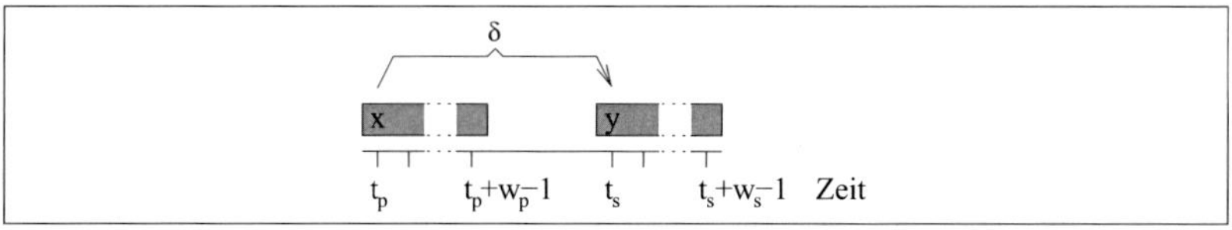

Abbildung 3.18: Zeitverhältnisse in MSDD-Abhängigkeitsbeziehungen.

von Zeitangaben innerhalb von Multitoken ermöglicht sogar den Verzicht auf die Vorgabe eines gemeinsamen Intervalls für alle Token eines Multitokens.

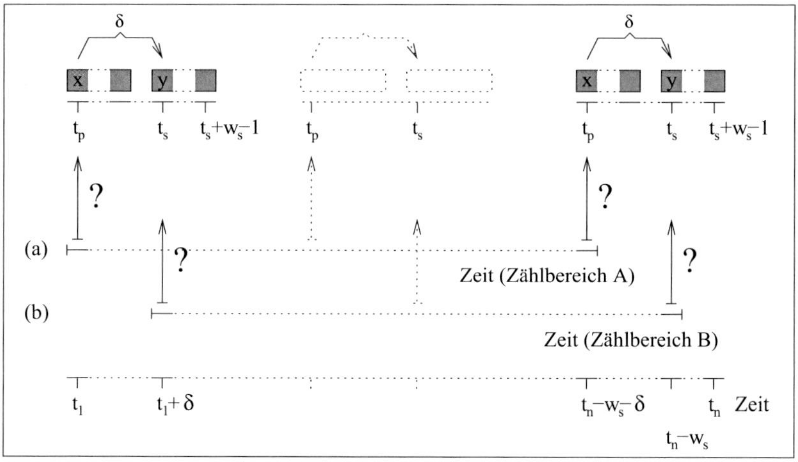

Abbildung 3.19: Zählung des Auftretens von x und y zur Aufstellung der Kontingenztabelle mit Bezugspunkt t_p (a) und t_s (b).

Zur Aufstellung der Kontingenztabelle wird für jeden sinnvollen Zeitpunkt t der betrachteten Zeitreihen untersucht, inwiefern die spezifizierte Beziehung erfüllt ist. Dabei ist nicht entscheidend, welchem Zeitpunkt der Beziehung $x \stackrel{\delta}{\Rightarrow} y$ der Zeitpunkt t jeweils zugeordnet wird, sondern es kommt lediglich darauf an, saß diese Zuordnung während der Zählung einheitlich gewählt wird und die zeitlichen Relationen innerhalb der Abhängigkeitsbeziehung gewahrt bleiben. So führt es beispielsweise zu demselben Ergebnis, ob bei einer Zeitreihe der Länge n über den Zeitbereich $t_1, \ldots, t_n - w_s - \delta$ das Auftreten von x, gefolgt von y nach δ Zeitschritten, oder ob über den Bereich $t_1 + \delta, \ldots, t_n - w_s$ das Auftreten von y, dem x um δ Zeitschritte vorausgeht, gezählt wird (siehe Abbildung 3.19, Zählbereich „A“ bzw. „B“).

Wird die exakte Totzeit δ zum Zweck der Verallgemeinerung durch einen zusammenhängenden Bereich $\Delta = \{\delta, \delta+1, \ldots, \delta+l-1\}$ der Länge l ersetzt, so ergeben sich die in den Abbildungen 3.20 und 3.21 dargestellten Verhältnisse. Die so rea-

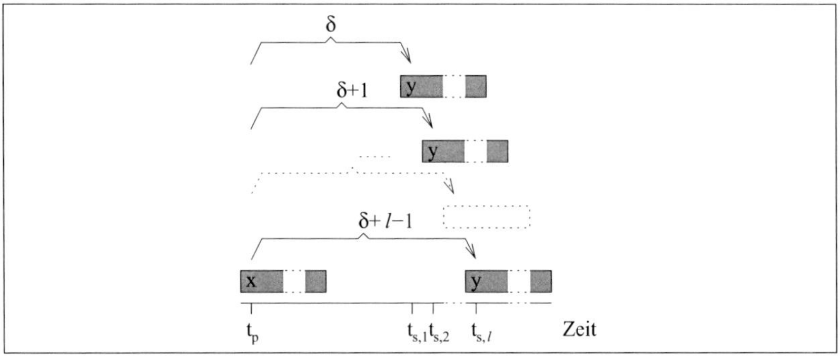

Abbildung 3.20: Zeitverhältnisse mit Bezugspunkt Precursorbeginn.

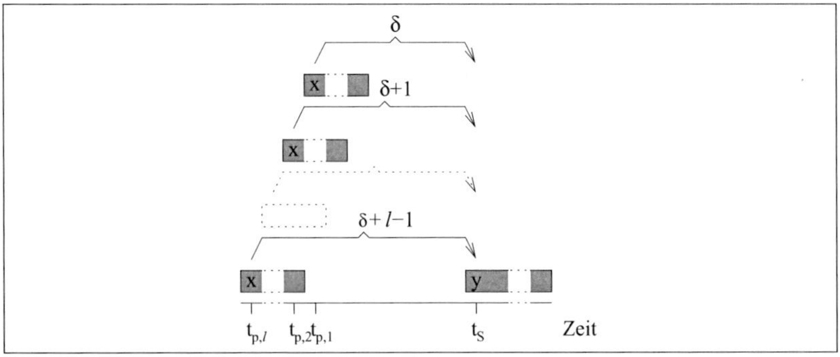

Abbildung 3.21: Zeitverhältnisse mit Bezugspunkt Successorbeginn.

lisierte Erweiterung der erlaubten Totzeit auf ein Zeitintervall bedeutet eine Aufweichung der vorher präzise festgelegten zeitlichen Verhältnisse innerhalb einer Abhängigkeitsbeziehung und ermöglicht die Zusammenfassung von Beziehungen, die sich nur minimal in der Totzeit unterscheiden.

In Abbildung 3.20 ist als Bezugspunkt zur Aufstellung der Kontingenztabelle der Zeitpunkt des Beginns des Precursors t_p gewählt worden. Der Successor muß dann δ bis $\delta + l - 1$ Zeitpunkte später beginnen. Im Vergleich zur exakten Zeitangabe nach Abbildung 3.18 bedeutet dies eine Erhöhung der Wahrscheinlichkeit, den Successor zu beobachten, d.h. die Werte n_1 und n_3 in der ersten Spalte der Tabelle nach Abbildung 3.14 werden wahrscheinlich erhöht, während n_2 und n_4 erniedrigt werden. Die Zeilensummen bleiben unverändert.

Umgekehrt verändert die Wahl des Successorbeginns t_s als Bezugszeitpunkt zum Zählen die Wahrscheinlichkeit y zu beobachten im Vergleich zum Original-Algorithmus nicht. Bei einer Vorgehensweise nach Abbildung 3.21 wird nur die Wahrscheinlichkeit für das Auftreten des Precursors x, der nur (mindestens) einmal im

Zeitbereich $\{t_s - \delta, t_s - \delta + 1, \ldots, t_s - \delta + l - 1\}$ auftreten muß, erhöht, was einer zu erwartenden Erhöhung von n_1 und n_2 und einer Erniedrigung von n_3 und n_4 in der Kontingenztabelle entspricht. Hier ändern sich die Spaltensummen nicht.

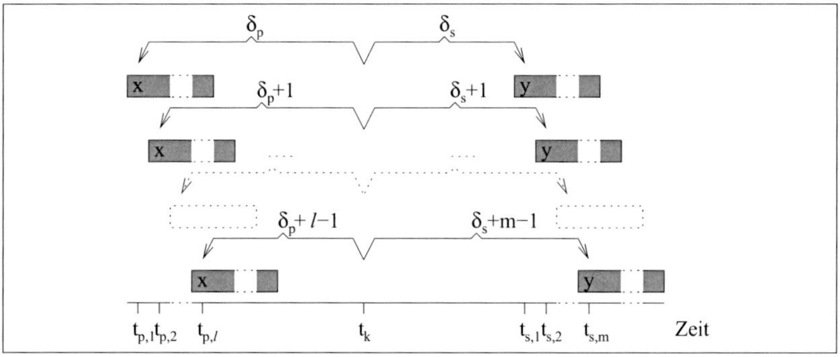

Abbildung 3.22: Zeitverhältnisse mit neutralem Bezugspunkt.

Eine Möglichkeit zur Beseitigung dieser Asymmetrie besteht darin, bei der Zählung einen beliebigen neutralen Referenzzeitpunkt t_k zu wählen und die zeitliche Unschärfe für die Totzeit δ auf Precursor und Successor aufzuteilen. Abbildung 3.22 zeigt eine solche Aufteilung in einen Bereich $\Delta_p = \{\delta_p, \delta_p + 1, \ldots, \delta_p + l - 1\}$ der Länge l für den Precursor und einen Bereich $\Delta_s = \{\delta_s, \delta_s + 1, \ldots, \delta_s + m - 1\}$ der Länge m für den Successor. Die Gesamtunschärfe der Totzeit ist dann durch den Bereich $\delta_p + \delta_s, \ldots, \delta_p + l - 1 + \delta_s + m - 1$ gegeben. In der Abbildung liegt der Bezugspunkt t_k zwischen Precursor und Successor. Zur Vereinheitlichung der Darstellung ist δ_p negativ gewählt. Eine beliebige Verschiebung von t_k läßt sich durch Anpassung von δ_p und δ_s erreichen.

Gezählt wird jeweils über den Zeitbereich $\{\max\{-\delta_p, -\delta_s\}, \ldots, \min\{t_n - l + 1 - \delta_p, t_n - m + 1 - \delta_s\}\}$. Dabei dienen die Minimum- und Maximumoperatoren nur zur Erfassung der normalerweise wenig sinnvollen Fälle, in denen der Precursor nach dem Successor beginnt oder endet.

Sind die erlaubten Zeitbereiche $\Delta_p = \{\delta_p,\ \delta_p + 1,\ \ldots,\ \delta_p + l - 1\}$ und $\Delta_s = \{\delta_s,\ \delta_s + 1,\ \ldots,\ \delta_s + m - 1\}$ von Precursor und Successor vorgegeben, so läßt sich eine Abhängigkeitsbeziehung mit neutralem Bezugspunkt t_k als Regel

Wenn x in der Zeit δ_p bis $\delta_p + l - 1$ mindestens einmal auftritt
Dann wird y in der Zeit δ_s bis $\delta_s + m - 1$ mindestens einmal (3.23)
mit Wahrscheinlichkeit $p(y|x, \Delta_p, \Delta_s)$ auftreten.

formulieren.[7] Wird weiterhin die Gültigkeit von Precursor oder Successor zu einem

[7]Zur Vereinfachung der Darstellung wird hier und im folgenden nur der positive Zusammenhang behandelt. Die übrigen drei Fälle ergeben sich analog zu 3.17.

exakten Zeitpunkt mit „@“ gekennzeichnet, so läßt sich die Gültigkeit der obigen Regel zu einem Zeitpunkt t als:

$$(x \overset{\Delta_p,\Delta_s}{\Longrightarrow} y)@t \iff \exists \Delta t_p \in \Delta_p,\ \Delta t_s \in \Delta_s :\ x@t+\Delta t_p \wedge y@t+\Delta t_s. \qquad (3.24)$$

definieren. Damit ist die Semantik einer bezüglich der Totzeit erweiterten MSDD-Regel „$x \overset{\Delta_p,\Delta_s}{\Longrightarrow} y$“ eindeutig bestimmt. Die klassische MSDD-Beziehung $x \overset{\delta}{\Rightarrow} y$ ergibt sich als Sonderfall mit $l = m = 1$, $\delta_p = 0$ und $\delta_s = \delta$, d.h. $\Delta_p = \{0\}$ und $\Delta_s = \{\delta\}$.

Beispiel zur Verallgemeinerung von Totzeiten

Die Ersetzung von δ durch die Bereiche Δ_p und Δ_s erhöht tendenziell die Werte der Einträge n_1, n_2 und n_3 einer Regel in der Kontingenztabelle nach Abbildung 3.14. Eine solche Erhöhung kann sowohl in der erwünschten Erkennung sich nur minimal in der Totzeit unterscheidender Beziehungen als auch in der Mehrfacherkennung von Beziehungen begründet sein. Beides soll anhand von Abbildung 3.23 verdeutlicht werden.

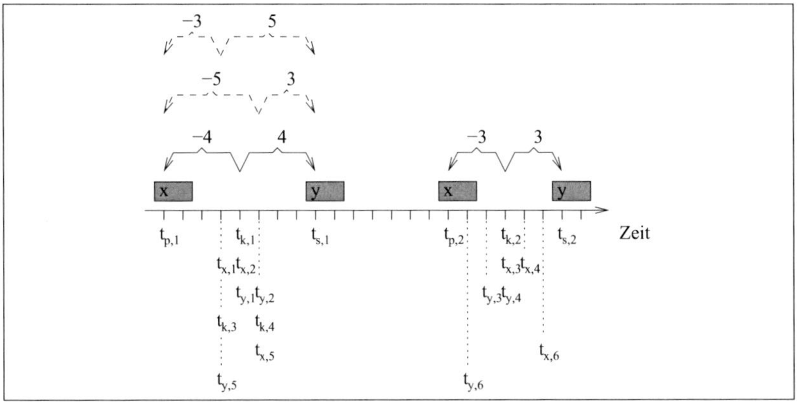

Abbildung 3.23: Beispiel für die Erkennung von Beziehungen mit den Parametern $\Delta_p = \{-4,-3\}$ und $\Delta_s = \{3,4\}$ (durchgehende Pfeile) sowie $\Delta'_p = \{-5,-4,-3\}$ und $\Delta'_s = \{3,4,5\}$ (durchgehende und gestrichelte Pfeile).

Das Beispiel zeigt eine Zeitreihe, in der die Multitoken x und y jeweils zweimal auftreten. Der klassische MSDD-Algorithmus kann je nach Parameterwahl die Beziehung $x \overset{\delta}{\Rightarrow} y$ höchstens einmal, nämlich für eine Totzeit δ von 6, 8 oder 21, erkennen. x und y werden unabhängig von der Parameterwahl jeweils zu genau einem Zeitpunkt erkannt.

Sollen alle Beziehungen, deren Totzeit im Bereich von 6 bis 8 liegt, erkannt werden, so ist dies mit der Intervall-Verallgemeinerung unter Verwendung der Parameter $\Delta_p = \{-4,-3\}$ und $\Delta_s = \{3,4\}$ möglich. Die Erkennung erfolgt dann zu den

Zeitpunkten $t_{k,1}$ und $t_{k,2}$. Die zugrundeliegenden Totzeiten sind in der Zeichnung mittels durchgehender Pfeile markiert. Zusätzlich sind die Zeitpunkte, zu denen x erkannt wird, mit $t_{x,1}, \ldots, t_{x,4}$ und die, zu denen y erkannt wird, mit $t_{y,1}, \ldots, t_{y,4}$ gekennzeichnet. Es ist zu sehen, daß x und y jeweils mehrfach erkannt werden.

Werden die Intervalle zu $\Delta'_p = \{-5, -4, -3\}$ und $\Delta'_s = \{3, 4, 5\}$ erweitert, um gegebenenfalls auch eine Erkennung von Beziehungen mit einer Totzeit von 9 oder 10 Einheiten zu ermöglichen, so wird die Beziehung $x \overset{\Delta'_p,\Delta'_s}{\Longrightarrow} y$ zu insgesamt vier Zeitpunkten ($t_{k,1}$ bis $t_{k,4}$) positiv erkannt und gezählt. Es findet also eine Mehrfachzählung der Kombination von x zum Zeitpunkt t_p, gefolgt von y zum Zeitpunkt t_s, statt. Hinzu kommt eine noch häufigere Mehrfachzählung von x und y.

Diese Mehrfachzählung widerspricht zwar zunächst scheinbar der Tatsache, daß die Änderung der Parameter nicht die Anzahl der tatsächlich vorliegenden Beziehungen beeinflussen kann, entspricht jedoch der in Regel 3.23 und Gleichung 3.24 definierten Semantik. Eine positive Beziehung (Regel) $x \overset{\Delta_p,\Delta_s}{\Longrightarrow} y$ macht für einen beliebigen Zeitpunkt t eine Aussage über die Wahrscheinlichkeit des Auftretens des Successors in einem bestimmten Zeitbereich relativ zu t in Abhängigkeit vom Auftreten des Precursors in einem anderen Zeitbereich relativ zu t. Die Erhöhung der Anzahl gezählter Beziehungen entspricht der Zunahme der Größe dieser Bereiche, d.h. dem Grad der zeitlichen Unschärfe der Regel. Es wird keine Aussage über die absolute Häufigkeit des Zusammenhangs in einer Zeitreihe getroffen.

Der unmittelbare Nutzen einer solche Regel liegt darin, daß sie sich immer auf einen Zeitpunkt bezieht und nicht nur allgemeine Aussagen über Beziehungen innerhalb einer Zeitreihe macht. So läßt sie sich direkt zur Erstellung von Prognosen verwenden. Die Aufteilung der erlaubten Totzeiten in die zwei Teile Δ_p und Δ_s ermöglicht eine Aufteilung der zeitlichen Unschärfe zwischen Precursor und Successor und erlaubt so die Steuerung der Art der gesuchten Zusammenhänge. Beispielsweise erleichtert ein kleiner Zeitbereich Δ_s die Erkennung direkt zur Prognose anwendbarer Regeln, d.h. die Beantwortung der Frage, ob y (jetzt gleich) auftreten wird, während ein kleiner Zeitbereich Δ_p eher zur Beantwortung der Frage dient, welche Auswirkungen y ein bestimmtes beobachtetes Ereignis x in absehbarer Zeit haben wird, ohne daß die Auswirkungen zeitlich genau lokalisiert werden müssen.

Alternative Verallgemeinerung von Totzeiten

Die Zeitpunkt-Bezogenheit der obigen Methode zur Verallgemeinerung von Totzeiten entspricht zunächst nicht unbedingt der intuitiven Vorstellung und führt außerdem zu einer willkürlich wirkenden Aufteilung der zeitlichen Unschärfe in zwei Teile. Hinzu kommt, daß die gleichmäßige Aufteilung der Unschärfe auf Precursor und Successor nur für Unschärfebereiche gerader Länge $l + m$ möglich ist. Hieraus erwächst der Wunsch nach einer Zählung, bei der jede tatsächlich in den vorliegenden Zeitreihen auftretende Beziehung genau einmal berücksichtigt wird.

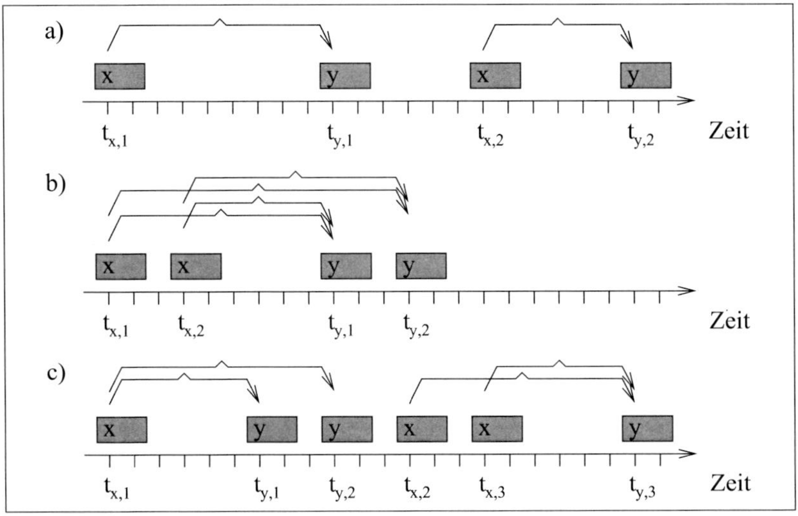

Abbildung 3.24: Problematik der Zählung tatsächlich auftretender Relationen.

In Abbildung 3.24 a) wird so die Beziehung $x \overset{\Delta}{\Rightarrow} y$ mit dem Unschärfebereich $\Delta = \{6, \ldots, 12\}$ zweimal positiv gezählt werden, nämlich zu den Zeitpunkten $(t_{x,1}, t_{y,1})$ bzw. $(t_{x,2}, t_{y,2})$ mit einer Totzeit von 9 bzw. 6.

Wie Abbildung 3.24 b) veranschaulicht, kann der Ansatz der Einmal-Zählung jedoch zu Problemen führen. Einerseits ist hier die Zählung von vier Beziehungen zu den Zeitpunkten $(t_{x,1}, t_{y,1})$, $(t_{x,1}, t_{y,2})$, $(t_{x,2}, t_{y,1})$ und $(t_{x,2}, t_{y,2})$ möglich, womit alle kombinatorisch auftretenden Relationen je einmal berücksichtigt werden. Andererseits läßt sich auch einwenden, daß ein x oder y nur zu genau einer Beziehung gehören kann, so daß auch die Zählung von nur zwei Relationen, beispielsweise zu den Zeitpunkten $(t_{x,1}, t_{y,1})$ und $(t_{x,2}, t_{y,2})$, sinnvoll erscheint. Unklar bleibt dabei, welche der kombinatorisch möglichen Relationen gezählt werden sollen, was jedoch für die Anzahl nicht wichtig ist. Eine andere Begründung für die Vermeidung einer Mehrfachzählung ist die, daß es sich bei der beobachteten Situation im Prinzip um eine teilweise verschobene Version von Abbildung 3.24 a) handelt.

Abbildung 3.24 c) deutet verwandte problematische Fälle an, bei denen unklar ist, ob jeweils zwei Beziehungen positiv gezählt werden sollen oder ob eine Zählung von $\bar{x} \overset{\Delta}{\Rightarrow} y$ bzw. $x \overset{\Delta}{\Rightarrow} \bar{y}$ sinnvoller ist. Damit ist auch die Problematik der Zählung der übrigen drei Fälle in der Kontingenztabelle angesprochen, die aber nicht weiter ausgeführt werden soll.

Aus den angedeuteten Problemen kann nicht geschlossen werden, daß eine Zählung tatsächlich auftretender Beziehungen nicht gleichzeitig sinnvoll und konsistent definierbar ist. Beispielsweise ist es möglich, jedem Precursor den frühestmöglichen freien Successor zuzuordnen und alle übrigbleibenden Precursor und Successor als Einträge n_2 oder n_3 in der Kontingenztabelle zu zählen, wobei eine solche Definition willkürlich erscheint.

Die im vorhergehenden Abschnitt vorgeschlagene Definition zur Verallgemeinerung von Totzeiten mit Hilfe von Zeitbereichen nach Gleichung 3.24 ist jedoch einfacher nachvollziehbar und läßt sich zudem auch auf die Erfassung zeitlicher Unschärfen innerhalb von Precursor und Successor verallgemeinern, wie in den folgenden Abschnitten gezeigt wird. Deshalb wird die Methode der Zählung tatsächlich auftretender Beziehungen in dieser Arbeit nicht weiterverfolgt, obwohl es sich prinzipiell um einen möglichen Ansatz zur Erkennung von Abhängigkeitsbeziehungen mit flexibler Totzeit handelt.

Verallgemeinerung von Zeitangaben in Multitoken

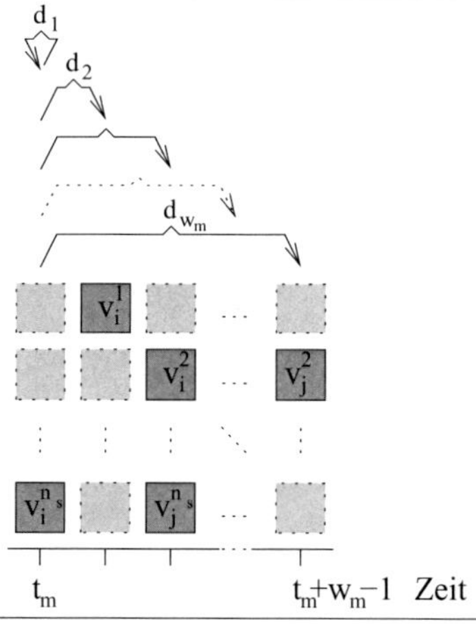

Abbildung 3.25: Zeitverhältnisse in MSDD-Multitoken.

Mit den bisherigen Überlegungen wurde eine Aufweichung der Totzeit zwischen Precursor x und Successor y einer Abhängigkeitsbeziehung erreicht. Die zeitlichen Beziehungen innerhalb der Multitoken x und y blieben dabei unverändert starr. Die Zeitverhältnisse in einem Multitoken sind analog zu den Zeitverhältnissen in Abhängigkeitsbeziehungen nach Abbildung 3.18 in Abbildung 3.25 zusammengefaßt. Das Multitoken spezifiziert in n_s Strömen in einem Zeitbereich der Länge w_m für einige Zeit-Strom-Kombinationen bestimmte Symbole (dunkelgrau hinterlegte Quadrate), während es zu anderen Zeit-Strom-Kombinationen das Auftreten eines beliebigen Symbols des jeweiligen Stromes zuläßt (hellgrau hinterlegte Quadrate). Alle innerhalb der 3er-Tupel, aus denen das Multitoken besteht, verwendeten Zeitoffsets d_i, $1 \leq i \leq w_m$, beziehen sich auf den Anfang t_m des Multitokens. Dabei gilt für den Original-MSDD-Algorithmus in der Darstellungsweise von Abbildung 3.25: $d_i = i - 1$.

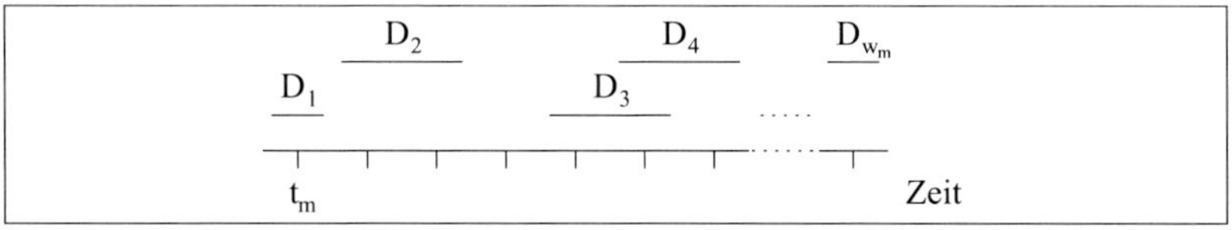

Abbildung 3.26: Verallgemeinerungen von Zeitangaben in Multitoken.

Zur Verallgemeinerung werden nun, analog zum Vorgehen bei Totzeiten, die präzisen Zeitoffsets $d_1, d_2, \ldots, d_{w_m}$ durch Zeitbereiche $D_1, D_2, \ldots, D_{w_m}$ ersetzt. Damit spezifiziert ein Tupel (v, s, D) eines Multitokens das Auftreten des Symbols v in Strom S_s im Zeitbereich D relativ zum Beginn des Multitokens. Jeder Zeitbereich D_i, $1 \leq i \leq w_m$, ist durch eine Menge $\{d_i, d_i + 1, \ldots, d_i + l_i - 1\}$ aufeinanderfolgender Offsets, die aus einem Anfangszeitpunkt d_i und einer Länge l_i gebildet werden, gegeben.

Die Definition erlaubt für Zeitbereiche prinzipiell die Darstellung aller zwischen Zeitintervallen möglichen Beziehungen [All83]. So können sich Bereiche überlappen, aber auch Lücken auftreten, wie Abbildung 3.26 zeigt. Aus Gründen der Verständlichkeit ist es jedoch im allgemeinen sinnvoll, die zwischen den Bereichen herrschenden Beziehungen einzuschränken. Empfehlenswert ist etwa die Beschränkung auf Bereiche, die sich auf der linken und rechten Seite jeweils maximal mit einem benachbarten Zeitbereich überschneiden und bei denen kein Bereich Teilbereich eines anderen ist. Eine derartige Einschränkung ermöglicht eine Sortierung der Intervalle nach den Anfangszeiten und erleichtert eine einfache Zuordnung zu sprachlichen Ausdrücken wie „nach kurzer Zeit“ oder „nach etwa 20 sec“.

Abbildung 3.27 zeigt ein Beispiel für ein Multitoken mit verallgemeinerten Offsets. Dargestellt sind die Zeitbereiche $D_1 = \{0, 1, 2, 3\}$, $D_2 = \{4, 5, \ldots, 9\}$ und $D_3 = \{8, 9, \ldots, 13\}$, wobei D_2 und D_3 sich überschneiden. Das Multitoken ist gegeben durch die Menge $\{(X, 2, D_1)$, $(Y, 2, D_1)$, $(1, 3, D_1)$, $(A, 1, D_2)$, $(X, 2, D_2)$, $(Z, 2, D_2)$, $(B, 1, D_3)$, $(Y, 2, D_3)$, $(2, 3, D_3)$, $(3, 3, D_3)\}$. Spezifiziert sind also das Auftreten von X und Y in Strom 2 sowie von 1 in Strom 3 während D_1, gefolgt von A in Strom 1 und X und Z in Strom 2 während D_2, sowie von B in Strom 1, Y in Strom 2 und 2 und 3 in Strom 3 während D_3.

Ein Unterschied zur Spezifikation mit exakten Zeitoffsets besteht in der Möglichkeit, für einen Zeitbereich verschiedene Symbole in demselben Strom zu fordern. Nicht festgelegt ist die Reihenfolge der Symbole innerhalb der Zeitbereiche oder im Bereich sich überschneidender Bereiche. Eine solche Festlegung, etwa in der Form „X vor Y in Strom 2 während D_1“, ist mit der gegebenen Definition von Tupeln und Zeitbereichen allein auch nicht möglich.

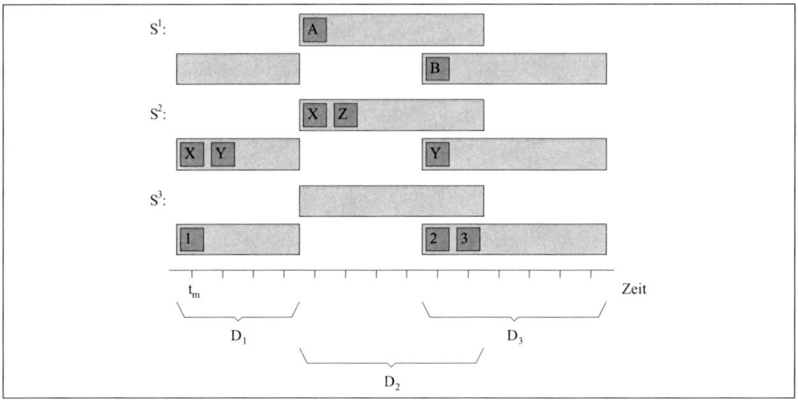

Abbildung 3.27: Beispiel für ein Multitoken mit verallgemeinerten Zeitangaben.

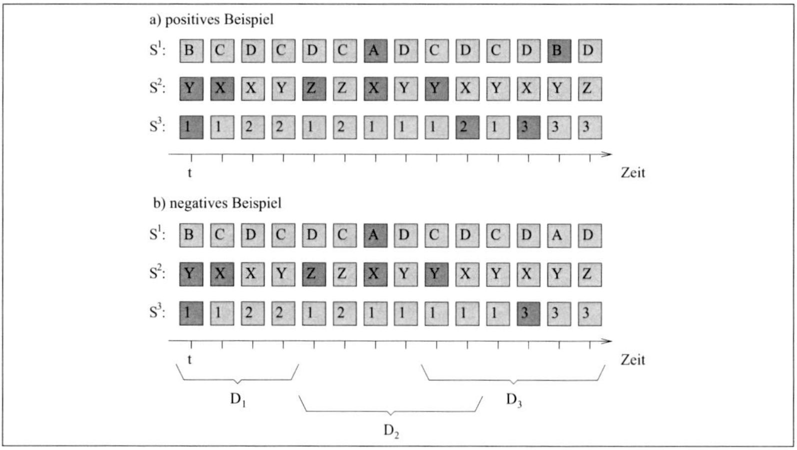

Abbildung 3.28: Beispiele für die Erkennung eines Multitokens mit verallgemeinerten Zeitangaben.

In Abbildung 3.28 werden ein positives (oben) und ein negatives Beispiel (unten) für die Erkennung des beschriebenen Multitokens in einer Zeitreihe gezeigt. Dunkelgrau hinterlegte Quadrate verdeutlichen relativ zum Zeitpunkt t erkannte 3er-Tupel. Referenzzeitpunkt im Multitoken ist der Anfangszeitpunkt t_m (siehe Abbildung 3.27). Ein Vergleich mit dem positiven Beispiel zeigt, daß im negativen Beispiel die Tupel $(B, 1, D_3)$ und $(2, 3, D_3)$ nicht gefunden werden.

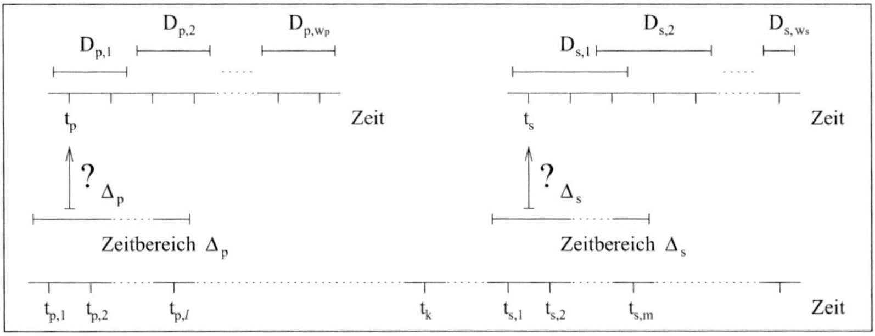

Abbildung 3.29: Zusammenfassung der unabhängigen Verallgemeinerung von Totzeit und Zeitoffsets.

Regelbezogene Verallgemeinerung von Zeitangaben

Werden die beschriebenen Verallgemeinerungen der Totzeit und der Zeitoffsets zusammengefaßt, so ergeben sich die in Abbildung 3.29 gezeigten Verhältnisse. Relativ zum Bezugszeitpunkt t_k sind die Bereiche der Anfangszeitpunkte von Precursor und Successor einer Regel durch Δ_p und Δ_s gegeben. Auf diese wiederum beziehen sich die Zeitbereiche $D_{p,i}$, $1 \leq i \leq w_p$, und $D_{s,j}$, $1 \leq j \leq w_s$, der 3er-Tupel bzw. der Zeitoffsets der Symbole.

Die Zeit Δt eines Symbols relativ zum Bezugszeitpunkt t_k einer Abhängigkeitsbeziehung berechnet sich als Summe der jeweiligen Teil-Totzeit δ und des jeweiligen Offsets d, d.h. $\Delta t = \delta + d$ mit $\delta \in \Delta_p \cup \Delta_s$ und $d \in \bigcup_{i=1}^{w_p} D_{p,i} \cup \bigcup_{j=1}^{w_s} D_{s,j}$.

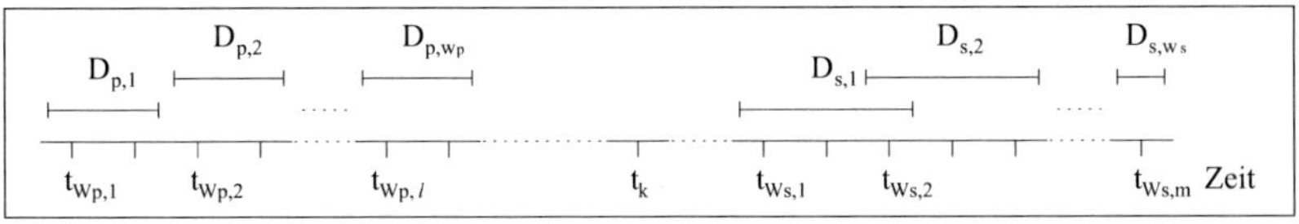

Abbildung 3.30: Regelbezogene Verallgemeinerung von Zeitangaben mit gemeinsamem Bezugszeitpunkt t_k.

Da δ und d jeweils aus einem zusammenhängenden Bereich (Zeitintervall) stammen, gilt dies auch für die Summe. Außerdem läßt sich der Bezugspunkt eines Zeitbereiches innerhalb der Abhängigkeitsbeziehung durch Änderung der Intervallgrenzen beliebig wählen. Beides legt nahe, die verallgemeinerten Totzeiten direkt in die Zeitbereiche der verallgemeinerten Offsets einzubeziehen und einen gemeinsamen Bezugszeitpunkt t_k für alle Zeitbereiche zu wählen. Es ergibt sich eine einfachere, weniger ausdrucksstarke, aber dafür leichter verständliche Form von Abhängigkeitsbeziehungen.

Als Ergebnis wird eine solche verallgemeinerte Abhängigkeitsbeziehung $x \stackrel{\Delta_p,\Delta_s}{\Longrightarrow} y$ eindeutig bestimmt durch

- die Menge der Ströme $\mathcal{S} = \{S_1, \ldots, S_{n_s}\}$,
- die Mengen der Symbole $\mathcal{V}_i$, $1 \le i \le n_s$,
- die Menge der Precursor-Intervalle $D_p = \{D_{p,1}, \ldots, D_{p,w_p}\}$,
- die Menge der Successor-Intervalle $D_s = \{D_{s,1}, \ldots, D_{s,w_s}\}$,
- den Precursor x und
- den Successor y.

Die Semantik sei definiert durch Auflistung der vier möglichen Arten von Zusammenhängen (vgl. Regeln 3.17):

$$\begin{aligned}
(x \overset{\Delta_p,\Delta_s}{\Longrightarrow} y)@t \iff & \forall\, tupel_p \in x,\ tupel_p = (v,s,D) :\ \exists \Delta t \in D : S_s(t+\Delta t) = v \,\wedge \\
& \forall\, tupel_s \in y,\ tupel_s = (v,s,D) :\ \exists \Delta t \in D : S_s(t+\Delta t) = v, \\
(x \overset{\Delta_p,\Delta_s}{\Longrightarrow} \overline{y})@t \iff & \forall\, tupel_p \in x,\ tupel_p = (v,s,D) :\ \exists \Delta t \in D : S_s(t+\Delta t) = v \,\wedge \\
& \exists\, tupel_s \in y,\ tupel_s = (v,s,D) :\ \forall \Delta t \in D : S_s(t+\Delta t) \ne v, \\
(\overline{x} \overset{\Delta_p,\Delta_s}{\Longrightarrow} y)@t \iff & \exists\, tupel_p \in x,\ tupel_p = (v,s,D) :\ \forall \Delta t \in D : S_s(t+\Delta t) \ne v \,\wedge \\
& \forall\, tupel_s \in y,\ tupel_s = (v,s,D) :\ \exists \Delta t \in D : S_s(t+\Delta t) = v, \text{ und} \\
(\overline{x} \overset{\Delta_p,\Delta_s}{\Longrightarrow} \overline{y})@t \iff & \exists\, tupel_p \in x,\ tupel_p = (v,s,D) :\ \forall \Delta t \in D : S_s(t+\Delta t) \ne v \,\wedge \\
& \exists\, tupel_s \in y,\ tupel_s = (v,s,D) :\ \forall \Delta t \in D : S_s(t+\Delta t) \ne v.
\end{aligned} \tag{3.25}$$

Die zeitlichen Verhältnisse veranschaulicht Abbildung 3.30. Der prinzipiell frei wählbare Bezugszeitpunkt t_k liegt hier zwischen Precursor und Successor. Dies ist zum Beispiel dann sinnvoll, wenn der Precursor als Ursache und der Successor als Wirkung interpretiert werden können, so daß entschieden werden kann, welche zukünftige Entwicklung (Successor) nach einer Beobachtung (Precursor) zu erwarten ist. Die Frage, ob eine solche kausale Interpretation physikalisch sinnvoll ist, läßt sich jedoch nicht allein aufgrund der statistischen Betrachtung der jeweils vorliegenden Zeitreihen beantworten. Hierzu ist zusätzlich Hintergrundwissen über das betrachtete System notwendig.

3.3.4 Schätzung der Modellordnung und der Zeitintervalle

Ein wichtiges Problem bei der Suche nach Abhängigkeiten in Zeitreihen besteht in der Schätzung der Modellordnung. Im konkreten Fall besteht die Aufgabe in der möglichst genauen Bestimmung des Parameters δ des Original-MSDD-Algorithmus, der als Totzeit gedeutet werden kann, oder der Intervalle $D_{p,i}$, $1 \le i \le n_p$ und $D_{s,j}$, $1 \le j \le n_s$ der erweiterten Version nach Gleichung 3.25.

Die Festlegung der Parameter (Totzeit bzw. Intervalle) kann einerseits auf Vorwissen basieren oder durch Probieren erreicht werden, andererseits kann eine datenbasierte Schätzung vorgenommen werden. Im folgenden werden als zwei mögliche Ansätze die Korrelations- und die Entropieanalyse beschrieben, welche eine Eingrenzung relevanter relativer Zeitbereiche ermöglichen. Beide Verfahren basieren auf der Annahme von Stationarität in der Form, daß die statistischen Eigenschaften der betrachteten Größen zeitinvariant sind, d.h. sich insbesondere Mittelwerte und Varianzen nicht ändern. Beispiele für Ergebnisse beider Verfahren sind in den Abschnitten 4.3, 4.4 und 4.6 von Kapitel 4 abgebildet und erläutert.

Ordnungsschätzung durch Korrelationsanalyse

Eines der gebräuchlichsten Verfahren zur Ordnungsschätzung ist die Korrelationsanalyse [Ise88], die beispielsweise auch in [Mül00] zur Schätzung der Modellordnung bei der Analyse von Zeitreihen aus der Thermischen Abfallbehandlung angewandt wird.

Grundlage einer solchen Analyse ist die Kovarianz σ_{xy} zweier Zeitreihen X und Y der Länge n, welche als Realisierungen je einer Zufallsvariablen aufgefaßt werden. Sie ist definiert als Erwartungswert $E((X-\mu_y)(Y-\mu_x))$ mit den Mittelwerten $\mu_x = E(X)$ und $\mu_y = E(Y)$. Die empirische Kovarianz ist:

$$s_{xy} = \frac{1}{n-1}\sum_{i=1}^{n}(x_i - \hat{\mu}_x)(y_i - \hat{\mu}_y). \tag{3.26}$$

Dabei bezeichnen $\hat{\mu}_x$ und $\hat{\mu}_y$ Schätzwerte für die in der Regel nicht bekannten Mittelwerte.[8] Wird die Kovarianz durch die Standardabweichungen σ_x und σ_y der Zeitreihen geteilt, so ergibt sich der Korrelationskoeffizienten $\rho_{xy} = \frac{\sigma_{xy}}{\sigma_x \sigma_y}$, der mit den empirischen Standardabweichungen s_x und s_y durch:

$$r_{xy} = \frac{s_{xy}}{s_x s_y} \tag{3.27}$$

geschätzt werden kann.

Die Kovarianz und der Korrelationskoeffizient sind Maße für die Abhängigkeit zwischen den Zeitreihen X und Y. Der Korrelationskoeffizient wird häufig auch einfach als „Korrelation" bezeichnet und besitzt den Vorteil, immer zwischen -1 und 1 zu liegen und skaleninvariant zu sein. Eine Korrelation von 0 deutet auf Unabhängigkeit von X und Y hin, während -1 auf gegenläufiges (wenn X klein, dann Y groß) und 1 auf gleiches (wenn X groß, dann Y groß) Verhalten hinweist.[9]

Die Korrelationsfunktion:

---

[8] Sind μ_x und μ_y bekannt, so gilt: $s_{xy} = \frac{1}{n}\sum_{i=1}^{n}(x_i - \mu_x)(y_i - \mu_y)$.

[9] Für gemeinsam normalverteilte Zufallsgrößen X und Y bedeutet 0 Unabhängigkeit und -1 oder 1 vollständige Abhängigkeit.

$$r_{xy}(\Delta t) = \frac{1}{s_x s_y} \frac{1}{n - \Delta t} \sum_{i=1+\Delta}^{n} (x_i - \hat{\mu}_x)(y_{i-\Delta t} - \hat{\mu}_y) \text{ mit } 0 \leq \Delta t < n \tag{3.28}$$

berechnet die Abhängigkeit zwischen der Zeitreihe X und der um Δt verschobenen Zeitreihe Y. Ihr Verlauf ermöglicht somit sowohl allgemeine Aussagen über den Bereich der Vergangenheit von Y, der X beeinflußt, (Ordnungsschätzung) als auch die Erkennung von Totzeiten mit besonders großem Einfluß (Schätzung von Intervallen). Die Korrelationsfunktion wird für $X \neq Y$ als Kreuzkorrelation und für $X = Y$ als Autokorrelation bezeichnet.[10]

Ordnungsschätzung mit informationstheoretischen Maßen

Eine andere Methode zur Bewertung der Abhängigkeit zwischen Zeitreihen ist die Entropieanalyse (siehe zu den statistischen Grundlagen [Abr63] oder [Fra89] und zur Anwendung in der Zeitreihenanalyse [Kut89]). In [Reu95] wird sie beispielsweise zur Bestimmung der optimalen Abtastzeit bei der Identifikation nichtlinearer Systemmodelle verwendet.

Grundlage der Entropieanalyse bildet die Entropie H einer Menge U disjunkter Ereignisse u_k, $1 \leq k \leq n_u$:

$$H(U) = -\sum_{k=1}^{n_u} p(u_k) \, \log_2 p(u_k). \tag{3.29}$$

Sie ist ein Maß für die Komplexität einer Menge und wird in „bit“ angegeben.[11] Die Entropie wird maximal bei gleichverteilten Ereignissen, d.h. wenn $p(u_k) = \frac{1}{n_u}$ für alle k. Für diesen Fall ergibt sich:

$$H(U) = -\sum_{k=1}^{n_u} \frac{1}{n_u} \log_2 \frac{1}{n_u} = -n_u \left(\frac{1}{n_u} \log_2 \frac{1}{n_u} \right) = \log_2 n_u.$$

Die gemeinsame Entropie (Verbundentropie) H zweier Mengen U und V mit disjunkten Ereignissen u_k, $1 \leq k \leq n_u$, und v_l, $1 \leq l \leq n_v$ ist definiert als:

$$H(U,V) = -\sum_{k=1}^{n_u} \sum_{l=1}^{n_v} p(u_k, v_l) \, \log_2 p(u_k, v_l). \tag{3.30}$$

Ein Maß für die gegenseitige Abhängigkeit von U und V bildet die Transinformation H_{uv}, die auch als „Kreuzentropie“ oder „Mutual Information“ bezeichnet wird:

[10] Leider werden in der Literatur Kovarianz und Korrelationskoeffizient sowie Auto- und Kreuzkorrelation nicht einheitlich definiert (vergleiche z.B. [Har98], [SR95] und [BSMM99]). In der vorliegenden Arbeit werden in Anlehnung an [Har98] jeweils die Mittelwert-bereinigten Versionen verwendet.

[11] Bei Definition zur Basis „2“, wie hier geschehen.

$$H_{uv}(U,V) = H(U) + H(V) - H(U,V). \tag{3.31}$$

Da $H(U,V) \leq H(U) + H(V)$, gilt $H_{uv} \geq 0$. Es ergibt sich $H_{uv} = 0$ für unabhängige Ereignismengen. Je größer die statistische Abhängigkeit ist, desto größer wird der Wert von H_{uv}.

Die beiden in den Gleichungen 3.30 und 3.31 definierten Maße bewerten die *gegenseitige* Abhängigkeit zweier Mengen. Ein gerichtetes Maß ist die bedingte Entropie $H_{u|v}$:

$$H_{u|v}(U,V) = -\sum_{k=1}^{n_u}\sum_{l=1}^{n_v} p(u_k,v_l)\ \log_2 p(v_l|u_k), \tag{3.32}$$

die den Einfluß von V auf U bewertet. Es gilt:

$$\begin{aligned} H_{uv}(U,V) &= H(U) - H_{u|v}(U,V) \\ &= H(V) - H_{v|u}(V,U) \\ &= H(U) + H(V) - H(U,V) \\ &\geq 0. \end{aligned} \tag{3.33}$$

Zur Anwendung der obigen, für diskrete Ereignisräume definierten Maße, auf numerische Zeitreihen müssen für diese geeignete Ereignisse bestimmt werden.[12] Hierzu wird eine Quantisierung des Wertebereichs einer Zeitreihe durch Intervalle U_k, $1 \leq k \leq n_u$, vorgenommen und das Ereignis u_k als Auftreten eines Wertes der Zeitreihe X im zugehörigen Quantisierungsintervall definiert. Die Wahrscheinlichkeit $p(u_k)$ kann dann durch die anhand der vorliegenden Reihe von n Beobachtungen ermittelte relative Häufigkeit r_k geschätzt werden, d.h. $\hat{p}(u_k) = r_k = \frac{n_k}{n}$.

Als Schätzwert für die Entropie der Zeitreihe X ergibt sich:

$$\hat{H}(X) := \hat{H}(U) = -\sum_{k=1}^{n_u} \frac{n_k}{n}\ \log_2 \frac{n_k}{n}. \tag{3.34}$$

Zur Untersuchung der Abhängigkeit zwischen der Zeitreihe X und der um Δt verschobenen Zeitreihe Y in Anlehnung an die Korrelationsanalyse nach Gleichung 3.28 wird zunächst eine Quantisierung des Wertebereichs von Y mit Intervallen V_l und Ereignissen v_l, $1 \leq l \leq n_v$ vorgenommen. Danach wird das kombinierte Ereignis des Auftretens von u_k in der Zeitreihe X und von v_l um Δt Zeitpunkte zuvor betrachtet. Seine Wahrscheinlichkeit $p(u_k, v_l, \Delta t)$ kann, genau wie die Wahrscheinlichkeiten $p(u_k)$ und $p(v_l)$, anhand der relativen Häufigkeiten geschätzt werden.

[12] Zur Schätzung informationstheoretischer Maße für kontinuierliche Ereignisräume existieren zwar Verfahren (siehe etwa [FS86] und [Fra89]), diese bieten jedoch für den vorliegenden Anwendungsfall keine Vorteile und werden aufgrund ihrer Komplexität und anderer Probleme nicht betrachtet.

Damit läßt sich die verschiebungsabhängige Verbundentropie zweier Zeitreihen:

$$\hat{H}(X,Y,\Delta t) := \hat{H}(U,V,\Delta t) = -\sum_{k=1}^{n_u}\sum_{l=1}^{n_v}\hat{p}(u_k,v_l,\Delta t)\,\log_2\hat{p}(u_k,v_l,\Delta t) \quad (3.35)$$

definieren. Entsprechend ergeben sich die verschiebungsabhängige bedingte Entropie:

$$\hat{H}_{x|y}(X,Y,\Delta t) := \hat{H}_{u|v}(U,V,\Delta t) = -\sum_{k=1}^{n_u}\sum_{l=1}^{n_v}\hat{p}(u_k,v_l,\Delta t)\,\log_2\hat{p}(v_l|u_k,\Delta t) \quad (3.36)$$

und die verschiebungsabhängige Transinformation:

$$\hat{H}_{xy}(X,Y,\Delta t) := \hat{H}(X)+\hat{H}(Y)-\hat{H}(X,Y,\Delta t). \quad (3.37)$$

Die genannten Schätzwerte für H, $H_{x|y}$ und H_{xy} sind nicht erwartungstreu [Reu95], jedoch zur Unterscheidung von Totzeiten mit hoher und niedriger Abhängigkeit ausreichend gut. Bezüglich weiterer statistischer Eigenschaften sei deshalb auf [Reu95] und [Kut89] hingewiesen. Dort werden u.a. auch Empfehlungen für die Anzahl Klassen (Ereignisse) und den Quantisierungsbereich abgeleitet. Häufig wird $n_u = n_v$ gewählt. Sinnvoll ist die Beschränkung auf den Bereich $4 \leq n_u \leq \sqrt{\frac{N}{10}}$ für $n_u = n_v$ (siehe ebenfalls [Kut89] und [Reu95]). Dabei ist N die Anzahl der Stichproben und entspricht in etwa der Länge der betrachteten Zeitreihen.

Die Entropieanalyse eignet sich zur Analyse beliebiger nichtlinearer Systeme. Es ist keine Sortierung der den einzelnen Zeitreihen zugrunde gelegten Ereignismengen erforderlich. Das bedeutet, daß sich in der Bewertung auch komplexere Zusammenhänge als bei der Korrelationsanalyse niederschlagen. Die Entropieanalyse ist insbesondere nicht auf die Erkennung gleichläufigen oder gegenläufigen Verhaltens beschränkt. Sie macht jedoch keine Angaben über die Art des vorliegenden Zusammenhangs, sondern bewertet lediglich seine Stärke.

Wichtig ist im Rahmen der vorliegenden Arbeit insbesondere die Möglichkeit der Analyse symbolischer Zeitreihen mit der Entropieanalyse. Dabei entfallen die oben beschriebenen Quantisierungsschritte, denn durch die Mengen unterschiedlicher Symbole ist für jede Zeitreihe ein sinnvoller natürlicher Ereignisraum gegeben.

Auch der Vergleich der Entropie-Eigenschaften der abgeleiteten, symbolischen Zeitreihen mit den Eigenschaften der ursprünglichen Daten sowie denen der vorverarbeiteten, geglätteten Zeitreihen kann wichtige Informationen liefern. Dies ermöglicht nicht nur Schätzungen einer angemessenen Modellordnung und sinnvoller Totzeit-Intervalle auf unterschiedlichen Abstraktionsebenen, sondern gegebenenfalls auch eine Kontrolle über die in den symbolischen Zeitreihen enthaltene Information.

Der direkteste Vergleich ist zwischen numerischen Zeitreihen und daraus durch Approximation mit stückweisen konstanten Funktionen (Niveaus, siehe Gleichung 3.10) entstandenen symbolischen Zeitreihen möglich.

Eine Auflistung weiterer Eigenschaften der Entropieanalyse findet sich in der Zusammenfassung in [Reu95], S. 10ff. Für eine kompakte Darstellung allgemeiner, mehrdimensionaler Definitionen der angeführten informationstheoretischen Maße sei auf [WS96] verwiesen. Mit solchen Erweiterungen ist auch eine gemeinsame Betrachtung mehrerer Zeitreihen möglich.

3.3.5 Anpassung und Erweiterung des Algorithmus

Die Verallgemeinerung der Zeitangaben auf Intervalle läßt den MSDD-Algorithmus nach Abbildung 3.17 bis auf die zusätzlichen Parameter weitgehend unverändert. Die Erweiterungen verbergen sich im wesentlichen hinter den Methoden „systematicExpand" und „removePrunable", die an die Intervall-Semantik angepaßt werden.

Es ist sinnvoll, die Intervallauswertung, d.h. die Überprüfung, ob ein Symbol eines Stromes in einem bestimmten Intervall relativ zu einem gegebenen Zeitpunkt aufgetreten ist, nicht bei jeder Knotenbewertung, sondern einmal vor Durchlaufen des eigentlichen Algorithmus durchzuführen. Dies ist zwar speicherintensiv – benötigt wird eine Tabelle der Größe $n * n_s * n_v$ bit – ermöglicht später aber eine schnelle Auswertung durch einfachen Speicherzugriff.

Eine wichtige Änderung betrifft die gesonderte Behandlung von Leersymbolen, die das Nicht-Auftreten eines Musters kennzeichnen. Die geänderte Methode „systematicExpand" stellt sicher, daß keine Regeln mit solchen Symbolen gebildet werden. Eine weitere Anpassung wurde bei der Verhinderung der Selbstprognose von Symbolen vorgenommen. Dabei wird sichergestellt, daß in einem Successor-Intervall, das sich mit einem Precursor-Intervall überlappt, für keinen Strom dasselbe Symbol wie für ein überlappendes Precursor-Intervall spezifiziert wird.

Manche komplexe Verfahren des Maschinellen Lernens erreichen eine derartige Einschränkung des Hypothesenraums durch die Verwendung von Sprachgrammatiken, mit denen die Form erlaubter Hypothesen explizit spezifiziert werden kann (siehe beispielsweise [KMR96]). Im vorliegenden Fall, in dem nur wenige Arten von Hypothesen ausgeschlossen werden sollen, wird dies jedoch einfacher und vor allem wesentlich effizienter durch explizite Abfragen im Algorithmus realisiert.

Eine weitere Optimierung stellt die Verbesserung der Methode „nextNode" dar. Es werden nur solche Knoten zurückgegeben und infolgedessen im nächsten Schritt expandiert, die anhand der Abschätzung des durch sie maximal erreichbaren *G*-Wertes zu einer Verbesserung der Liste der besten Knoten *best* beitragen können. Dadurch werden möglicherweise zwischen der Generierung des Knotens und dem Aufruf von „nextNode" erreichte Verbesserungen von *best* berücksichtigt.

Den geänderten Algorithmus mit Intervall-Semantik „MSDD-I" (Multi-Stream Dependency Detection with Intervals) zeigt Abbildung 3.31, wobei die im folgenden Abschnitt 3.3.6 beschriebenen Maßnahmen zur Beschränkung des Hypothesenraums aus Gründen der Übersichtlichkeit nicht dargestellt wurden. Die Parameter

MSDD-I($\mathcal{S}$, $\mathcal{W}_p$, $\mathcal{W}_s$, f_I, k)

(1) *table* = computeTable($\mathcal{S}$, $\mathcal{W}_p$, $\mathcal{W}_s$)

(2) *best* = $\{\}$

(3) *open* = $\{(\{\} \Rightarrow \{\})\}$

(4) **while not** empty(*open*) **do**

(5)   *node* = nextNodeI(*open*, *best*)

(6)   *children* = systematicExpandI(*node*, $\mathcal{W}_p$, $\mathcal{W}_s$)

(7)   *children* = removePrunableI(*best*, *children*, f_I, *table*, $\mathcal{W}_p$, $\mathcal{W}_s$)

(8)   *open* =add(*open*, *children*)

(9)   **for** *child* **in** *children* **do**

(10)   **if** length(*best*) $< k$ **or** $\exists b \in best$:
            $f_I(child, table, \mathcal{W}_p, \mathcal{W}_s) > f_I(b, table, \mathcal{W}_p, \mathcal{W}_s)$ **then**

(11)   *best* = add(*best*, *child*)

(12)   **if** length(*best*) $> k$ **then**

(13)   *best* = removeWorst(*best*)

(14)   **end for**

(15) **end while**

(16) **return**(*best*)

Abbildung 3.31: Der MSDD-I-Algorithmus mit verallgemeinerten Zeitangaben (Intervallen).

des neuen Algorithmus sind die Menge der Ströme $\mathcal{S}$, die Mengen der Precursor- und der Successor-Intervalle $\mathcal{W}_p$ und $\mathcal{W}_s$, die Bewertungsfunktion f_I und die Anzahl der gewünschten Ergebnisse k. Der Parameter δ entfällt.

Zunächst wird die Tabelle berechnet, die für jeden Zeitpunkt, jedes Intervall und jedes Token angibt, ob das Token in dem Intervall relativ zu dem gegebenen Zeitpunkt in seinem Strom aufgetreten ist (1). Anschließend folgen die Initialisierungen der Ergebnisliste *best* und der Liste der zu untersuchenden knoten *open* (2–3).

Die sich anschließende Schleife (4–15) ist analog dem Original-Algorithmus aus Abbildung 3.17 aufgebaut. Sie enthält die geänderten Methoden zur Knotenauswahl „nextNodeI“ (5), zur Knotenerweiterung „systematicExpandI“ (6) und zur

Beschneidung des Suchbaumes „removePrunableI" (7). Zur Berechnung der G-Statistik zur Knotenbewertung mittels f_I (10) sowie der Schätzwerte für die möglichen Knotenbewertungen in „removePrunableI" (7) wird dabei, wie oben erläutert, aus Effizienzgründen nicht auf die Ströme $\mathcal{S}$, sondern auf die Tabelle *table* zurückgegriffen.

Am Schluß werden die k besten Ergebnisse zurückgegeben (16).

3.3.6 Analyse des neuen Algorithmus

Wie in Abschnitt 3.3.2 gezeigt, nimmt die Laufzeit des MSDD-Algorithmus exponentiell mit der Anzahl von Strömen n_s und den Längen der Zeitbereiche w_p und w_s von Precursor und Successor zu (siehe Gleichung 3.22). Bei Verallgemeinerung der Zeitangaben durch Intervalle, wie in Anschnitt 3.3.3 beschrieben, entsprechen w_p und w_s den jeweiligen Anzahlen von Intervallen.

Eine Erhöhung der theoretischen Laufzeitkomplexität entsteht bei der Einführung verallgemeinerter Zeitangaben dadurch, daß in einem Intervall unterschiedliche Symbole desselben Stromes auftreten können. Daraus ergibt sich für den MSDD-I-Algorithmus eine Anzahl von $(2^{n_v})^{n_s w_p}$ möglichen Precursor-Mustern und $(2^{n_v})^{n_s w_s}$ möglichen Successor-Mustern, denn in je w_p bzw. w_s Intervallen von n_s Strömen können je n_v unterschiedliche Symbole unabhängig voneinander spezifiziert oder nicht spezifiziert werden. Bei Zeitreihen der Länge n und n_s Strömen mit jeweils n_v Token ergibt sich somit eine Laufzeitkomplexität von:

$$O(n\,(2^{n_v})^{n_s w_p}\,(2^{n_v})^{n_s w_s}) = O(n\,2^{n_v n_s (w_p + w_s)}). \tag{3.38}$$

Eine Erhöhung des (realen) Rechenaufwands entsteht auch dadurch, daß aufgrund der beliebigen Lage von Symbolen innerhalb sich zum Teil überschneidender Intervalle verschobene Versionen von Regelhypothesen nicht automatisch erkannt und verworfen werden können. (siehe auch Abschnitt „Der Hypothesenraum" in Unterkapitel 3.3.2).

Hinzu kommt eine Verlängerung der Laufzeit um einen konstanten Faktor durch die insgesamt aufwendigere Berechnung des Suchbaumes, die insbesondere durch die Auszählung von Intervallen anstelle präziser Zeitpunkte bedingt ist.

3.3.7 Maßnahmen zur Beschränkung des Hypothesenraums

Nachdem die Laufzeitkomplexität schon beim Original-MSDD-Algorithmus ein schwerwiegendes Problem darstellte, wurde bei der Erweiterung eine Einschränkung der Komplexität zwingend notwendig. Diese wird durch folgende Maßnahmen erreicht:

- Explizite Beschränkung der Komplexität von Regeln durch Vorgabe der Anzahl Tupel in Precursor und Successor.

Hierdurch wird die Komplexität zum Teil von der Anzahl von Intervallen entkoppelt und die exponentielle Abhängigkeit der Laufzeit von der Anzahl der Symbole eliminiert. Außerdem wird eine begrenzte Steuerung der Art von Regeln, nach denen gesucht werden soll, erreicht. Wichtige Sonderfälle stellt die Suche nach Regeln mit genau einem Successor oder Precursor dar.

- Getrennte Angabe der Zeitreihen für Precursor und Successor.

  Hier kann Vorwissen über Eingangs- und Ausgangsgrößen des betrachteten Systems zur Komplexitätsreduktion genutzt werden.

- Einführung einer Option, die unterschiedliche Symbole eines Stromes in demselben Intervall erlaubt oder verbietet.

  Dies begrenzt einerseits die Komplexität und trägt andererseits zu verständlicheren Ergebnissen bei.

Bezeichnet n_P die Anzahl Zeitreihen des Precursors und n_S die Anzahl Zeitreihen des Successors, so ergibt sich die folgende Laufzeitkomplexität:

$$O(n\,(n_P n_v)^{n_P}\,(n_S n_v)^{n_S}), \tag{3.39}$$

da je maximal n_v Symbole aus n_P bzw. n_S symbolischen Zeitreihen in maximal n_P Tupeln des Precursors bzw. maximal n_S Tupeln des Successors auftreten können.

3.3.8 Zusammenfassende Bewertung

Ausgangspunkt der Überlegungen zur Ableitung zeitabhängiger Abhängigkeitsbeziehungen in symbolischen Zeitreihen war der MSDD-Algorithmus von Oates und Cohen [OC96]. Dieser wurde auf Möglichkeiten der Erweiterung mit dem Ziel der Verarbeitung unscharfer zeitlicher Beziehungen zwischen Ereignissen (Symbolen) in Zeitreihen hin untersucht. Dabei lag ein Schwerpunkt der Überlegungen auf der Verallgemeinerung von Totzeiten. Die weitergehenden Untersuchungen zur Semantik von Regeln in Abschnitt 3.3.3 mündeten in einen Ansatz zur einheitlichen, gemeinsamen Behandlung von Totzeiten und Zeitangaben innerhalb von Multitupeln.

Als Ergebnis wurde der MSDD-I-Algorithmus entwickelt, der analog dem MSDD-Verfahren als Ergebnis eine Menge von Beziehungen liefert. Eine solche Beziehung kann in der folgenden Form als Regel verbalisiert werden:

Wenn Symbol v_1 in Zeitintervall $D_{p,1}$
  und Symbol v_2 in Zeitintervall $D_{p,2}$ und...
  mindestens einmal aufgetreten ist,
Dann wird Symbol w_1 in Zeitintervall $D_{s,1}$
  und Symbol w_2 in Zeitintervall $D_{s,2}$ und...
mit Wahrscheinlichkeit p mindestens einmal auftreten.

Jede derartige Regel wird mit Hilfe der G-Statistik bewertet, so daß ihre Relevanz abgeschätzt werden kann.

Ein großes Problem stellt die Laufzeitkomplexität des Verfahrens dar. Die in Anschluß an die Analyse des Laufzeitverhaltens des MSDD-I-Algorithmus in Abschnitt 3.3.6 beschriebenen Maßnahmen zur Beschränkung des Hypothesenraums ermöglichen jedoch auch bei komplexen dynamischen Systemen die Gewinnung wertvoller Erkenntnisse über zeitbehaftete Zusammenhänge zwischen Systemgrößen (siehe Kapitel 4).

Anmerkungen zur Regelbewertung durch die G-Statistik

α	0,1	0,05	0,01	0,005	0,001	0,0005
value	2,71	3,84	6,63	7,88	10,83	12,12

Tabelle 3.1: Werte der χ^2-Verteilung mit einem Freiheitsgrad.

Eine wichtige Eigenschaft des entwickelten Verfahrens ist die Sicherstellung der Qualität der gelieferten Abhängigkeitsbeziehungen mittels Bewertung durch die G-Statistik. Diese stellt eine Approximation einer χ^2-Verteilung mit einem Freiheitsgrad dar (siehe etwa [SR95]), so daß beispielsweise ein G-Wert größer $6,63$ einer Ablehnung der Nullhypothese auf dem Niveau $\alpha = 0,01$ entspricht (vergleiche Tabelle 3.1).

Die bei Tests und bei der Anwendung des MSDD- oder MSDD-I-Algorithmus (siehe Kapitel 4) aufgetretenen G-Werte im Bereich 500 bis 10.000 für Ergebnisregeln verwundern jedoch, da sie das Finden statistisch nahezu absolut gesicherter Zusammenhänge nahelegen. Hierzu ist erstens anzumerken, daß die Ablehnung der Nullhypothese (Unabhängigkeit) noch nicht bedeutet, daß genau der mit der geschätzten Wahrscheinlichkeit verbundene vermutete Zusammenhang besteht.

Zweitens ist zu berücksichtigen, daß mit der Größe des Hypothesenraums auch die Wahrscheinlichkeit zunimmt, zufällig auf eine gut bewertete Hypothese zu treffen. Wird etwa mit β die Wahrscheinlichkeit einer zufällig erzeugten Abhängigkeitsbeziehung (Hypothese), einen G-Wert größer $6,63$ zu erreichen (Ablehnung der Nullhypothese auf Niveau $\alpha = 0.01$, siehe Tabelle 3.1) bezeichnet, so beträgt die Wahrscheinlichkeit p, unter n zufällig erzeugten Abhängigkeitsbeziehungen mindestens eine auf dem Niveau $\alpha = 0.01$ zu finden, $p = 1 - (1 - \beta)^n$. Für $\beta = 0.0001$ und $n = 100.000$ ergibt sich beispielsweise schon $p = 0,99995462$.

Aus beiden Gründen sind Ergebnisse des Verfahrens solange als Hypothesen zu betrachten, bis ihre – etwa technisch-physikalische – Korrektheit im untersuchten realen System mit Hilfe weiterer Untersuchungen, beispielsweise mittels Experimenten, nachgewiesen werden kann.

Der G-Wert dient also weniger der absoluten Bewertung einzelner Beziehungen als vielmehr der Erstellung einer Rangfolge unter allen Hypothesen mit dem Ziel der Erkennung der aussichtsreichsten Kandidaten für Zusammenhänge.

Ergänzungen

Die Einfachheit der gewählten Zeitrepräsentation stellt einen großen Vorteil im Hinblick auf die Verständlichkeit der abgeleiteten Beziehungen dar, denn das Auftreten eines Symbols während eines (relativen) Zeitintervalls besitzt eine klare Semantik. Andererseits ist es nicht möglich, bestimmte Eigenschaften, wie etwa die Reihenfolge von Symbolen innerhalb eines Zeitintervalls oder das Nicht-Auftreten eines Symbols innerhalb eines Zeitintervalls, zu spezifizieren.

Deshalb liegt ein möglicher Ansatzpunkt zur Verbesserung des Verfahrens in der Erweiterung der Zeit- und Regelrepräsentation. Dies kann beispielsweise durch das Hinzufügen von Constraints zur Reihenfolgenfestlegung oder durch die Einführung der Negation zur Definition negativer, in einem Zeitintervall nicht auftretender Ereignisse erfolgen. Hierbei ist jeweils abzuwägen, ob der Vorteil der erhöhten Ausdrucksmächtigkeit der Repräsentation den möglichen Nachteil einer erschwerten Verständlichkeit der Ergebnisse aufwiegt und wirklich tiefere Einblicke in das untersuchte System ermöglicht.

Andere Ansatzpunkte zur Optimierung des Verfahrens liegen in der Verallgemeinerung über Regeln und in der Bewertung von Regelmengen mit dem Ziel, nicht nur gute Einzelregeln abzuleiten, sondern Regelmengen, die einen möglichst großen Bereich des Eingaberaums erfassen.

Bei allen Erweiterungen sind u.a. auch Aspekte der Laufzeitkomplexität zu berücksichtigen. Eine Möglichkeit hierzu stellt die explizite Spezifikation des Hypothesenraums durch formale Sprachen dar [KMR96].

3.4 Neue regelbasierte Modellstruktur zur Beschreibung des Verhaltens dynamischer Systeme

Der Schwerpunkt der entwickelten Datenanalyse liegt auf der Zeitabhängigkeit der zwischen den Systemgrößen erkannten Beziehungen. Im Unterschied zu Modellen mit externer Dynamik wird diese Zeitabhängigkeit explizit in den Beziehungen repräsentiert.

Die abgeleiteten Regeln haben primär eine beschreibende Funktion und eignen sich nur bedingt direkt zu Prognose oder Simulation. Gründe hierfür sind die abstrakte, symbolische Ebene, auf der die Beziehungen erkannt werden, die zeitlichen Unschärfen (Intervalle), die ohne weitere Annahmen oder Festlegungen keine Zuordnung von Vorhersagen zu präzisen Zeitpunkten ermöglichen, sowie die Tatsache, daß lediglich Einzelregeln abgeleitet werden. Das Zusammenwirken mehrerer

Regeln ist nicht definiert, und es ist auch keine vollständige Abdeckung des Eingaberaums gegeben, d.h. normalerweise kann auf Basis der abgeleiteten Regeln nur für wenige Situationen eine Voraussage getroffen werden.

3.4.1 Problemstellung

Die Aufgabe besteht nun darin, den beschreibenden Regeln aus der Datenanalyse ein anwendbares, geschlossenes Modell gegenüberzustellen. Hierzu wird eine neue Modellstruktur entwickelt, an welche die folgenden Anforderungen gestellt werden:

1. Fähigkeit zur Prognose numerischer Werte für Systemgrößen,
2. Repräsentation der definierten Zusammenhänge in Form verständlicher Regeln,
3. Nachvollziehbarkeit und systemtheoretische Relevanz jeder einzelnen Regel, sowie
4. explizite Repräsentation von Zeitangaben.

Zur Vereinfachung beschränkt sich die folgende Darstellung auf Prognosemodelle nach Gleichung 2.9, d.h. anhand der äquidistant und zeitdiskret vorliegenden Beobachtungsdaten aller Größen der Vergangenheit sowie der bekannten aktuellen Eingangsgrößen (Stelleingriffe) wird jeweils der nächste Wert einer gewählten Größe prognostiziert. Die Prognose mehrerer Größen wird durch die Aufstellung je eines Modells für jede Größe ermöglicht.

Um numerische Werte verständlich in Regeln spezifizieren und Zeitangaben in angemessener Form behandeln zu können, werden außerdem gefordert:

5. Verarbeitung unscharfer Größen (Fuzzy-Logik) und
6. Verarbeitung unpräziser Zeitangaben (z.B. Intervalle).

Der letzte Punkt resultiert aus dem Wunsch, sowohl Ergebnisse mit ungenauen Zeitangaben aus der Datenanalyse (siehe vorhergehenden Abschnitt), als auch unscharfes menschliches Erfahrungswissen zu zeitbehafteten Abhängigkeiten verarbeiten zu können.

3.4.2 Herleitung der Modellstruktur

Die oben angeführten Forderungen lassen sich mit den Stichworten „regelbasiertes Modell", „Verarbeitung unscharfer Daten" und „Behandlung von Zeitabhängigkeiten" zusammenfassen. Den Ausgangspunkt der folgenden Überlegungen bilden daher Fuzzy-Systeme nach Mamdani (siehe [MA75] sowie Abschnitt 2.7.2), die zwar ursprünglich zum Zweck der Regelung (Fuzzy Control) konzipiert worden sind, sich jedoch auch gut zur Modellierung des Verhaltens dynamischer Systeme eignen. Als wesentliche Neuerung werden sie um die Möglichkeit zur Repräsentation und Verarbeitung expliziter Zeitangaben in den Prämissentermen erweitert.

Statische Fuzzy-Regeln

Eine Fuzzy-Regelbasis nach Mamdani besteht aus Regeln der Art:

$$\text{Wenn } [X_1 \text{ ist } A_1] \text{ Und } [X_2 \text{ ist } A_2] \text{ Und } \ldots \text{ Dann } [Y \text{ ist } B]. \qquad (3.40)$$

mit den Eingangsgrößen X_1 und X_2, der Ausgangsgröße Y sowie den unscharfen Mengen A_1, A_2 und B.[13]

Zu einer Menge solcher Regeln sind zum einen die Fuzzifizierung und die Prämissenauswertung (Aggregation) nach den Regeln der Fuzzy-Logik [Zad65] mit den bekannten Wahlmöglichkeiten hinsichtlich der logischen Verknüpfungen (t-Norm und t-Conorm) definiert. Zum anderen sind die Inferenz, bestehend aus den Schritten Aktivierung und Akkumulation sowie die Defuzzifizierung festgelegt. Bei der Aktivierung wird im wesentlichen die Prämisse jeder einzelnen Regel auf einen Wert reduziert und anschließend in verschiedenen Ausprägungen, z.B. durch Minimum- oder Produktbildung, mit der jeweiligen unscharfen Konklusionsmenge verknüpft. Die Akkumulation dient zur Zusammenfassung der zu einer Größe gehörenden Konklusionsmengen und die Defuzzifizierung zur Reduktion der Ergebnismenge auf einen scharfen Wert (vgl. Abschnitt 2.7.2).

Der im folgenden beschriebene Ansatz verfolgt das Ziel, einen möglichst großen Teil dieser etablierten Methode beizubehalten. Dadurch können ihre Vorteile wie Bekanntheit, Transparenz oder Effizienz genutzt werden, und es kann allgemein auf den damit gemachten, weitgehend positiven Erfahrungen und den erzielten Forschungsergebnissen aufgebaut werden. Außerdem ist so gegebenenfalls eine einfache Realisierung (Implementierung) auf Basis existierender Software-Tools, wie z.B. Matlab, möglich.

---

[13] Zur Vereinfachung der Darstellung wird im folgenden zunächst von Regeln mit einem oder zwei Prämissentermen ausgegangen.

Zeitliche Zuordnung

Im Gegensatz zu Differentialgleichungsmodellen, in die zeitliche Bezüge direkt eingehen, beschreibt eine Regel einer Fuzzy-Regelbasis lediglich einen statischen Zusammenhang zwischen den Fuzzy-Mengen A_i und B. Dynamische Aspekte werden in Regelbasen nach Mamdani nur implizit über den Auswertungszeitpunkt der Prämissen und den Takt des Reglers oder Simulators, der zyklisch in bestimmten Abständen Werte erfaßt, auswertet und anschließend Stellgrößen oder Prognosewerte ausgibt, berücksichtigt. Des weiteren können Aspekte der Dynamik bei Regelbasen nach Sugeno-Takagi [Sug85], die als Abwandlung des Mamdani-Ansatzes betrachtet werden können, prinzipiell in die Funktionsausdrücke der Konklusionen eingehen.

Trotz der Repräsentation ohne Zeitbezug muß bei der Anwendung einer Regel eine zeitliche Zuordnung zwischen den Prämissentermen bzw. dem Konklusionsterm der Regel und den Werten der Größen X_i bzw. Y vorgenommen werden. Der durch die Regel 3.40 festgelegte Zusammenhang läßt sich somit genauer beschreiben als Beziehung zwischen den Zugehörigkeitswerten der Prämissenterme mit den Fuzzy-Mengen A_1 und A_2 zum Zeitpunkt ihrer Auswertung t_p und dem Zugehörigkeitswert des Konklusionsterms mit der Fuzzy-Menge B zu dem Zeitpunkt t_s, für den die Prognose erstellt wird.[14] Die Regel spezifiziert also eine Beziehung zwischen $\mu_{A_1}(x_1(t_p))$ und $\mu_{A_2}(x_2(t_p))$ auf der einen und $\mu_B(y(t_s))$ auf der anderen Seite.

Fuzzy-Regeln mit expliziten Zeitangaben

Eine explizite Angabe der Zeitpunkte innerhalb der Regel macht den zeitlichen Zusammenhang zwischen Prämisse und Konklusion offensichtlich. Sinnvoller als die absolute Angabe der Zeitpunkte, im obigen Beispiel also von t_p und t_s, ist jedoch die Angabe der zeitlichen Differenz zwischen Prämisse und Konklusion $\Delta t = t_s - t_p = t_{s-p}$.

Wird jedem Prämissenterm eine eigene Zeitdifferenz zugeordnet, so ermöglicht dies die Berücksichtigung unterschiedlicher Totzeiten zwischen den verschiedenen Prämissengrößen und der zu prognostizierenden Größe auf der Ebene des Fuzzy-Systems. Eine Behandlung unterschiedlicher Zeitverzögerungen in unterlagerten Schichten, beispielsweise mittels zusätzlicher Größen, die mit Hilfe von Totzeitgliedern definiert werden, ist somit unnötig.

Die zu entwickelnde Modellstruktur soll jedoch nicht nur exakte, sondern auch unpräzise Zeitangaben verarbeiten können (Forderung 6 in Abschnitt 3.4.1). Hierzu bietet sich die Verwendung von Fuzzy-Mengen an. Sie ermöglichen nicht nur die Repräsentation von Zeitbereichen (Intervallen), sondern auch eine Gewichtung der

[14] Zur Vereinfachung beschränkt sich die Darstellung auf die Prognoseerstellung, beziehungsweise Simulation.

Zeitpunkte innerhalb solcher Bereiche. Somit können sowohl relative Zeitangaben aus der Datenanalyse nach Kapitel 3.3 als auch menschliche Zeitangaben wie „vor kurzer Zeit“ oder „nach etwa 5 sec“ umgesetzt werden. „Scharfe“ Zeitangaben ergeben sich als Sonderfälle durch die Wahl geeigneter Zugehörigkeitsfunktionen (Singletons).

Wird eine einfache Regel mit nur einem Prämissenterm betrachtet, so läßt sich diese mit expliziter Zeitangabe beispielsweise formulieren als:

$$\text{Wenn } [X \text{ ist } A \text{ und } \Delta t \text{ ist } T] \text{ Dann } [Y \text{ ist } B]. \tag{3.41}$$

Hier wurde eine „Totzeit von T“ in Fuzzy-Schreibweise als „Δt ist T“ mit der Fuzzy-Menge T übersetzt und zur Verdeutlichung der zeitlichen Zuordnung „und“ geschrieben. Dieses „und“, das in etwa „vor“ oder „zum (relativen) Zeitpunkt“ entspricht, soll verdeutlichen, daß der erweiterte Prämissenterm sowohl eine Anforderung an den Wert der Größe X als auch an den Zeitpunkt ihrer Berücksichtigung stellt.

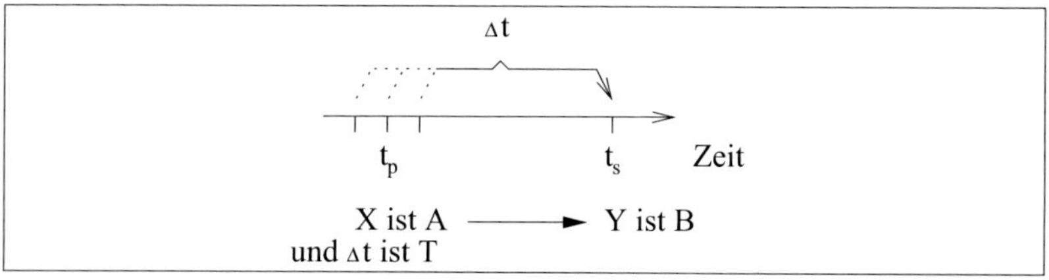

Abbildung 3.32: Einfache Fuzzy-Regel mit expliziter Zeitangabe.

Abbildung 3.32 zeigt die Zeitverhältnisse in einer solchen Regel. Zum Zeitpunkt t_s soll der Wert für Y berechnet werden. Hierzu wird die Vergangenheit der Größe X daraufhin untersucht, ob es einen oder mehrere Zeitpunkte t_p gibt, für die die entsprechende Totzeit $\Delta t = t_s - t_p$ in der Fuzzy-Menge T und gleichzeitig der Wert der Größe X in der Fuzzy-Menge A enthalten ist.

Fuzzy-Terme mit expliziten Zeitangaben

Die Auswertung eines Prämissenterms mit expliziter relativer Zeitangabe, der im folgenden als „t-Fuzzy-Term“ bezeichnet wird, soll anhand des Beispiels von Abbildung 3.33 näher untersucht werden. Dargestellt sind der zeitliche Verlauf einer Größe X, die Zugehörigkeitsfunktion μ_A der Fuzzy-Menge A und die Zugehörigkeitsfunktion μ_T der Fuzzy-Menge T. Erstere ist vertikal parallel zum Wertebereich von X, letztere relativ zum Zeitpunkt t_s, für den die Prognose erstellt werden soll, horizontal rückwärts aufgetragen, um die Zuordnung von absoluten Zeitpunkten zu relativen Zeitangaben Δt zu veranschaulichen.

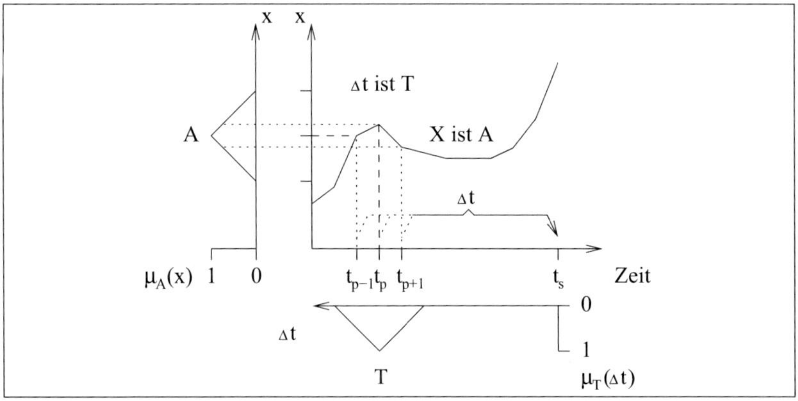

Abbildung 3.33: Beispiel für [X ist A und Δt ist T].

Ein sinnvoller Ansatz zur Berechnung des Erfülltheitsgrades eines t-Fuzzy-Terms besteht darin, zunächst jeden einzelnen Zeitpunkt getrennt zu betrachten und anschließend die Ergebnisse der Auswertung aller Zeitpunkte zu einem Gesamtwert zusammenzufassen.

Es seien t_s der Zeitpunkt, für den die Konklusion berechnet werden soll, t_p ein für die Auswertung zu berücksichtigender Zeitpunkt, $\Delta t = t_s - t_p$ die zugehörige Totzeit und $x(t_p)$ der Wert der Zeitreihe X zum Zeitpunkt t_p. Wird die Forderung nach Gleichzeitigkeit von Wertezugehörigkeit zu A und Totzeit zu T als Konjunktion „$\wedge$" interpretiert, so läßt sich dieser Zusammenhang folgendermaßen formulieren:

$$f_{[X \text{ ist } A \text{ und } \Delta t \text{ ist } T]}(t_s,\, \Delta t) = \mu_{A \wedge T}(x(t_s - \Delta t),\, \Delta t).$$

Bei f handelt es sich um eine Bewertungsfunktion mit zwei Argumenten, einem absoluten und einem relativen Zeitpunkt, die auf eine zweidimensionale Fuzzy-Menge (Fuzzy-Relation) zurückgeführt wird, welche den Zusammenhang zwischen einem Wert $x(t_s - \Delta t)$ und einer Totzeit Δt beschreibt. Wird beispielsweise als Konjunktion die Minimumbildung gewählt, so ergibt sich:

$$\mathrm{f}_{[X \text{ ist } A \text{ und } \Delta t \text{ ist } T]}(t_s,\, \Delta t) = \mu_{A \wedge T}(x(t_s - \Delta t),\, \Delta t) = \min\{\mu_A(x(t_s - \Delta t)),\, \mu_T(\Delta t)\}.$$

Um, abgesehen von der Termauswertung, das prinzipielle Vorgehen nach Mamdani beibehalten zu können, muß die zweidimensionale Fuzzy-Relation für die weitere Prämissenauswertung und den nachfolgenden Aktivierungsschritt auf eine eindimensionale Fuzzy-Menge reduziert werden. Eine einfache Möglichkeit besteht zum Beispiel darin, den Wert mit der maximalen Zugehörigkeit zu verwenden, d.h. nach dem besten Kompromiß aus x und Δt zu suchen:

$$\mu_{[X \text{ ist } A \text{ und } \Delta t \text{ ist } T]}(t_s) = \max_{\Delta t}\{\mathrm{f}_{[X \text{ ist } A \text{ und } \Delta t \text{ ist } T]}(t_s,\, \Delta t)\}.$$

Die angegebene Definition des Zugehörigkeitsgrades basiert auf einer Interpretation eines t-Fuzzy-Terms dahingehend, daß er dann als gut erfüllt gilt, wenn er es zu irgendeinem Zeitpunkt ist. In Abbildung 3.33 wird also z.B. zwischen der Auswertung zum (absoluten) Zeitpunkt t_{p-1}, zudem zwar $\mu_A(x(t_{p-1})) = 1$ gilt, jedoch die (relative) Zeit nicht gut paßt, und der Auswertung zum perfekt passenden Zeitpunkt t_p mit $\mu_T(\Delta t) = 1$, aber zu großem Wert von $x(t_p)$, abgewogen werden.

Mit dem Minimumoperator zur Und-Verknüpfung ergibt sich:

$$\mu_{[X \text{ ist } A \text{ und } \Delta t \text{ ist } T]}(t_s) = \max_{\Delta t}\{\min\{\mu_A(x(t_s - \Delta t)), \mu_T(\Delta t)\}\}.$$

Die derart definierte Auswertung von t-Fuzzy-Mengen ermöglicht es, diese in der weiteren Prämissenauswertung wie gewöhnliche, nicht zeitbehaftete Fuzzy-Terme zu behandeln. Auch Aktivierung, Akkumulation und Defuzzifizierung können unverändert vom Mamdani-Ansatz übernommen werden.

Mit Produkt-Aktivierung ergibt sich beispielsweise:

$$\begin{aligned}\mu_{[X \text{ ist } A \text{ und } \Delta t \text{ ist } T] \to [Y \text{ ist } B]}(t_s, y) &= \mu_{[X \text{ ist } A \text{ und } \Delta t \text{ ist } T]}(t_s)\ \mu_B(y) \\ &= \max_{\Delta t}\{\min\{\mu_A(x(t_s - \Delta t)), \mu_T(\Delta t)\}\} * \mu_B(y).\end{aligned}$$

Fuzzy-Systeme vom Mamdani-Typ stellen damit Spezialfälle von t-Fuzzy-Systemen mit einer einheitlichen, scharfen Totzeit von $\Delta t = 0$ für alle Prämissenterme dar. Die Zugehörigkeitsfunktion der entsprechenden Fuzzy-Menge ist ein Singleton mit dem Wert 1 für $\Delta t = 0$.

3.4.3 Definition von t-Fuzzy-Systemen

Nach der eher intuitiven Herleitung im vorhergehenden Abschnitt sollen t-Fuzzy-Systeme im folgenden exakt definiert werden. Dazu werden zunächst ihre Bestandteile festgelegt und die gegenüber Mamdani-Systemen unveränderten Eigenschaften erklärt. Im nachfolgenden Abschnitt wird die veränderte Termauswertung festgelegt.

Ein t-Fuzzy-System ist definiert als Tupel $(\mathcal{X}, Y, \mathcal{A}, \mathcal{B}, \mathcal{T}, \mathcal{F}, \mathcal{R})$. Dabei bezeichnet

- $\mathcal{X} = \{X_1, \ldots, X_{n_x}\}$ die Menge der n_x Eingangsgrößen X_i, $1 \leq i \leq n_x$.
- Y die Ausgangsgröße.
- $\mathcal{A} = \{\mathcal{A}_1, \ldots, \mathcal{A}_{n_x}\}$ eine Menge von n_x Mengen von Fuzzy-Mengen.

  Jede Menge $\mathcal{A}_i$, $1 \leq i \leq n_x$, enthält die n_{A_i} Fuzzy-Mengen $A_{i,j}$, $1 \leq j \leq n_{A_i}$, zur Größe X_i, d.h. $\mathcal{A}_i = \{A_{i,1}, \ldots, A_{i,n_{A_i}}\}$.

- $\mathcal{B} = \{B_1, \ldots, B_{n_B}\}$ die Menge der n_B Fuzzy-Mengen zur Ausgangsgröße Y. Das Auftreten eines linguistischen Wertes $B \in \mathcal{B}$ in der Ausgangsgröße Y wird textuell in der Form „[Y ist B]“ ausgedrückt.

- $\mathcal{T} = \{T_1, \ldots, T_{n_T}\}$ die Menge der n_T Fuzzy-Mengen zur Repräsentation relativer Zeitangaben.

  Jede Fuzzy-Menge T_k, $1 \leq k \leq n_T$, ist für den Bereich $\{0, \ldots, \Delta t_{max}\} \subset \mathbb{N}_0$ mit $\mathbb{N}_0 = \{0, 1, 2, \ldots\}$ definiert.

- $\mathcal{F} = \{\mathrm{F} \,|\, \exists \mathcal{A}_i \in \mathcal{A},\ A_{i,j} \in \mathcal{A}_i,\ T_k \in \mathcal{T} : F = (A_{i,j},\ T_k)\}$ die Menge aller t-Fuzzy-Terme.
  Ein t-Fuzzy-Term F ist definiert als Tupel $(A_{i,j},\ T_k)$ aus einer Fuzzy-Menge $A_{i,j} \in \mathcal{A}_i$ für den Wertebereich einer Größe X_i und einer Fuzzy-Menge $T_k \in \mathcal{T}$ für eine Zeitangabe. Er dient der Spezifikation des Auftretens eines linguistischen Wertes $A_{i,j}$ der betrachteten Größe X_i zu einer unscharfen Totzeit T_k innerhalb der Prämisse einer t-Fuzzy-Regel.
  Ein t-Fuzzy-Term wird in der Form „[X_i ist $A_{i,j}$@T_k]“ ausgedrückt.

- $\mathcal{R} = \{R_1, \ldots, R_{n_R}\}$ die Menge der n_R t-Fuzzy-Regeln zur Beschreibung von Abhängigkeitsbeziehungen zwischen Eingangs- und Ausgangsgrößen.

  Eine t-Fuzzy-Regel $R \in \mathcal{R}$ ist definiert als Tupel $(\mathcal{P},\ \mathcal{K})$ mit der Prämisse $\mathcal{P}$ und der Konklusion $\mathcal{K}$. Die Menge $\mathcal{P} \subseteq \mathcal{F}$ enthält die t-Fuzzy-Terme, die als Voraussetzung für die Gültigkeit der Konklusion $\mathcal{K}$ erfüllt sein müssen. $\mathcal{K}$ ist eine einelementige Menge, die einen linguistischen Wert $B \in \mathcal{B}$ in der Ausgangsgröße Y spezifiziert, d.h. $\mathcal{K} = \{B\}$.
  Eine t-Fuzzy-Regel wird geschrieben als:

  „Wenn [X_{i_1} ist A_{i_1,j_1}@T_{k_1}] Und [X_{i_2} ist A_{i_2,j_2}@T_{k_2}] Und … Dann [Y ist B]“.

Des weiteren sind für ein t-Fuzzy-System

- Prämissenauswertung (Aggregation),
- Aktivierung,
- Akkumulation und
- Defuzzifizierung

analog wie für verallgemeinerte Mamdani-Systeme (siehe [KGK93], [Kie94] oder [MA75]) definiert. „Verallgemeinert“ bedeutet, daß zur Und-Verknüpfung der Prämissenterme die üblichen t-Normen verwendet werden können, daß neben „Max-Min“-Inferenz beispielsweise auch „Sum-Prod“-Inferenz möglich ist, und daß für die Defuzzifizierung jedes der üblichen Verfahren, etwa die Schwerpunkt- oder die Maximum-Methode, zur Auswahl steht.

Die Prämissenauswertung bezieht sich ausschließlich auf die Und-Verknüpfung der Ergebnisse der Fuzzy-Termauswertung. Diese Auswertung wird durch die im folgenden Abschnitt erklärte

- t-Fuzzy-Termauswertung

ersetzt. Da letztere direkt auf die Auswertung der Eingangsgrößen zu bestimmten Zeitpunkten zurückgeführt wird, entfällt die Definition einer Fuzzifizierung.[15]

3.4.4 t-Fuzzy-Termauswertung

Um t-Fuzzy-Terme anstelle einfacher Fuzzy-Terme in Systeme nach Mamdani einfügen zu können, ohne daß weitere Änderungen vorgenommen werden müssen, werden an ihre Auswertung folgende Anforderungen gestellt:

- Die t-Fuzzy-Termauswertung läßt sich formal als Berechnung des Zugehörigkeitsgrades des Prognosezeitpunktes t_s zu einer (implizit definierten) Fuzzy-Menge darstellen.
  Dies beinhaltet, daß das Ergebnis der Auswertung im Intervall $[0;1]$ liegt.
- Der Vorgang der Auswertung ist möglichst einfach nachvollziehbar.
- Das Ergebnis stimmt mit der aus der sprachlichen Darstellung resultierenden Erwartung überein.

Die erste Forderung dient dazu, möglichst weitgehende Kompatibilität der t-Termauswertung mit der Termauswertung in Mamdani-Systemen herzustellen. Damit wird einem t-Fuzzy-Term $[X_i \text{ ist } A_{i,j}@T_k] \in \mathcal{F}$ eine eindimensionale Fuzzy-Menge über der (absoluten) Zeitachse zugeordnet. Deren Zugehörigkeitsfunktion wird bezeichnet mit:

$$\mu_{[X_i \text{ ist } A_{i,j}@T_k]}(t_s). \tag{3.42}$$

Aus der Sicht der (Standard-) Prämissenauswertung stellt jeder t-Fuzzy-Term eine „Black Box" dar, für die nur der Gültigkeitsgrad für den Zeitpunkt der Prognoseerstellung t_s bekannt ist. Bis auf den Wertebereich werden keinerlei weitere Anforderungen an die Zugehörigkeitsfunktion gestellt, insbesondere werden keine Aussagen über das Zusammenwirken unterschiedlicher t-Fuzzy-Terme gemacht. Das bedeutet beispielsweise, daß zwei t-Fuzzy-Terme $[X \text{ ist } A_1@T]$ und $[X \text{ ist } A_2@T]$ für denselben Zeitpunkt t_s einen Zugehörigkeitswert $\mu_{[X \text{ ist } A_1@T]}(t_s) = \mu_{[X \text{ ist } A_2@T]}(t_s) = 1$ haben können, obwohl A_1 und A_2 keine Schnittmenge im Sinne der Fuzzy-Logik besitzen, d.h. obwohl $\forall x : \mu_{A_1 \wedge A_2}(x) = 0$ gilt.

[15]Bei dem gewählten Vorgehen kann auch von (Zeit-) punktweiser Singleton-Fuzzifizierung gesprochen werden.

Nachvollziehbarkeit der Auswertung bedeutet, daß der Wert von $\mu_{[X_i \text{ ist } A_{i,j}@T_k]}(t_s)$ in sinnvoller Weise auf die Betrachtung der einzelnen Zeitpunkte der Vergangenheit der Größe X_i zurückgeführt wird. Dies wird durch ein zweistufiges Vorgehen erreicht.

Zunächst wird jeder einzelne Zeitpunkt getrennt betrachtet, d.h. für jeden Zeitunterschied Δt, $0 \leq \Delta t \leq \Delta t_{max}$, wird der Wert $f(t_s, \Delta t)$ einer Funktion $f : \mathbb{N} \times \{0, \ldots, \Delta t_{max}\} \rightarrow [0;1]$ berechnet. Anschließend werden alle Ergebnisse mittels einer Funktion $g : [0;1]^{n_p} \rightarrow [0;1]$ mit $n_p = \Delta t_{max} + 1$ zusammengefaßt:

$$\mu_{[X_i \text{ ist } A_{i,j}@T_k]}(t_s) = g(f(t_s, 0), f(t_s, 1), \ldots, f(t_s, \Delta t_{max})). \tag{3.43}$$

Zeitpunktbezogene Auswertung

Bei f handelt es sich um eine zweistellige Funktion zur Bewertung eines t-Fuzzy-Terms $[X_i \text{ ist } A_{i,j}@T_k]$ für einen Zeitunterschied Δt in Abhängigkeit von den Zugehörigkeitswerten $\mu_{A_{i,j}}(x_i(t_s - \Delta t))$ und $\mu_{T_k}(\Delta t)$. Mit der Beschränkung des Wertebereichs auf das Intervall $[0;1]$ kann f auf die Zugehörigkeitsfunktion einer zweidimensionalen Fuzzy-Menge, d.h. einer Fuzzy-Relation, zurückgeführt werden:

$$f(t_s, \Delta t) = \mu_{A_{i,j} \wedge T_k}(x_i(t_s - \Delta t), \Delta t). \tag{3.44}$$

Der Wert von $\mu_{A_{i,j} \wedge T_k}(x_i(t_s - \Delta t), \Delta t)$ muß zwischen 0 und 1 liegen. Er muß 0 betragen, wenn einer der beiden Zugehörigkeitsgrade 0 beträgt und 1, falls beide 1 betragen. Weiterhin soll er monoton mit den Zugehörigkeitsgraden von $\mu_{X_{i,j}}(x_i(t_s - \Delta t)$ und $\mu_{T_k}(\Delta t)$ zunehmen und nicht größer als einer der beiden einzelnen Zugehörigkeitsgrade werden.

Da diese Anforderungen der Definition einer t-Norm entsprechen (siehe [Thi00], S.42ff), kann f als beliebige t-Norm definiert werden, etwa als Minimum- oder Produkt-Operator. Damit ist die Verwendung einer Fuzzy-Und-Verknüpfung nicht nur wegen der sprachlichen Formulierung eines t-Fuzzy-Terms in der Form „X_i ist $A_{i,j}$ und Δt ist T_k“ (siehe Herleitung), sondern auch inhaltlich gerechtfertigt.

Gegebenenfalls kann die Entscheidung für dieselbe t-Norm wie bei der Konjunktion oder der Inferenz zu einem besonders effizienten Verarbeitungsschema führen. Prinzipiell können die t-Normen jedoch unabhängig voneinander gewählt werden.

Auswertung der Ergebnisse aller Zeitpunkte

Der Wert von $g(x_1, x_2, \ldots, x_{\Delta t_{max}})$ muß zwischen 0 und 1 liegen, und er soll monoton mit jedem einzelnen Argument zunehmen. Eine mögliche Interpretation eines t-Fuzzy-Terms $[X_i \text{ ist } A_{i,j}@T_k]$ besteht darin, ihn mindestens als so gut erfüllt anzusehen, wie er es zu einem beliebigen Zeitpunkt ist. Dem entspricht die Verwendung einer beliebigen, auf entsprechend viele Argumente verallgemeinerten t-Conorm, beispielsweise des Maximum-Operators oder einer anderen üblichen Fuzzy-ODER-Verknüpfung.

Eine andere Möglichkeit der Interpretation besteht darin, einen t-Fuzzy-Term $[X_i \text{ ist } A_{i,j}@T_k]$ dann als gut erfüllt zu betrachten, wenn er es im zeitlichen Mittel der betrachteten Vergangenheit ist.

Definition der t-Fuzzy-Termauswertung

Ein t-Fuzzy-Term $[X_i \text{ ist } A_{i,j}@T_k]$, $1 \leq i \leq n_x$, $1 \leq j \leq n_{A_i}$, $1 \leq k \leq n_T$, wird definiert als Fuzzy-Menge mit der Zugehörigkeitsfunktion:

$$\mu_{[X_i \text{ ist } A_{i,j}@T_k]}(t_s) = g(f(t_s,\, 0),\, f(t_s,\, 1),\, \ldots,\, f(t_s,\, \Delta t_{max})). \tag{3.45}$$

Dabei gilt für $f : \mathbb{N} \times \{0, 1, \ldots, \Delta t_{max}\} \to [0; 1]$:

$$f(t_s,\, \Delta t) = \mu_{A_{i,j} \wedge T_k}(x_i(t_s - \Delta t), \Delta t), \tag{3.46}$$

d.h. f wird auf die Zugehörigkeitsfunktion der zweidimensionalen Fuzzy-Menge (Fuzzy-Relation) $A_{i,j} \wedge T_k$ zurückgeführt, welche durch eine beliebige t-Norm „$\wedge$" definiert ist.

Bei $g : [0; 1]^{\Delta t_{max}+1} \to [0; 1]$ handelt es sich entweder um:

- eine beliebige, auf $\Delta t + 1$ Argumente verallgemeinerte t-Conorm oder
- die mit der Summe der zeitlichen Zugehörigkeitsgrade skalierte Summe:

$$g(z_0,\, z_1,\, \ldots,\, z_{\Delta t_{max}}) = \frac{1}{\sum\limits_{\Delta t=0}^{\Delta t_{max}} \mu_{T_k}(\Delta t)} \sum_{\Delta t=0}^{\Delta t_{max}} z_{\Delta t}. \tag{3.47}$$

  mit den Argumenten $z_{\Delta t} \in [0; 1]$, $0 \leq \Delta t \leq \Delta t_{max}$.

Beispiele

Wird für f das Minimum und für g das Maximum gewählt, so ergibt sich für die Auswertung eines t-Fuzzy-Terms $[X_i \text{ ist } A_{i,j}@T_k]$, $1 \leq i \leq n_x$, $1 \leq j \leq n_{A_i}$, $1 \leq k \leq n_T$, zum Zeitpunkt t_s:

$$
\begin{aligned}
\mu_{[X_i \text{ ist } A_{i,j}@T_k]}(t_s) &= g(f(t_s,0),\, f(t_s,1),\, \dots,\, f(t_s,\Delta t_{max})) \\
&= \max\{f(t_s,0),\, f(t_s,1),\, \dots,\, f(t_s,\Delta t_{max})\} \\
&= \max\{\mu_{A_{i,j}\wedge T_k}(x_i(t_s),0),\, \mu_{A_{i,j}\wedge T_k}(x_i(t_s-1),1),\, \dots, \\
&\qquad \mu_{A_{i,j}\wedge T_k}(x_i(t_s-\Delta t_{max}),\Delta t_{max})\} \\
&= \max\{\min\{\mu_{A_{i,j}}(x_j(t_s)),\, \mu_{T_k}(0)\}, \\
&\qquad \min\{\mu_{A_{i,j}}(x_j(t_s-1)),\, \mu_{T_k}(1)\},\, \dots, \\
&\qquad \min\{\mu_{A_{i,j}}(x_j(t_s)-\Delta t_{max}),\, \mu_{T_k}(\Delta t_{max})\}\}. \qquad (3.48)
\end{aligned}
$$

Die Kombination von Produkt und skalierter Summe ergibt:

$$
\begin{aligned}
\mu_{[X_i \text{ ist } A_{i,j}@T_k]}(t_s) &= g(f(t_s,0),\, f(t_s,1),\, \dots,\, f(t_s,\Delta t_{max})) \\
&= \frac{1}{\sum\limits_{\Delta t=0}^{\Delta t_{max}} \mu_{T_k}(\Delta t)} \sum_{\Delta t=0}^{\Delta t_{max}} f(t_s,\, \Delta t) \\
&= \frac{1}{\sum\limits_{\Delta t=0}^{\Delta t_{max}} \mu_{T_k}(\Delta t)} \sum_{\Delta t=0}^{\Delta t_{max}} \mu_{A_{i,j}\wedge T_k}(x_i(t_s-\Delta t),\Delta t) \\
&= \frac{1}{\sum\limits_{\Delta t=0}^{\Delta t_{max}} \mu_{T_k}(\Delta t)} \sum_{\Delta t=0}^{\Delta t_{max}} \mu_{A_{i,j}}(x_i(t_s-\Delta t)\ \mu_{T_k}(\Delta t). \qquad (3.49)
\end{aligned}
$$

Dies entspricht dem mit der Zugehörigkeit $\mu_{T_k}(\Delta t)$ des Zeitoffsets gewichteten Mittelwert der Zugehörigkeitsgrade $\mu_{A_{i,j}}(x_i(t_s-\Delta t))$ von X_i zu $A_{i,j}$.

3.4.5 Anwendung und Wohldefiniertheit

Die Verwendung eines t-Fuzzy-Systems zur Prognose des Wertes einer Ausgangsgröße Y_i zu einem Zeitpunkt t_{k+1} nach dem Schema von Gleichung 2.9 ist immer dann möglich, wenn für den betrachteten Zeitpunkt t_{k+1} mindestens Δt_{max} Werte der direkten Vergangenheit aller Größen des Systems sowie die Werte aller in Prämissen des t-Fuzzy-Systems vorkommenden Größen X_i für den aktuellen Zeitpunkt t_{k+1} vorliegen. Dazu wird t_{k+1} mit dem Zeitpunkt t_s der Konklusionsberechnung identifiziert, und die t-Fuzzy-Termauswertung nach Gleichungen 3.45 und 3.46 ist für jeden t-Fuzzy-Term wohldefiniert.

Von „beschränkter" Definiertheit der Auswertung kann bei t-Fuzzy-Termen gesprochen werden, für die eine zeitpunktbezogene Auswertung nach Gleichung 3.46

formal nicht möglich ist, weil ein Wert $x_i(t_s - \Delta t)$ nicht vorliegt, für die aber $\mu_{T_k}(\Delta t) = 0$ gilt. Hier kann der Wert von f als 0 angenommen werden, da sich dieses Ergebnis für jeden (unbekannten) Wert $x_i(t_s - \Delta t)$ unabhängig von der gewählten t-Norm für $A_{i,j} \wedge T_k$ ergibt. Die Ausnutzung der Eigenschaft $(\mu_{T_k}(\Delta t) = 0) \Rightarrow (f(t_s, \Delta t) = 0)$ ist bei einer Betrachtung nach Gleichung 2.9 insbesondere für die zum Zeitpunkt t_{k+1}, d.h. für $\Delta t = 0$, nicht bekannten Werte der Ausgangsgrößen relevant.

3.4.6 Alternativen

Ausgehend von dem neuen Ansatz der Einführung unscharfer Zeitangaben in Fuzzy-Termen ist eine bisher nicht überschaubare Menge unterschiedlicher Ansätze zur expliziten Repräsentation zeitlicher Zusammenhänge in Fuzzy-Systemen denkbar. Als Ergänzung zu den oben definierten t-Fuzzy-Systemen sollen kurz zwei weitere Möglichkeiten erwähnt werden.

Zeitangaben in der Konklusion

Der in Abschnitt 3.4.2 motivierte und anschließend definierte Ansatz der t-Fuzzy-Systeme betrachtet Zeitangaben vom Zeitpunkt der Prognoseerstellung t_{k+1} her. Während jedem Prämissenterm eine relative Zeitangabe zugeordnet ist, entfällt die Zeitangabe beim Konklusionsterm, da dessen Zeitpunkt t_s mit dem jeweils aktuellen Berechnungszeitpunkt t_{k+1} übereinstimmt.

Für eine einfache Regel mit nur einem Prämissen- und einem mit einer unscharfen Zeitangabe versehenen Konklusionsterm führt eine Betrachtung vom Zeitpunkt t_p der Prämissenberechnung aus zu:

$$\text{Wenn } [X \text{ ist } A] \text{ Dann } [Y \text{ ist } B \text{ und } \Delta t \text{ ist } T]. \tag{3.50}$$

Diese Form stellt sozusagen das Gegenstück zu Regel 3.41 dar. Die Zeitverhältnisse zeigt Abbildung 3.34. Ausgehend vom Zeitpunkt t_p der Auswertung der Prämisse werden für unterschiedliche Zeitunterschiede Δt die Auswirkungen auf die Konklusion zu den Zeitpunkten $t_s = t_p + \Delta t$ festgelegt. Der Term $[X$ ist B und Δt ist $T]$ macht also Aussagen für einen kombinierten Werte- und Zeitbereich (siehe Abbildung 3.35).

Zur Verwendung einer solchen Regel im Rahmen einer Prognose müssen die Einflüsse verschiedener Zeitpunkte der Prämissenberechnung berücksichtigt werden, wie Abbildung 3.36 für einen festen Zeitpunkt t_s zur Konklusionsauswertung andeutet. Im einfachsten Fall wird hierzu die Berechnung von $\hat{y}(t_s)$, d.h. der Defuzzifizierungsschritt, solange aufgeschoben und $\hat{y}(t_s)$ als undefiniert behandelt, bis alle relevanten Zeitpunkte t_p berücksichtigt werden können. Komplizierter ist die kontinuierliche, inkrementelle Berechnung aktualisierter Schätzwerte $\hat{y}(t_s)$ für $y(t_s)$ in

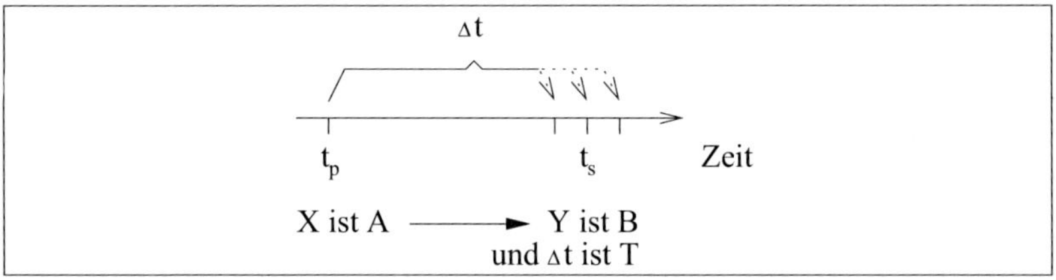

Abbildung 3.34: Einfache Fuzzy-Regel mit expliziter Zeitangabe in der Konklusion.

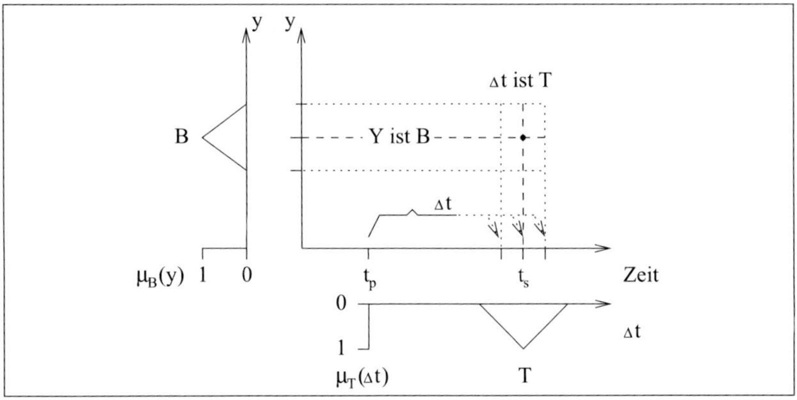

Abbildung 3.35: Der durch [Y ist B und Δt ist T] definierte Bereich der Auswirkungen der Auswertung einer Prämisse.

Abhängigkeit vom Umfang der verarbeiteten Information, d.h. von der Menge der berücksichtigten Prämissenzeitpunkte t_p.

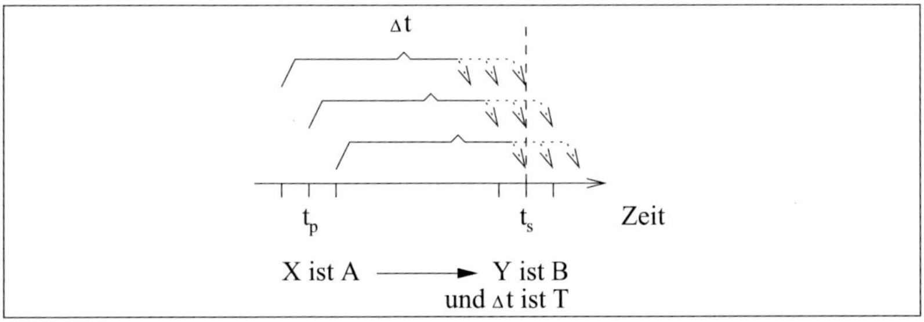

Abbildung 3.36: Verwendung einer Fuzzy-Regel mit expliziter Zeitangabe in der Konklusion zur Prognose für den Zeitpunkt t_s.

An dieser Stelle soll darauf hingewiesen werden, daß die Regeln 3.41 und 3.50

entgegen der intuitiven Vorstellung nur in Ausnahmefällen zu logisch äquivalenten Berechnungsvorschriften führen (siehe [FK00a] und [FK00b]). Da im vorliegenden Fall keine allgemeine logische, sondern eine kausale Beziehung, bei der „x ist A“ immer vor „y ist B“ liegt, angegeben wird, genügt es, sich bei einem Vergleich auf positive Zeitverzögerungen (Beträge) zu beschränken, und für beide Darstellungsformen können dieselben Fuzzy-Mengen verwendet werden.

Äquivalente Berechnungsvorschriften liegen beispielsweise dann vor, wenn für die zeitpunktbezogene Auswertung die Multiplikation, für die Zusammenfassung der Zeitpunkte das Maximum, und für die Inferenz die Multiplikation gewählt wird:

$$\begin{aligned}
\mu_{[X \text{ ist } A] \to [Y \text{ ist } B@T]}(t_s, y) &= \max_{\Delta t}\{\mu_A(x(t_s - \Delta t)) * \mu_{B \wedge T}(y, \Delta t)\} \\
&= \max_{\Delta t}\{\mu_A(x(t_s - \Delta t)) * \mu_B(y) * \mu_T(\Delta t)\} \\
&= \max_{\Delta t}\{\mu_A(x(t_s - \Delta t)) * \mu_T(\Delta t) * \mu_B(y)\} \\
&= \max_{\Delta t}\{\mu_A(x(t_s - \Delta t)) * \mu_T(\Delta t)\} * \mu_B(y) \\
&= \max_{\Delta t}\{\mu_{A \wedge T}(x(t_s - \Delta t), \Delta t)\} * \mu_B(y) \\
&= \mu_{[X \text{ ist } A@T] \to [Y \text{ ist } B]}(t_s, y).
\end{aligned}$$

Demgegenüber führt die Wahl des Minimums für die zeitpunktbezogene Auswertung unter Beibehaltung der beiden anderen Operatoren zu unterschiedlichen Ergebnissen:

$$\begin{aligned}
\mu_{[X \text{ ist } A] \to [Y \text{ ist } B@T]}(t_s, y) &= \max_{\Delta t}\{\mu_A(x(t_s - \Delta t)) * \mu_{B \wedge T}(y, \Delta t)\} \\
&= \max_{\Delta t}\{\mu_A(x(t_s - \Delta t)) * \min\{\mu_B(y), \mu_T(\Delta t)\}\} \\
&= \max_{\Delta t}\{\min\{\mu_A(x(t_s - \Delta t)) * \mu_B(y), \mu_A(x(t_s - \Delta t)) * \mu_T(\Delta t)\}\} \\
&= \max_{\Delta t}\{\min\{\mu_A(x(t_s - \Delta t)), \frac{\mu_A(x(t_s - \Delta t))}{\mu_B(y)} * \mu_T(\Delta t)\} * \mu_B(y)\} \\
&\overset{i.a.}{\neq} \max_{\Delta t}\{\min\{\mu_A(x(t_s - \Delta t)), \mu_T(\Delta t)\} * \mu_B(y)\} \\
&= \max_{\Delta t}\{\mu_{A \wedge T}(x(t_s - \Delta t), \Delta t)\} * \mu_B(y) \\
&= \mu_{[X \text{ ist } A@T] \to [Y \text{ ist } B]}(t_s, y).
\end{aligned}$$

An dieser Stelle sollen nicht Vor- und Nachteile unterschiedlicher Operatoren untersucht werden, sondern es soll herausgestellt werden, daß qualitativ gleichbedeutende (Fuzzy-)Regeln auf verschiedene Arten interpretiert werden können, so daß sich eine im Detail unterschiedliche Semantik ergibt.

Der vorgestellte Ansatz mit Zeitangaben in Konklusionstermen wurde nicht weiterverfolgt, da er sich nicht unmittelbar auf Prämissen mit mehreren Bedingungstermen verallgemeinern läßt. Auch Kombinationen beider Arten von Regeln, d.h.

Ansätze mit Zeitangaben in Prämisse und Konklusion, wurden nicht genauer untersucht, da sie schnell zu komplizierten, nur schwer nachvollziehbaren Auswertungsschemata führen.

Regeln als zusammenfassende Regeln

Eine Regel nach (3.41) läßt sich auch dahingehend interpretieren, daß es sich um eine Kurzschreibweise für eine Menge von Regeln mit jeweils präzisen Totzeiten handelt, wobei jede Regel gemäß dem Zugehörigkeitsgrad der Totzeit zur Fuzzy-Menge T gewichtet wird. Eine Regel der Art von (3.41) entspricht bei einer derartigen Interpretation z.B. – bis auf die absolute Zeitangabe – den normalen gewichteten Fuzzy-Regeln

$$\begin{aligned}
&\text{Wenn } [x(t_s - 0) \text{ ist } A] \text{ Dann } [y \text{ ist } B] \text{ Mit Gewicht } \mu_T(0).\\
&\text{Wenn } [x(t_s - 1) \text{ ist } A] \text{ Dann } [y \text{ ist } B] \text{ Mit Gewicht } \mu_T(1).\\
&\ldots\\
&\text{Wenn } [x(t_s - \Delta t_{max}) \text{ ist } A] \text{ Dann } [y \text{ ist } B] \text{ Mit Gewicht } \mu_T(\Delta t_{max}).
\end{aligned}$$

Für jede derartige Regel ergibt sich eine normale Prämissenauswertung. Die Konklusionen aller Regeln können wie bei normalen Mamdani-Regeln mittels Aktivierung und Akkumulation berechnet werden, und anschließend kann ein üblicher Defuzzifizierungsschritt vorgenommen werden.

Ergänzung

Für jeden der beiden skizzierten Alternativansätze ergeben sich durch die Wahlmöglichkeiten bei den Fuzzy-Operatoren (Mengenoperatoren bzw. t-Normen, Inferenzprinzip, Defuzzifizierungsstrategie, Gewichtung usw.) wiederum im Detail unterschiedliche Modelle. Je weniger sich die Entwicklung von Fuzzy-Systemen mit expliziter Repräsentation von Zeitabhängigkeiten an vorhandenen Ansätzen (z.B. Mamdani) orientiert, desto mehr Freiheitsgrade kommen hinzu.

3.4.7 Identifikation von t-Fuzzy-Systemen

Nach der Definition der Modellstruktur stellt sich die Frage, wie ein t-Fuzzy-System aus Zeitreihen gelernt werden kann. Im Rahmen des vorliegenden Ansatzes, der auf die Verständlichkeit von Einzelzusammenhängen abzielt, ergibt sich das Problem der Ableitung von t-Fuzzy-Regeln aus MSDD-I-Abhängigkeitsbeziehungen. In Hinblick auf die Erzielung einer möglichst hohen Modellgüte (siehe entsprechenden Abschnitt in Unterkapitel 2.2.4) ist darüberhinaus auch die direkte Identifikation auf Basis numerischer Zeitreihen unabhängig von der Definition von Mustern von Interesse.

Beide Möglichkeiten der Identifikation werden im folgenden kurz skizziert, um die prinzipielle Ableitbarkeit von t-Fuzzy-Systemen aus Daten darzulegen und Ansatzpunkte zur Entwicklung detaillierter Identifikationsverfahren für weiterführende Arbeiten aufzuzeigen.

Identifikation mit Hilfe musterbasierter Regeln

Der MSDD-I-Algorithmus findet verschiedene Arten von Abhängigkeitsbeziehungen (siehe 3.17 und 3.25). Es ist sinnvoll, bei der Umsetzung in t-Fuzzy-Regeln Einschränkungen vorzunehmen:

1. Es werden nur Abhängigkeitsbeziehungen mit genau einem Konklusionssymbol betrachtet.

   Eine MSDD-I-Regel mit mehreren Symbolen in der Konklusion läßt sich bei der Anwendung zur Simulation und Prognose auf mehrere Regeln mit je einem Konklusionssymbol zurückführen. Der MSDD-I-Algorithmus ermöglicht die gezielte Suche nach derartigen Regeln durch eine entsprechende Beschränkung der Konklusionslänge.

2. Die Umsetzung beschränkt sich auf positive Zusammenhänge, bei denen die Konklusion mit hoher Wahrscheinlichkeit eintritt.

   Das Nichtauftreten (Verbot) einer Konklusion läßt sich nur schwer in verständliche Regeln fassen. Eine Konklusion mit niedriger absoluter Auftretenswahrscheinlichkeit, etwa mit 20% bei erfüllter Prämisse statt 10% sonst, deutet auf eine niedrige Relevanz der Einzelregel im zu erstellenden Gesamtmodell hin. Negative Prämissen lassen sich prinzipiell durch Verwendung entsprechender Fuzzy-Operatoren [Kie93] in t-Fuzzy-Regeln umsetzen, diesbezüglich wurden jedoch noch keine Untersuchungen vorgenommen.

Zur Vereinfachung werden zunächst nur Regeln mit einem Symbol in der Prämisse betrachtet, eine Verallgemeinerung auf mehrere Prämissensymbole wird später vorgenommen.

Zunächst wird eine solche eingeschränkte MSDD-I-Regel von der symbolischen auf die numerische Ebene übertragen. Dazu werden die auftretenden symbolischen „Ströme“ durch die entsprechenden numerischen Zeitreihen ersetzt und die auftretenden Symbole mit den Prototypen der zugehörenden Cluster identifiziert. Des weiteren werden die auftretenden Zeitintervalle durch möglichst repräsentative scharfe Werte, etwa die Mittelwerte, ersetzt, so daß eine Darstellung von Prämissen- und Konklusionssymbol als Muster in der Form $M_P = (t_{P,s}, m_{P,s}, t_{P,e}, m_{P,e})$ bzw. $M_S = (t_{K,s}, m_{K,s}, t_{K,e}, m_{K,e})$ möglich ist. Damit läßt sich eine eingeschränkte MSDD-I-Abhängigkeitsbeziehung als musterbasierte Regel:

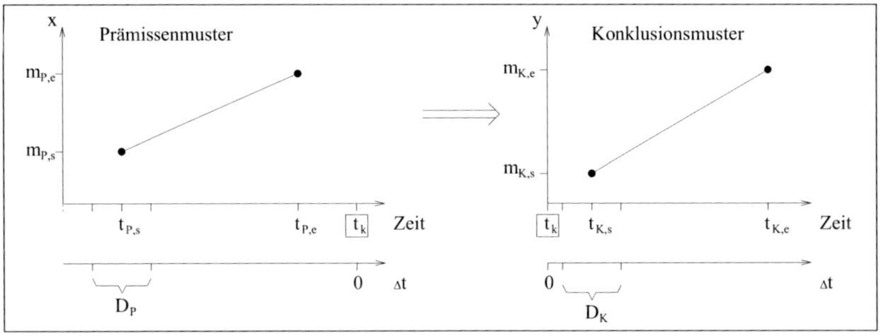

Abbildung 3.37: Darstellung einer eingeschränkten MSDD-I-Abhängigkeitsbeziehung als musterbasierte Regel.

$$\text{Wenn } [M_P \text{ in } X \text{ @ } t_{P,s}] \text{ Dann } [M_K \text{ in } Y \text{ @ } t_{K,s}].$$

formulieren. Wie Abbildung 3.37 verdeutlicht, ergibt sich der Zeitbezug zwischen Prämissen- und Konklusionsmuster über den gemeinsamen Bezugszeitpunkt t_k (umrandet). Die zeitliche Unschärfe der jeweils relativ zu t_k definierten relativen Zeitangaben der MSDD-Abhängigkeitsbeziehung (Intervalle D_P und D_K) ist durch Definition geeigneter t-Fuzzy-Mengen zu erfassen.

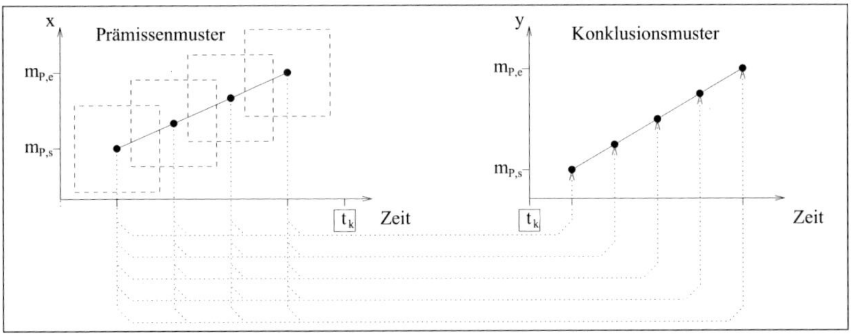

Abbildung 3.38: Beispiel für die einstufige Umsetzung einer musterbasierten Regel. Für jede Stützstelle des Konklusionsmusters wird eine t-Fuzzy-Regel erzeugt.

Wie aus Abbildung 3.38 zu entnehmen ist, ergibt sich aus der musterbasierten Darstellung ein einfacher Ansatz zur Umsetzung in t-Fuzzy-Regeln. Die auftretenden Muster werden zunächst durch Stützstellen (schwarze Punkte) approximiert. Jede Stützstelle des Konklusionsmusters bestimmt den Konklusionsterm je einer t-Fuzzy-Regel (gestrichelte Pfeile), beispielsweise in Form einer Singleton-Fuzzy-Menge. Bei Erkennung des Prämissenmusters im richtigen zeitlichen Abstand wird die Konklusion einer solchen Regel aktiviert, welche den Wert der zugehörenden

Stützstelle erzeugt. Zwischenwerte ergeben sich durch unterschiedliche Aktivierungsgrade benachbarter Konklusionsterme.

Die Stützstellen des Prämissenmusters dienen zu seiner Erkennung. Das Muster wird als Folge seiner Stützstellen aufgefaßt und gilt innerhalb einer t-Fuzzy-Regel dann als erkannt, wenn alle seine Stützpunkte im richtigen zeitlichen Abstand zur Stützstelle des Konklusionsterms auftreten. Hierzu wird für jede Prämissenstützstelle ein geeigneter t-Fuzzy-Term (gestrichelte Rechtecke) definiert, der sowohl den Zeitunterschied relativ zur betrachteten Konklusionsstützstelle als auch den Einzugsbereich der Stützstelle im Wertebereich berücksichtigt. Die Breite des t-Fuzzy-Terms wird durch die zeitlichen Unschärfen bei Prämisse und Konklusion bestimmt. Anschließend werden die t-Fuzzy-Terme innerhalb der Regelprämisse UND-verknüpft. Eine Verallgemeinerung auf MSDD-I-Regeln mit mehreren Prämissensymbolen ergibt sich durch UND-Verknüpfung der t-Fuzzy-Terme zur Erkennung jedes einzelnen in der Regel auftretenden Prämissenmusters.

Leider führt dieser einstufige Ansatz zu sehr unübersichtlichen Regelbasen, da insbesondere im Zeitbereich eine sehr hohe Anzahl von Fuzzy-Mengen benötigt wird. Bei n_P Stützstellen in der Prämisse und n_K Stützstellen in der Konklusion sind $n_P * n_K$ Fuzzy-Mengen im Zeitbereich zu definieren.

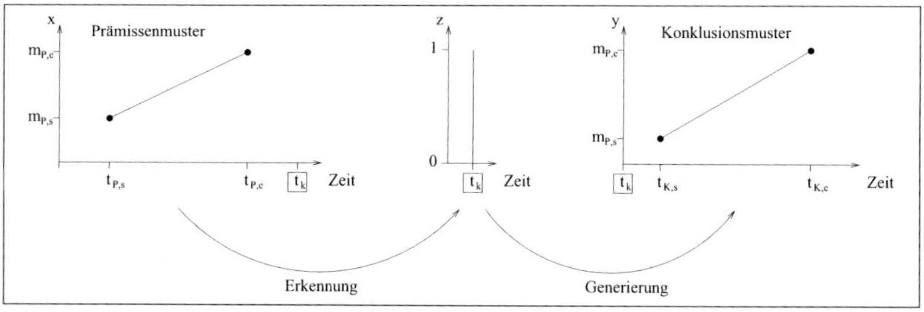

Abbildung 3.39: Zweistufiger Ansatz zur Umsetzung musterbasierter Regeln in t-Fuzzy-Regeln bestehend aus Mustererkennung und Mustergenerierung. Die Erkennung des Prämissenmusters (links) bewirkt die Erzeugung eines Signals (Mitte). Dieses initiiert die Erzeugung des Konklusionsmusters (rechts).

Deshalb erscheint ein zweistufiges Vorgehen, wie in Abbildung 3.39 dargestellt, sinnvoller. Im ersten Schritt wird die Erkennung des Prämissenmusters vorgenommen. Sie bewirkt die Erzeugung eines Signals in einer neuen Zeitreihe Z. Das Auftreten eines positiven Wertes in Z wiederum bewirkt die Erzeugung des Konklusionsmusters. Dieser Ansatz wurde innerhalb der durchgeführten Experimente (siehe Kapitel 5) mit Erfolg umgesetzt.

Zur Mustererkennung (siehe Abbildung 3.40) genügen eine einzelne t-Fuzzy-Regel, sowie eine Default-Regel, um das Signal bei nicht vorliegendem Prämissenmuster zurückzusetzen. Bei vier Stützstellen für das Prämissenmuster kann der Regelsatz beispielsweise:

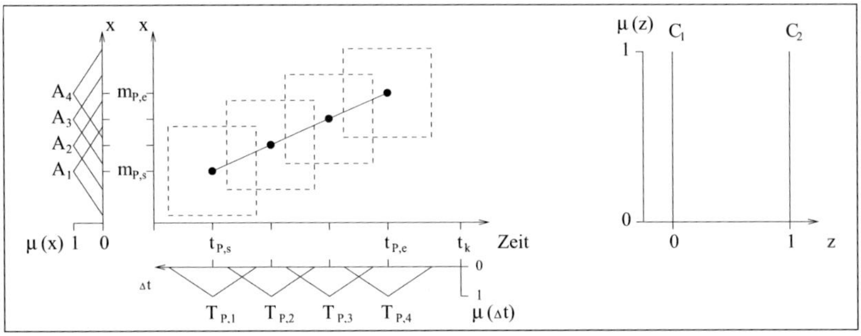

Abbildung 3.40: Mögliche Fuzzy-Mengen zur Erkennung eines Prämissenmusters (links) und zur Signalerzeugung (rechts).

Wenn [Y ist A_1 @ $T_{P,1}$] UND [Y ist A_2 @ $T_{P,2}$] UND ... UND [Y ist A_4 @ $T_{P,4}$]
Dann [Z ist C_2].
Sonst [Z ist C_1].

lauten. Die Fuzzy-Mengen $A_1, \ldots, A_4$ sind dabei so zu wählen, daß sie den Einzugsbereich des Musterprototypen in Abhängigkeit von den benachbarten Klassenzentren möglichst gut erfassen (siehe Ausführungen zu Clusterverfahren und -Parametern in Abschnitt 3.2.2). Bei Definition der Fuzzy-Mengen $T_1, \ldots, T_4$ sind sowohl die Abstände der Stützstellen als auch die zeitliche Unschärfe der Intervalle D_P und D_K für Prämissen- und Konklusionsmuster aus der zugrundeliegenden MSDD-I-Abhängigkeitsbeziehung zu berücksichtigen (siehe Abbildung 3.37). Für C_1 und C_2 können Singletons mit $\mu_{C_1}(0) = 1$ bzw. $\mu_{C_2}(1) = 1$ verwendet werden, so daß sich der Wert des Signals Z im Intervall $[0; 1]$ bewegt.

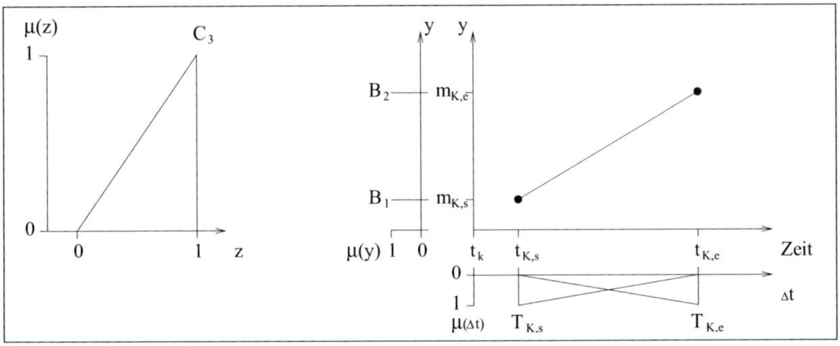

Abbildung 3.41: Mögliche Fuzzy-Mengen zur Signalerkennung (links) und zur Generierung eines Konklusionsmusters (rechts).

Sinnvolle Fuzzy-Mengen zur Erkennung des Signals Z und zur Generierung des Konklusionsmusters zeigt Abbildung 3.41. Zur Mustergenerierung werden zwei t-Fuzzy-Regeln benötigt:

$$\text{Wenn } [Z \text{ ist } C_3 \ @ \ T_{K,s}] \text{ Dann } [Y \text{ ist } B_1].$$
$$\text{Wenn } [Z \text{ ist } C_3 \ @ \ T_{K,e}] \text{ Dann } [Y \text{ ist } B_2].$$

Die Dreiecksform von C_3 dient zur Gewichtung des Konklusionsmusters gegenüber Konklusionsmustern anderer, konkurrierender Regeln in Abhängigkeit von der Signalstärke, d.h. von der Sicherheit der Prämissenerkennung. Die Form der Fuzzy-Mengen $T_{K,s}$ und $T_{K,e}$ im Zeitbereich bewirkt ein kontinuierliches Umschalten von der alleinigen Gültigkeit von B_1 zu der von B_2.

MSDD-I-Abhängigkeitsbeziehungen mit mehreren Prämissensymbolen lassen sich entweder durch UND-Verknüpfung bei der Prämissenerkennung und Signalerzeugung (1 Signal pro Konklusionsregel) oder durch Verknüpfung verschiedener Signale (1 Signal pro Prämissenmuster) bei der Konklusionserzeugung realisieren. Die bei der Umsetzung bestehenden Freiheitsgrade hinsichtlich Stützstellen und Zugehörigkeitsfunktionen der im Zeit- und im Wertebereich definierten Fuzzy-Mengen können zur Modelladaption im Sinne einer möglichst guten Prognose genutzt werden.

Abschließend sei angemerkt, daß die beschriebene Umsetzung einer MSDD-I-Regel zu einer Menge von t-Fuzzy-Regeln mit zwar ähnlicher, nicht aber identischer Wirkung führt. Deshalb muß nach der Erzeugung der zu einer MSDD-I-Regel gehörenden t-Fuzzy-Regeln deren Güte neu berechnet werden. Insbesondere ist die direkte Übernahme der G-Werte der MSDD-I-Regel zur Gütebewertung nicht gerechtfertigt.

Abgesehen von technischen Aspekten, etwa der offensichtlich nicht äquivalenten Mustererkennung, liegt der Grund für die Unterschiede im prinzipiellen Gegensatz zwischen dem rein deskriptiven Charakter der einzeln gültigen MSDD-I-Regeln und den auf konkrete Berechnungen ausgelegten t-Fuzzy-Regeln, die ihre Wirkung erst im Kontext eines Gesamtsystems entfalten. In Hinblick auf die Ableitung eines geschlossenen Modells zur Prognose einer bestimmten Zeitreihe erscheint der Aufbau eines musterbasierten Entscheidungsbaumes anstelle einer Menge unabhängiger MSDD-I-Regeln günstiger. Das bei der Entscheidungsbauminduktion zu lernende Konzept ist die Klassifikation des nächsten in dem entsprechenden symbolischen Strom auftretenden Musters in Abhängigkeit von den in den Eingangsgrößen (Strömen) innerhalb bestimmter Zeitintervalle aufgetretenden Mustern.

Direkte Identifikation

Unter dem Aspekt der Ableitung von t-Fuzzy-Systemen aus Zeitreihen stellt der musterbasierte Ansatz über die Erzeugung von MSDD-I-Regeln einen Umweg dar, der vor allem aus Gründen der Verständlichkeit der abgeleiteten Zusammenhänge zu rechtfertigen ist. Möglicherweise ist es günstiger, die *t*-Fuzzy-Mengen unabhängig von Mustern o.ä. festzulegen und auf dieser Basis *t*-Fuzzy-Regeln (Abhängigkeitsbeziehungen) abzuleiten, etwa durch Anpassung eines entscheidungsbaumorientierten Verfahrens zur Ableitung von Fuzzy-Modellen wie es etwa in [JMMB99] beschrieben wird.

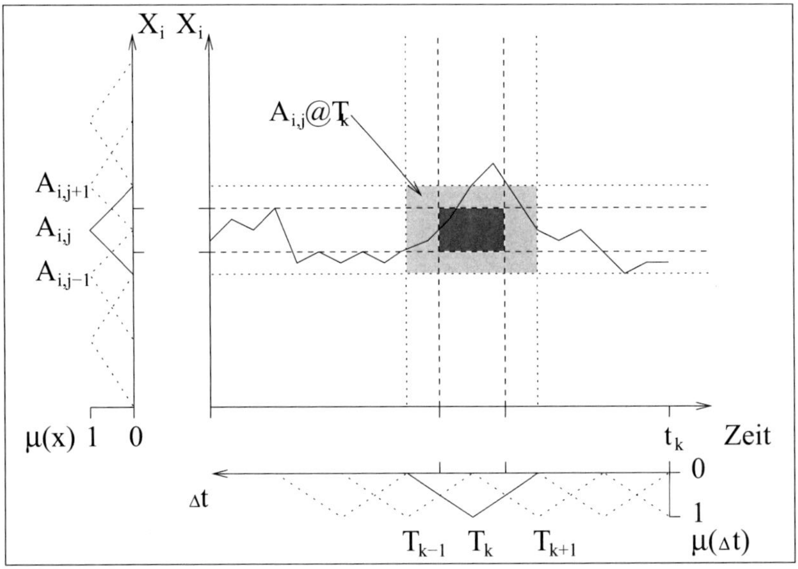

Abbildung 3.42: Bildung von *t*-Fuzzy-Mengen aus Fuzzy-Mengen im Zeit- und im Wertebereich für eine Eingangsgröße X_i.

Geeignete Fuzzy-Mengen im Zeitbereich lassen sich beispielsweise durch Korrelations- oder Entropieanalyse (siehe Abschnitt 3.3.4) gewinnen, oder es wird zunächst eine regelmäßige Überdeckung gewählt, und anschließend werden irrelevante Zeitbereiche eliminiert. Aus Gründen der Übersichtlichkeit und Verständlichkeit ist es sinnvoll, für alle Eingangsgrößen des *t*-Fuzzy-Systems gemeinsame zeitliche Fuzzy-Mengen zu verwenden. Auch zur Partitionierung im Wertebereich stehen Verfahren zur Verfügung, siehe etwa [Bor01].

Nach Festlegung aller eindimensionalen Fuzzy-Mengen ergeben sich die *t*-Fuzzy-Mengen durch paarweise Verknüpfung (siehe Abbildung 3.42). Aus den Zugehörigkeitswerten $\mu_{[X_i \text{ ist } A_{i,j}@T_k]}(t_s)$ (siehe Gleichung 3.45) läßt sich für jeden Zeitpunkt t_s der folgende Merkmalsvektor aufbauen:

$$\begin{pmatrix} \mu_{A_{1,1}@T_1}(t_s) \\ \cdots \\ \mu_{A_{1,1}@T_{n_T}}(t_s) \\ \mu_{A_{1,2}@T_1}(t_s) \\ \cdots \\ \mu_{A_{1,2}@T_{n_T}}(t_s) \\ \cdots \\ \mu_{A_{i,j}@T_k}(t_s) \\ \cdots \\ \mu_{A_{n_x,n_{A_{n_x}}}@T_{n_T}}(t_s) \end{pmatrix}.$$

Dabei ist $A_{i,j}@T_k$, $1 \leq i \leq n_x$, $1 \leq j \leq n_{A_i}$, $1 \leq k \leq n_T$ die t-Fuzzy-Menge, welche aus der j'ten Fuzzy-Menge der i'ten Eingangsgröße und der k'ten Fuzzy-Menge im Zeitbereich gebildet wird. Die Menge der so für alle Zeitpunkte gebildeten Merkmalsvektoren kann zusammen mit dem Wert der Ausgangsgröße für den jeweiligen Zeitpunkt t_s als Trainingsmenge für eine Entscheidungsbauminduktion [JMMB99] oder eine andere Form der Fuzzy-Regel-Ableitung dienen.

Ein wesentlich kleinerer Merkmalsvektor, der zudem nur nominale Werte enthält, ergibt sich beispielsweise, wenn zu jeder Eingangsgröße X_i und jeder zeitlichen Fuzzy-Menge T_k nur der Index j der Fuzzy-Menge $A_{i,j}$ mit der höchsten Zugehörigkeit angegeben wird:

$$j(X_i,\ T_k,\ t_s) = arg \max_{1 \leq j \leq n_{A_i}} \mu_{A_{i,j}@T_k}(t_s).$$

Dies entspricht einer Klassifikation des Verlaufs der Zeitreihe mit einem, durch die Fuzzy-Mengen T_k vorgegebenen, groben Zeitraster. Hierbei werden zwar einerseits wesentliche Informationen über die Zeitreihe verschenkt, andererseits wird die Entscheidungsbauminduktion vereinfacht, und es sind verständlichere Ergebnisse zu erwarten.

3.4.8 Zusammenfassende Bewertung

Bei der entwickelten Modellstruktur „t-Fuzzy-System“ handelt es sich um eine Verallgemeinerung der Fuzzy-Systeme nach Mamdani. Die wesentliche Neuerung besteht in der zusätzlich zur unscharfen Spezifikation von Werten vorgenommenen unscharfen Spezifikation von Zeitangaben. Die Verwendung linguistischer Werte für relative Zeitangaben erlaubt eine einheitliche Repräsentation Zeit- und Größenbezogenen Wissens. Der Rückgriff auf die Fuzzy-Logik ermöglicht gute Verständlichkeit im Rahmen einer bewährten Theorie.

Nach Motivation und Definition der Modellstruktur wurden zwei Ansätze zur Identifikation von t-Fuzzy-Systemen beschrieben. Neben einer direkten datenbasierten

Erzeugung besteht eine erfolgversprechende Methode darin, abgeleitete MSDD-I-Abhängigkeitsbeziehungen zur Initialisierung eines t-Fuzzy-Systems zu nutzen und dieses anschließend datenbasiert zu optimieren.

Am vielversprechendsten für die dazu erforderliche Umsetzung von MSDD-I-Abhängigkeitsbeziehungen in t-Fuzzy-Regeln erscheint das zweistufige Vorgehen nach Abbildung 3.39 (siehe Abschnitt 3.4.7). Es beruht darauf, die Erkennung der Prämissenmuster von der Generierung der Konklusionsmuster einer MSDD-I-Regel durch die Aufstellung zweier unabhängiger Regelsätze zu entkoppeln. Der erste Regelsatz dient der Erkennung der Prämissenmuster und bewirkt die Erzeugung eines Signals in einer neuen Zeitreihe. Der zweite Regelsatz führt zur Erzeugung des Konklusionsmusters bei Vorliegen des Erkennungssignales.

Unterschiedliche Arten der t-Fuzzy-Termauswertung entsprechen unterschiedlichen Interpretationen der sprachlichen Formulierung eines t-Fuzzy-Terms „[X ist A Und Δt ist T]", kurz „[X ist $A@T$]". Außerdem ermöglichen sie eine Feinabstimmung des Verhaltens analog der Wahl des Inferenzprinzips bei normalen verallgemeinerten Fuzzy-Systemen vom Mamdani-Typ.

Gute Erfahrungen wurden bei den durchgeführten Experimenten (siehe Kapitel 5) mit der skalierten Summe nach Gleichung 3.47 gemacht (vgl. auch das Beispiel nach Gleichung 3.49). Eine abschließende Bewertung der Alternativen ist jedoch noch nicht möglich.

Der wichtigste Vorteil von t-Fuzzy-Systemen gegenüber klassischen Fuzzy-Systemen besteht darin, daß sie eine explizite Berücksichtigung von Zeitbezügen auf der Ebene des Fuzzy-Systems ermöglichen. So wird zum einen die Modellierung erleichtert, da auf unterlagerte Ebenen zur Verarbeitung von Zeitverzögerungen verzichtet werden kann, und zum anderen die Verständlichkeit verbessert. Hinzu kommt die Möglichkeit zur Behandlung unscharfer Totzeiten, wie sie etwa als Ergebnis einer Datenanalyse oder bei Verwendung menschlichen Wissens auftreten.

3.5 Ergebnisse

In diesem Kapitel wurde zunächst ein Ansatz zur Ableitung symbolischer Zeitreihen aus numerischen Daten entwickelt. Das Ergebnis besteht aus einem mehrstufigen Verfahren, das aus einer Datenvorverarbeitung durch Glättung, einer Kurvenapproximation mit Hilfe von Mustern, einer Clusterung der Muster und einem Schritt zur Generierung neuer symbolischer Zeitreihen mit Hilfe der repräsentativen Clusterzentren besteht. Das Verfahren erlaubt die Auswahl unter verschiedenen Arten von Mustern im Approximationsschritt und ermöglicht so die symbolische Repräsentation unterschiedlicher Eigenschaften numerischer Zeitreihen. Des weiteren ermöglicht die Wahl geeigneter Parameter zur Glättung, Approximation und Clusterung die Repräsentation auf unterschiedlichen Abstraktionsniveaus.

Anschließend wurde ein neuer Algorithmus „MSDD-I" zur Erkennung von zeitabhängigen Beziehungen auf der symbolischen Ebene hergeleitet und sein Laufzeitverhalten untersucht. Der Algorithmus ist insbesondere in der Lage, unscharfe relative Zeitangaben zur Repräsentation von Totzeiten zwischen möglichen Prämissen- und Konklusionstermen zu verarbeiten.

Der verbleibende Teil des Kapitels befaßte sich mit der Entwicklung einer neuen regelbasierten Modellstruktur zur Prognose des Verhaltens dynamischer Systeme. Die resultierenden t-Fuzzy-Systeme bilden eine Verallgemeinerung der Fuzzy-Systeme nach Mamdani und erlauben die gleichzeitige Verarbeitung unscharfer Werte- und Zeitangaben durch die Verwendung von Fuzzy-Mengen zur Repräsentation relativer Zeitangaben.

Bevor eine gründliche Bewertung möglich ist, müssen mit den entwickelten Verfahren und Strukturen zunächst Erfahrungen gesammelt werden. Hierzu wird im folgenden Kapitel der MSDD-I-Algorithmus implementiert und an einem Simulationsbeispiel getestet. Anschließend wird in Kapitel 5 eine Simulationsumgebung für t-Fuzzy-Systeme realisiert und die Eignung von t-Fuzzy-Systemen zur Verhaltensmodellierung anhand von Beispielsystemen untersucht. Dabei erfolgt u.a. auch eine Umsetzung von im Rahmen von Kapitel 4 datenbasiert hergeleiteten MSDD-I-Abhängigkeitsbeziehungen in t-Fuzzy-Regeln.

Kapitel 4

Anwendung des neuen Analyseverfahrens

Zur Erprobung des neu entwickelten MSDD-I-Algorithmus wird dieser implementiert und an einem Simulationsbeispiel getestet. Das Simulationsbeispiel wird im nachfolgenden Kapitel 5 auch als Beispiel für die Verhaltensmodellierung mit t-Fuzzy-Systemen verwendet.

4.1 Implementierung

Ausgehend von der These, daß die Datenanalyse als interaktiver Prozeß gestaltet werden sollte, welcher nicht nur das „eigentliche" Data Mining umfaßt (siehe Abschnitt 3.1), wurde eine Implementierung in Java erstellt, die neben dem MSDD-I-Algorithmus auch die Vorverarbeitung der numerischen Zeitreihen mittels Glättungsverfahren, die Approximation der Zeitreihen durch Muster mit Hilfe des in Abschnitt 3.2.1 beschriebenen Verfahrens und die Ableitung von Symbolen mittels Clusterbildung beinhaltet. Die Programmiersprache Java wird aus den folgenden Gründen verwendet:

- Plattformunabhängigkeit und Verfügbarkeit

  Das Programm wurde unter Solaris (Sun), Digital Unix (Alpha), verschiedenen Microsoft Windows-Versionen und Linux erfolgreich getestet.

- Akzeptable Geschwindigkeit

  Seitdem leistungsfähige Just-In-Time-Compiler verfügbar sind, bieten Compiler-Sprachen[1] wie C oder C++ bezüglich der Laufzeit nur noch geringe Vorteile gegenüber Java. Eine Implementierung des MSDD-I-Algorithmus

[1] Es existieren auch Interpreter für C und C++.

in Matlab, welches innerhalb der vorliegenden Arbeit zur Umsetzung von t-Fuzzy-Systemen verwendet wird (siehe Abschnitt 5.1), ist demgegenüber aufgrund der Langsamkeit des Interpreters weniger sinnvoll.

- Eignung für grafische Benutzeroberflächen

  Neben der Existenz weitgehend einheitlicher, plattformunabhängiger Oberflächenelemente in Java erwies sich die Verwendung von Java3D zur dreidimensionalen Visualisierung der Ergebnisse der Clusterverfahren als besonders vorteilhaft.

- Dokumentation

  Mit `javadoc` steht ein kostenloses Werkzeug zur Erstellung einer plattformunabhängigen, Browser-freundlichen Programmdokumentation zur Verfügung.

Im folgenden wird eine kurze Übersicht über die wichtigsten Pakete und Klassen des entstandenen Projektes „MachineModeller" gegeben. Eine detaillierte, mit `javadoc` erstellte Dokumentation ist aus dem Programm selbst aufrufbar. Sie beinhaltet neben Beschreibungen aller Klassen und Methoden u.a. eine Bedienungsanleitung und zusätzliche erläuternde Grafiken sowie Zugriffsmöglichkeiten auf den kommentierten Source-Code.

Pakete (Packages)

Zum MachineModeller-Projekt gehören die folgenden Pakete:

- **Cluster** stellt verschiedene Clusteranalyse-Algorithmen und Visualisatoren zur Verfügung.
- **MachineModeller** enthält das „Hauptprogramm" `MM2` und zugehörende grundlegende Klassen.
- **MachineModeller.Operators** enthält verschiedene Operatoren für Zeitreihen, beispielsweise zur Glättung und zur Approximation durch Geradenabschnitte.
- **MathUtilities** enthält Hilfsklassen für diverse Berechnungen.
- **MSDD** enthält Klassen zur Suche nach Zusammenhängen in symbolischen Zeitreihen, hier werden die Algorithmen MSDD und MSDD-I umgesetzt.
- **Visual3D** stellt einen 3D-Visualisator zur Darstellung mehrdimensionaler Daten zur Verfügung.

Hinzu kommen vier Pakete zur Realisierung der verschiedenen Oberflächenelemente (Menüleiste, dynamische Menüs, Eingabemasken, usw.).

Klassen-Übersicht

Zur Darstellung und Vorverarbeitung (Glättung) numerischer Zeitreihen wurden die folgenden Klassen erstellt:

- **MachineModeller.TimeSeries** ist der Basistyp für Zeitreihen.
- **MachineModeller.Operators.SmoothOperator** ist die Basisklasse aller Glättungsoperatoren.
- **MachineModeller.Operators.SmoothMedian** realisiert die Medianglättung.
- **MachineModeller.Operators.SmoothAverage** realisiert die Glättung mit dem Arithmetischen Mittel.
- **MachineModeller.Operators.SmoothGaussian** realisiert die Gauß-gewichtete Glättung.

Die folgenden Klassen realisieren die Erkennung von Mustern innerhalb der numerischen Zeitreihen:

- **MachineModeller.Pattern** repräsentiert ein einzelnes Muster in einer `TimeSeries`.
- **MachineModeller.PatternList** repräsentiert die in einer `TimeSeries` gefundenen `Patterns`.
- **MachineModeller.Operators.FindPatternOperator** ist die Basisklasse für Verfahren zur Suche nach Mustern in `TimeSeries`.
- **MachineModeller.Operators.FindMinMaxPatterns** realisiert die Suche nach Extremwertpaaren.
- **MachineModeller.Operators.FindTrends** realisiert eine einfache Approximation durch Geradenabschnitte, wobei Anfangs- und Endpunkt der Muster auf der jeweiligen `TimeSeries` liegen.
- **MachineModeller.Operators.FindLSTrends** realisiert eine Approximation von `TimeSeries` durch Abschnitte von Regressionsgeraden gemäß dem Algorithmus aus Abbildung 3.5.

Zur Ableitung von Symbolen mittels Clusterung dienen die folgenden Klassen:

- **MachineModeller.ClusteredPattern** repräsentiert die geclusterten Muster.
- **Cluster.Cluster** repräsentiert ein Cluster, d.h. eine Sammlung von Punkten.

- **Cluster.Clusterer** ist die Basisklasse für Cluster-Algorithmen.
- **Cluster.FuzzyCMeans** realisiert den Fuzzy-c-Means-Algorithmus [Dun74].
- **Cluster.HardCMeans** realisiert den Hard-c-Means-Algorithmus [DH73].
- **Cluster.ISODATA** realisiert den ISODATA-Algorithmus [BH65].

Die folgenden Klassen wurden zur Generierung und Bewertung von Abhängigkeitsregeln mittels MSDD und MSDD-I-Algorithmus erstellt:

- **MSDD.Token** repräsentiert ein Element eines Multitokens.
- **MSDD.Rule** repräsentiert eine Regel und enthält je ein Feld für die `Token` von Precursor und Successor.
- **MSDD.RuleGenerator** dient der systematischen Erweiterung von Regeln (`Rules`) und realisiert in Abhängigkeit von der gewählten Methode zur Regelbewertung den MSDD oder den MSDD-I-Algorithmus.
- **MSDD.RuleEvaluator** ist die Basisklasse aller Methoden zur Regelbewertung.
- **MachineModeller.Operators.CPRuleEvaluator1** realisiert die Regelbewertung mit verallgemeinerter Totzeit δ mit $\delta_{min} \leq \delta \leq \delta_{max}$. Der Sonderfall $\delta_{min} = \delta_{max}$ entspricht der Regelbewertung des MSDD-Algorithmus [OC96].
- **MachineModeller.Operators.CPRuleEvaluator2** realisiert die Regelbewertung des MSDD-I-Algorithmus.

4.2 Simulationsbeispiel „Kühlhaus“

Als Anwendungsbeispiel für den MSDD-I-Algorithmus dient ein einfaches System mit Totzeit, das innerhalb der kognitionspsychologischen Literatur im Rahmen des sogenannten „Kühlhausexperimentes“ [RD88] zitiert wird und auch in [Wei94] als Beispiel dient.

Das System besitzt zwei Eingangsgrößen *stell* und *stoer*, wobei *stoer* jedoch in der Literatur immer konstant gesetzt wird. Die Ausgangsgrößen *steuer* und *regel* errechnen sich zu:

$$\text{steuer}(t+1) = (\text{regel}(t+1-v) - \text{stell}(t+1)) * \text{regelfaktor} \quad (4.1)$$
$$\text{regel}(t+1) = \text{regel}(t) + (\text{stoer}(t+1) - \text{regel}(t)) * \text{tempo} - \text{steuer}(t). \quad (4.2)$$

Das System simuliert ein Kühlhaus, in dem die Temperatur *regel* herrscht. Diese wird durch die eingestellte Temperatur *stell* bestimmt. Bei *steuer* handelt es sich um eine Zwischengröße zur Temperaturregelung, welche den Unterschied zwischen Istwert *regel* und Sollwert *stell* erfaßt. Ihre Subtraktion von *regel* bewirkt, daß sich der Abstand zwischen *regel* und *stell* tendenziell verringert, wobei es aufgrund der Totzeit v zu einem Schwingen des Systems kommt. Die Störgröße *stoer* modelliert die Außentemperatur, *tempo* die Isolation des Kühlhauses, und *regelfaktor* bestimmt die Empfindlichkeit der Regelung. Bei v handelt es sich um eine bei der Temperaturmessung zu berücksichtigende Totzeit. Eine detaillierte Analyse des Systemverhaltens findet sich in [Hüb89].

Im konkreten Fall werden die Parameter $stoer = 0$, $tempo = 0.01$, $regelfaktor = 0.2$ und $v = 5$ gewählt. Damit lassen sich die Gleichungen 4.1 und 4.2 zu

$$\text{steuer}(t+1) = 0.2 * (\text{regel}(t-4) - \text{stell}(t+1)) \tag{4.3}$$
$$\text{regel}(t+1) = 0.99 * \text{regel}(t) - \text{steuer}(t) \tag{4.4}$$

vereinfachen.

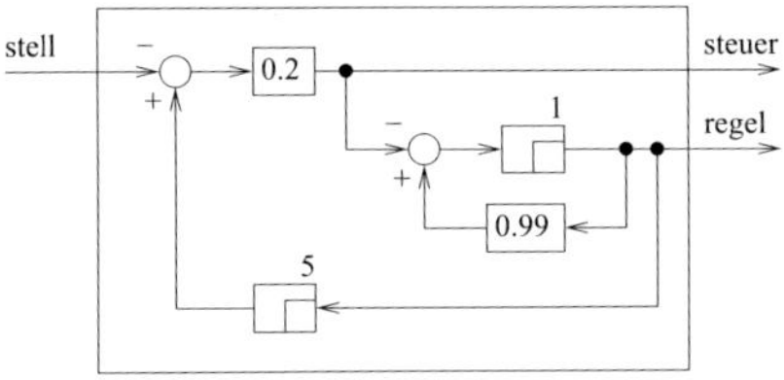

Abbildung 4.1: Struktur des simulierten Systems.

Abbildung 4.1 zeigt die Struktur dieses vereinfachten Systems. Der direkte Zusammenhang zwischen Eingangsgröße *stell* und Ausgangsgröße *regel* ergibt sich zu:

$$\begin{aligned}\text{regel}(t+1) &= 0.99 * \text{regel}(t) - \text{steuer}(t) \\ &= 0.99 * \text{regel}(t) - 0.2 * (\text{regel}(t-5) - \text{stell}(t)) \\ &= 0.99 * \text{regel}(t) - 0.2 * \text{regel}(t-5) + 0.2 * \text{stell}(t). \end{aligned} \tag{4.5}$$

Zur Simulation werden zunächst *stell*, *steuer* und *regel* für die Zeitpunkte 1 bis 5 mit dem Wert 0 initialisiert. Anschließend werden ab Zeitpunkt $t = 5$ (entsprechend v) für jeden Zeitpunkt $t+1$ zunächst der neue Stellwert *stell*$(t+1)$ und anschließend die Werte von *steuer*$(t+1)$ und *regel(t+1)* gemäß Gleichungen 4.3 und 4.4 berechnet. Als neuer Stellwert wird entweder, mit einer Wahrscheinlichkeit von 0.993, der Vorgängerwert *stell*(t) verwendet oder, mit einer Wahrscheinlichkeit von 0.007, ein neuer Wert aus dem Intervall $[0; 100]$ zufällig gleichverteilt erzeugt. Dadurch ergibt sich durchschnittlich alle $\frac{1}{0.007} \approx 142$ Zeitpunkte eine neuer Stellwert. Die Wahl der Simulationsparameter ermöglicht einerseits die Beobachtung eines ausreichend langen Zeitabschnitts nach den meisten Stellwertveränderungen, um die Beziehungen zwischen allen drei Größen, insbesondere auch das auftretende Einschwingverhalten, analysieren zu können. Andererseits ist sichergestellt, daß in einem überschaubaren Zeitbereich – zur nachfolgenden Analyse werden die Zeitpunkte 1 bis 30.000 betrachtet – eine für die Analyse genügend große Anzahl von Stellwertveränderungen auftritt.

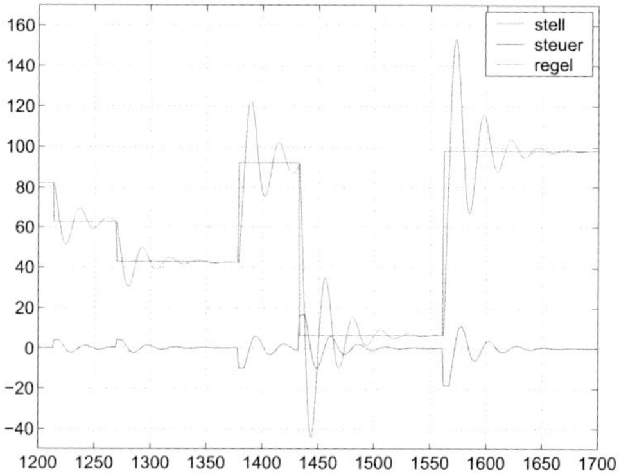

Abbildung 4.2: Ausschnitt aus den simulierten Zeitreihen.

Abbildung 4.2 zeigt einen Ausschnitt aus den simulierten Zeitreihen. Es ist zu erkennen, daß der Wert von *regel* (rote Kurve) prinzipiell der Vorgabe *stell* (blaue Kurve) folgt, es jedoch zu Überschwingen kommt, bevor *regel* sich *stell* asymptotisch nähert.[2] Der zeitliche Abstand zwischen zwei lokalen Extrempunkten von *regel* beträgt beim Einschwingen 12 Zeitschritte. *steuer* (grüne kurve) bestimmt die Stärke der jeweiligen Änderung von *regel*, so daß Extremwerte von *steuer* zeitlich mit Wendepunkten und Nulldurchgänge mit Extrempunkten von *regel* zusammenfallen. Ca. 100 Zeitschritte nach einer Änderung von *stell* ist *steuer* ungefähr auf den Wert 0 abgefallen, und *regel* ist von *stell* kaum noch zu unterscheiden.

4.3 Korrelationsanalyse

Die letztgenannte Beobachtung ist auch den Ergebnissen der Korrelationsanalyse in Abbildung 4.3 zu entnehmen. Hier sind für jede Größe die Korrelationsfunktio-

[2]Da *tempo* größer als 0 gewählt wurde, stimmt diese Beobachtung streng genommen nicht exakt mit dem mathematischen Systemmodell überein, wie insbesondere an Gleichung 4.5 zu sehen ist.

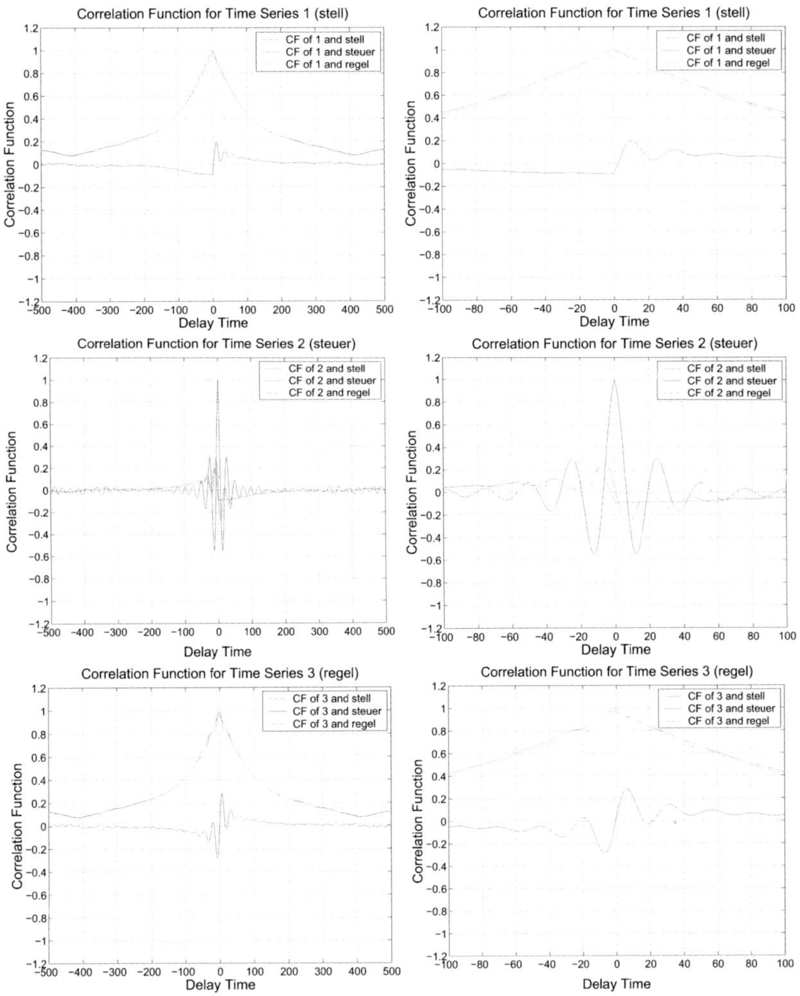

Abbildung 4.3: Korrelationsfunktionen für die numerischen Zeitreihen von *stell*, *steuer* und *regel* (von oben nach unten) in den Zeitintervallen $[-500;500]$ (links) und $[-100;100]$ (rechts).

nen in den Zeitintervallen $[-500;500]$ (links) und $[-100;100]$ (rechts) dargestellt. Zum einen treten außerhalb des Intervalls $[-100;100]$ keinerlei Werte größer 0.5 auf, zum anderen ist hier kaum Struktur zu erkennen. Damit genügt es sich bei der Modellierung auf einen Bereich von 100 Zeitschritten zu beschränken.

Bei Betrachtung der Korrelationsfunktionen im einzelnen sind u.a. die folgenden

Zusammenhänge zwischen den Größen ablesbar:

stell ist eng mit *regel* korreliert, wobei der Maximalwert der Korrelationsfunktion bei einem Zeitunterschied von 6 Schritten liegt. Das bedeutet, daß *regel stell* nachfolgt (rote Kurve in Abbildung 4.3, rechts oben) und bestätigt den vorhandenen ursächlichen Zusammenhang. Zusätzlich sind jedoch auch hohe Korrelationswerte bei negativen Totzeiten zu beobachten. Diese sind zum einen auf die Zeitpunkte nach den Einschwingvorgängen zurückzuführen, zu denen Werte von *regel* ungefähr gleichen Werten von *stell* vorausgehen, zum anderen darauf, daß sich der Wert von *regel* nicht abrupt ändert.

Eindeutig ist die zeitliche Reihenfolge von *stell* und *steuer* (grüne Kurve, oben) erkennbar, wobei die absoluten Korrelationswerte mit maximal etwa 0.2 sehr niedrig sind. Der Einschwingvorgang ist am besten in der Autokorrelationsfunktion von *steuer* (grüne Kurve, Mitte) zu erkennen. Die Verschiebung der lokalen Extremwerte von *steuer* gegenüber denen von *regel* schlägt sich darin nieder, daß die lokalen Maxima der entsprechenden Kreuzkorrelationsfunktion (rote Kurve, Mitte) zwischen denen der Autokorrelationsfunktion liegen. Die Abfolge von lokalen Extremwerten mit negativen und positiven Korrelationwerten weist darauf hin, daß ein positiver Wert von *steuer* zunächst kleinere Werte, dann größere Werte usw. von *regel* zur Folge hat.

Eine weitere Folge des Einschwingvorgangs ist die Deformation der Autokorrelationsfunktion von *regel* (rote Kurve, unten). Zu erwarten ist normalerweise eher ein gleichmäßiges Abfallen, wie es bei *stell* zu sehen ist (blaue Kurve, oben).

4.4 Entropieanalyse der numerischen Zeitreihen

Zur Entropieanalyse der numerischen Zeitreihen wird zunächst eine Quantisierung des Wertebereiches jeder Größe in 16 jeweils gleich große Bereiche[3] vorgenommen. Anschließend werden die Berechnungen nach Gleichungen 3.34, 3.35 und 3.37 durchgeführt[4] (vgl. Unterkapitel 3.3.4). Die Ergebnisse sind in Abbildung 4.4 dargestellt. Auf eine Darstellung der bedingten Entropie wird verzichtet, da sie zum einen redundant ist und sich zum anderen die Resultate hier qualitativ nicht von denen der Kreuzentropie unterscheiden. Es ist zu erkennen, daß im vorliegenden Anwendungsfall auch Verbundentropie (links) und Kreuzentropie (rechts) bezüglich der Abhängigkeitsbeziehungen qualitativ zu denselben Ergebnissen führen.

Bei Betrachtung der Kurven der Kreuzentropie (rechts) sind die zeitliche Verschiebung zwischen *stell* und *regel* (rote Kurve, oben, bzw. blaue Kurve, unten), das Schwingen von *steuer* (grüne Kurve, Mitte), das Schwingen von *regel* (rote Kurve, unten) und die Beziehungen zwischen *steuer* und *regel* (rote Kurve, Mitte) zu

[3]Quantisierungen mit 4, 64 und 256 Intervallen führen zu qualitativ gleichwertigen Ergebnissen.

[4]Zur Vermeidung von Werten kleiner als 0 bei größeren Zeitverschiebungen werden statt der Werte $\hat{H}(X)$ und $\hat{H}(Y)$ entsprechende Schätzwerte aus den betrachteten Teil-Zeitreihen verwendet.

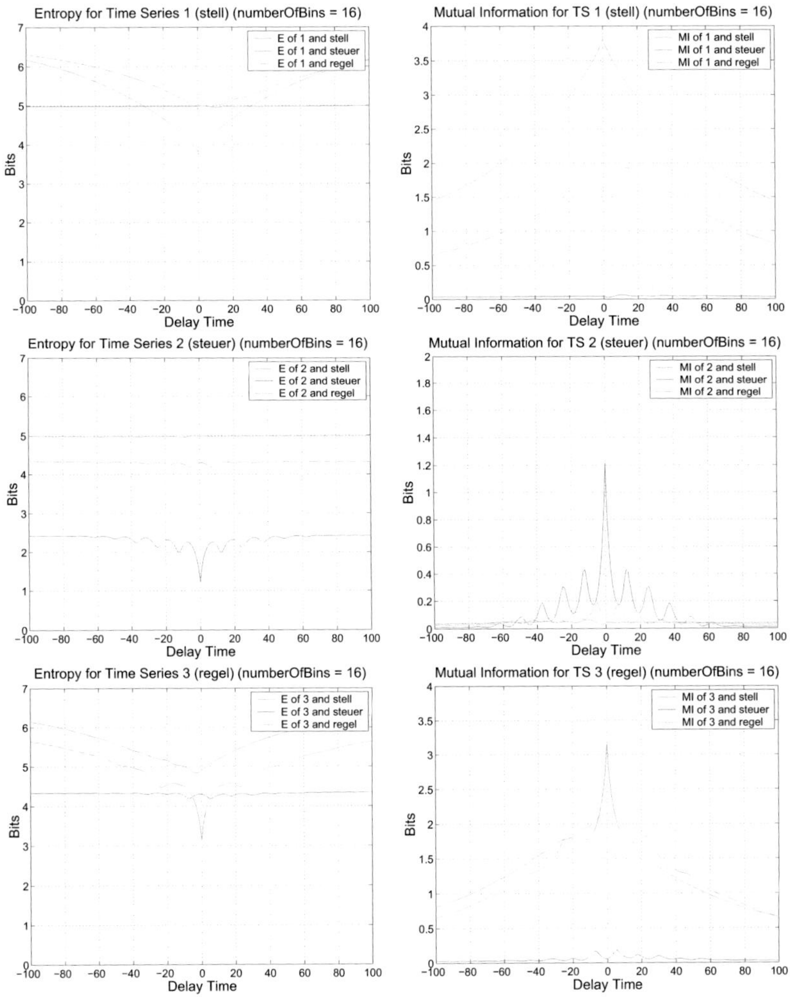

Abbildung 4.4: Verbundentropie (links) und Kreuzentropie bzw. Mutual Information (rechts) der numerischen Zeitreihen von *stell*, *steuer* und *regel* (von oben nach unten).

erkennen. Damit werden im wesentlichen die oben beschriebenen Ergebnisse der Korrelationsanalyse bestätigt.

Der Verlust von Richtungsinformation, d.h. die Nicht-Unterscheidbarkeit von positiver und negativer Korrelation stellt einen Nachteil der Entropieanalyse gegenüber der (Kreuz-) Korrelationsanalyse dar. Außerdem ist die Einschätzung der Stärke der jeweils vorhanden Abhängigkeit schwierig, da in die Kreuzentropie auch die Entropien der Einzelkurven eingehen, so daß ein direkter Vergleich der Bit-Werte der Kreuzentropiefunktionen für die verschiedenen Zeitreihen nicht sinnvoll ist (In Abbildung 4.4 ist deshalb beispielsweise eine abweichende Skalierung der Grafik für die Kreuzentropie von *steuer* (Mitte, rechts) gewählt worden.)

4.5 Symbolische Repräsentation der Zeitreihen

Zur Vorbereitung der Datenanalyse mit Hilfe des MSDD-I-Algorithmus werden aus den numerischen Zeitreihen symbolische Zeitreihen erzeugt. Dabei wird die Möglichkeit genutzt, unterschiedliche Aspekte einer Zeitreihe durch Wahl geeigneter Muster und Clusterparameter in verschiedenen symbolischen Zeitreihen zu erfassen.

Da die Zeitreihen glatt und nicht gestört sind, wird auf eine Vorverarbeitung verzichtet.[5] Durch starke Glättung ist es allerdings, wie zusätzliche Untersuchungen gezeigt haben, möglich, das (Über-) Schwingen von *regel* so weit zu eliminieren, daß der wichtigste Zusammenhang – *regel* folgt *stell* mit einer bestimmten Verzögerungszeit – vom MSDD-I-Verfahren besonders leicht erkannt wird.

Bezeichnung	Musterart	Musterparameter	Clusterverfahren	Clusterparameter
stell1	Trend	$\varepsilon_{max} = 0.0\%$ $\varepsilon_{MSE} = 0.0\%$	H-5-Means	(0, 0, 0, 1, 0)
stell2	Niveau	$\varepsilon_{max} = 0.2\%$ $\varepsilon_{MSE} = 2.0\%$	H-5-Means	(1, 0, 0, 0, 0)
steuer1	Trend	$\varepsilon_{max} = 8.0\%$ $\varepsilon_{MSE} = 2.0\%$	H-5-Means	(0, 0, 0, 1, 0)
steuer2	Niveau	$\varepsilon_{max} = 5.0\%$ $\varepsilon_{MSE} = 100\%$	H-5-Means	(1, 0, 0, 0, 0)
regel1	Extremumpaare	$vp = 0.02\%$	H-6-Means	(0, 0, 0, 1, 0)
regel2	Niveau	$\varepsilon_{max} = 5.0\%$ $\varepsilon_{MSE} = 100\%$	H-5-Means	(1, 0, 0, 0, 0)

Abbildung 4.5: Parameter der symbolischen Zeitreihen.

Es werden die in Abbildung 4.5 tabellarisch zusammengestellten symbolischen Zeitreihen generiert. Während *stell2*, *steuer2* und *regel2* eine zustandsorientierte Sicht auf die zugrundeliegenden numerischen Zeitreihen realisieren, dienen *stell1*, *steuer1* und *regel1* zur direkten Erfassung von Veränderungen. Die Abwesenheit

[5] Vergleichbare, leicht gestörte Zeitreihen werden in [Kra01] betrachtet und erfolgreich analysiert.

von Störungen ermöglicht es dabei, mit einfachen Verfahren zur Kurvenapproximation und Mustererkennung auszukommen (vgl. auch die Zusammenfassung der Musterarten und ihrer Parameter in Unterkapitel 3.2.1).

Zeitreihe	Symbol	Clusterzentrum (m_s, m_e, t_l, δ, γ)
stell1	$--$	(84.5, 17.2, 1, −67.3, −67.3)
	$-$	(61.6, 35.5, 1, −26.2, −26.2)
	o	(50.7, 51.1, 110, 0.4, 0.4)
	$+$	(30.2, 60.3, 1, 30.1, 30.1)
	$++$	(19.9, 84.2, 1, 64.3, 64.3)
stell2	$--$	(9.8, 9.8, 115, ,0 0)
	$-$	(30.7, 30.7, 125, ,0 0)
	o	(49.4, 49.4, 113, ,0 0)
	$+$	(71.5, 71.5, 157, ,0 0)
	$++$	(90.5, 90.5, 168, ,0 0)
steuer1	$--$	(7.4, −6.6, 5, −14, −5.8)
	$-$	(2.3, −3.6, 8, −5.8, −1.9)
	o	(0.1, −0.1, 39, −0.2, 0)
	$+$	(−1.8, 3.1, 8, 4.9, 1.6)
	$++$	(−7.2, 6.3, 6, 13.4, 5.3)
steuer2	$--$	(−11.3, −11.3, 4, 0, 0)
	$-$	(−4.3, −4.3, 4, 0, 0)
	o	(−0.2, −0.2, 48, 0, 0)
	$+$	(3.7, 3.7, 4, 0, 0)
	$++$	(11, 11, 4, 0, 0)
regel1	$--$	(95.8, −5.6, 25, −101.4, −7.5)
	$-$	(74.8, 30.5, 13, −44.3, −3.6)
	$o-$	(58.3, 46.1, 12, −12.2, −1)
	$o+$	(41.1, 55.1, 13, 14, 1.1)
	$+$	(12.6, 68.5, 15, 55.9, 4.4)
	$++$	(12.3, 123, 14, 110.7, 8.6)
regel2	$--$	(−3.6, −3.6, 21, 0, 0)
	$-$	(26.6, 26.6, 25, 0, 0)
	o	(56.2, 56.2, 34, 0, 0)
	$+$	(83.3, 83.3, 52, 0, 0)
	$++$	(112.8, 112.8, 4, 0, 0)

Abbildung 4.6: Symbole und Clusterzentren der symbolischen Zeitreihen.

Zur Clusterung wird der Hard-c-Means-Algorithmus (siehe Unterkapitel 3.2.2) verwendet, wobei für jede symbolische Zeitreihe 5 oder 6 Cluster erzeugt werden. Geclustert wird jeweils nach einer Dimension, bei Trends und Extremumpaaren nach der Veränderung δ (Clusterparameter = (0, 0, 0, 1, 0)) und bei Niveaus nach dem Startwert m_s (entsprechend dem Endwert m_e) der Muster (Clusterparameter = (1, 0, 0, 0, 0)). Die resultierenden Cluster und die zugeordneten Symbole sind in Abbildung 4.6 zusammengefaßt.

Bei der Symbolisierung (siehe Unterkapitel 3.2.3) wird jeweils eine Version mit fortlaufender Ersetzung der Muster durch die den Clustern zugeordneten Symbole sowie eine zweite mit ausschließlicher Betrachtung der Startwerte erzeugt.

4.6 Entropieanalyse der symbolischen Zeitreihen

Um den Informationsgehalt der symbolischen Zeitreihen zu überprüfen, d.h. um zu testen, ob die zwischen den numerischen Zeitreihen mit Hilfe von Korrelations- und Entropieanalyse festgestellten Abhängigkeitsbeziehungen auch auf der abstrakten symbolischen Ebene nachvollziehbar sind, wird als nächstes eine Entropieanalyse der symbolischen Zeitreihen durchgeführt.

4.6.1 Ergebnisse mit kontinuierlicher Symbolisierung

Ein Vergleich der Kreuzentropien für die zustandsorientierten Zeitreihen *stell2*, *steuer2* und *regel2* bei kontinuierlicher Symbolisierung (Abbildung 4.7, rechts) mit den Ergebnissen aus Abbildung 4.4, rechts, zeigt qualitativ ähnliche Funktionsverläufe. Die Werte der Kreuzentropiefunktionen der symbolischen Zeitreihen sind zwar jeweils niedriger als im numerischen Fall, die wichtigsten Merkmale, etwa die zeitliche Verschiebung zwischen *stell* und *regel* (rote Kurve jeweils oben rechts, bzw. blaue Kurve jeweils unten rechts) oder die Hinweise auf das Schwingen des Systems bei den Kurven für *steuer* (jeweils Mitte rechts), finden sich jedoch auch in der symbolischen Analyse in abgeschwächter Form wieder. „In abgeschwächter Form" bedeutet beispielsweise, daß bei der „Auto-Kreuzentropiefunktion" von *steuer2* (grüne Kurve in Abbildung 4.7, Mitte rechts) die lokalen Extremwerte zu den (relativen) Zeitpunkten −36, −30, −24, −18, −12, −6, 6, 12, 18, 24, 30 und 36 im Vergleich zum Zeitpunkt 0 zwar weniger stark als bei den numerischen Zeitreihen ausfallen und weitere Extrema nicht erkennbar sind, die erkennbaren Extremwerte aber in den Zeitpunkten mit denen aus Abbildung 4.4, Mitte rechts, übereinstimmen.

Abbildung 4.7, links, zeigt die Kreuzentropiekurven der auf die Repräsentation von Veränderungen ausgerichteten symbolischen Zeitreihen *stell1*, *steuer1* und *regel1*. Hier sind zum Teil große Unterschiede gegenüber den bisher betrachteten Analyseergebnissen festzustellen.

Die zeitliche Kürze der sprunghaften Veränderungen von *stell* führt dazu, daß die „Auto-Kreuzentropiefunktion" nur für eine Totzeit $\Delta t = 0$ einen Wert ungleich 0

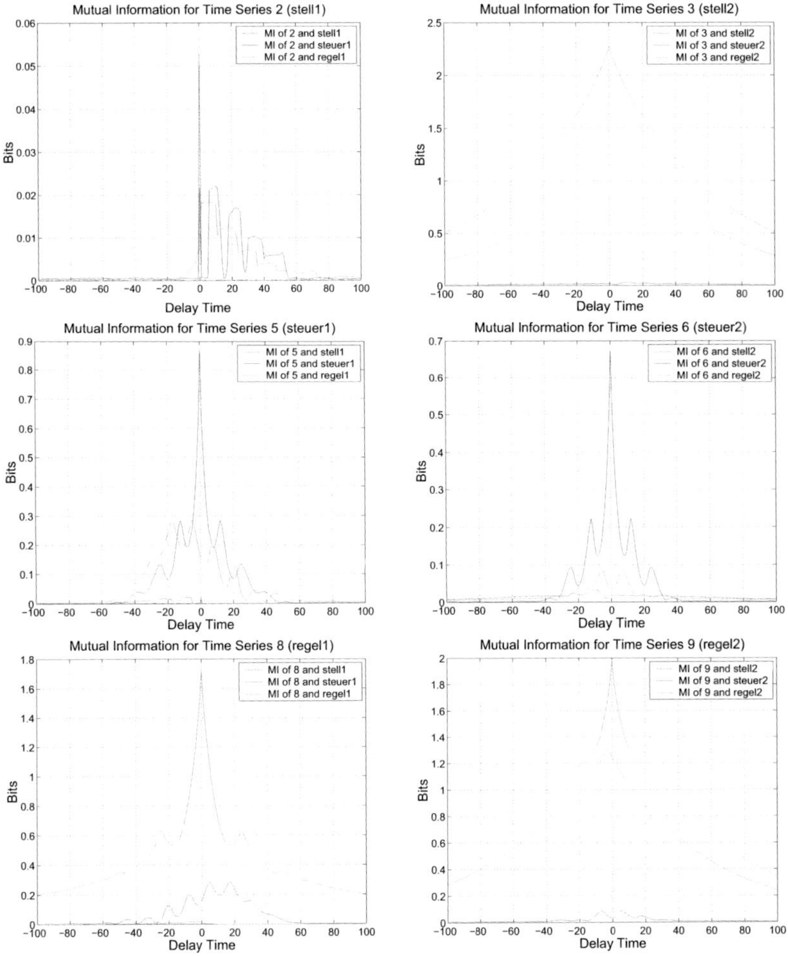

Abbildung 4.7: Kreuzentropie (Mutual Information) der symbolischen Zeitreihen bei kontinuierlicher Symbolisierung. Beziehungen zwischen Veränderungen (Trends, Extremum-Paare), links, und zwischen Niveaus, rechts.

annimmt (blaue Kurve, Grafik oben links). Sehr gut ist in derselben Grafik die Reihenfolge zwischen Veränderungen bei *stell* und darauf folgenden Veränderungen bei den beiden anderen Zeitreihen zu sehen. Außerdem zeigt die Kurve für die Kreuzentropie zwischen *stell1* und *steuer1* sehr klar, in welchen zeitlichen Bereichen eine gute Vorhersage einer Veränderung von *steuer* nach einer Veränderung von *stell* möglich ist (grüne Kurve). Überraschend ist die zeitliche Asymmetrie der Kreuzentropie zwischen *steuer1* und *regel1* (rote Kurve, Grafik Mitte links).

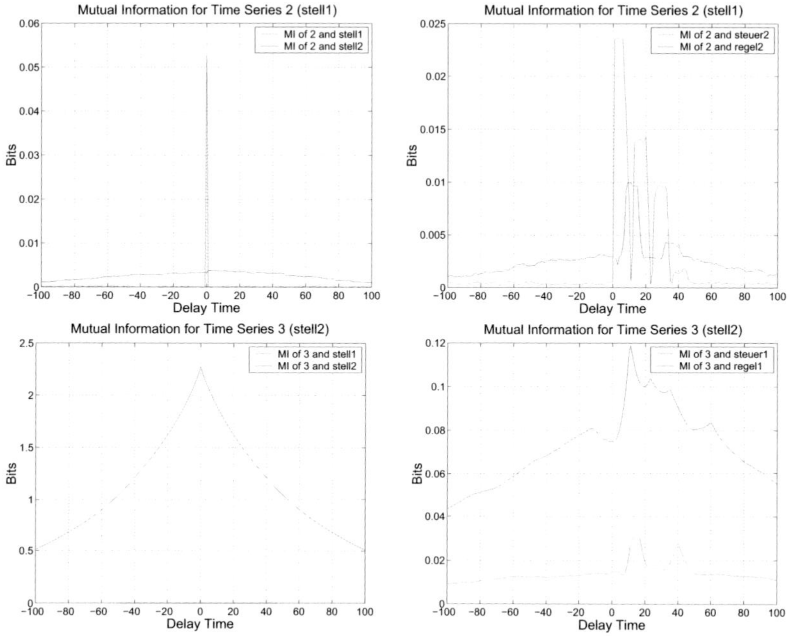

Abbildung 4.8: Kreuzentropie der symbolischen Zeitreihen *stell1* (oben) und *stell2* (unten) bei kontinuierlicher Symbolisierung. Querbeziehungen zwischen Veränderungen und Niveaus.

Abbildung 4.8 zeigt Querbeziehungen zwischen Veränderungen und Niveaus bei kontinuierlicher Symbolisierung anhand der Zeitreihen *stell1* (oben) und *stell2* (unten). Die Absolutwerte der Kreuzentropiefunktionen sind zum Teil so niedrig, daß nur qualitative Aussagen über mögliche Abhängigkeitsbeziehungen entnommen werden können. Erkennbar ist u.a. die Abhängigkeit der Niveaus von *steuer* bzw. *regel* von vorausgegangenen Änderungen bei *stell* (siehe blaue, bzw. grüne Kurve in der Grafik rechts oben).

4.6.2 Ergebnisse mit Startwert-Symbolisierung

In Abbildung 4.9 sind die Kreuzentropie-Funktionen für Veränderungen (*stell1*, *steuer1* und *regel1*, links) und Niveaus (*stell2*, *steuer2* und *regel2*, rechts) bei ausschließlicher Repräsentation der Musteranfänge zu sehen. Der auffälligste Unterschied gegenüber den Kurven von Abbildung 4.7 besteht in den sehr niedrigen Werten der Kreuzentropien (oft kleiner als 0.1 Bit), der auf den hohen Anteil der Default-Symbole an den Zeitreihen zurückzuführen ist.

Strukturell lassen sich jedoch auch hier die wichtigsten Abhängigkeiten wieder-

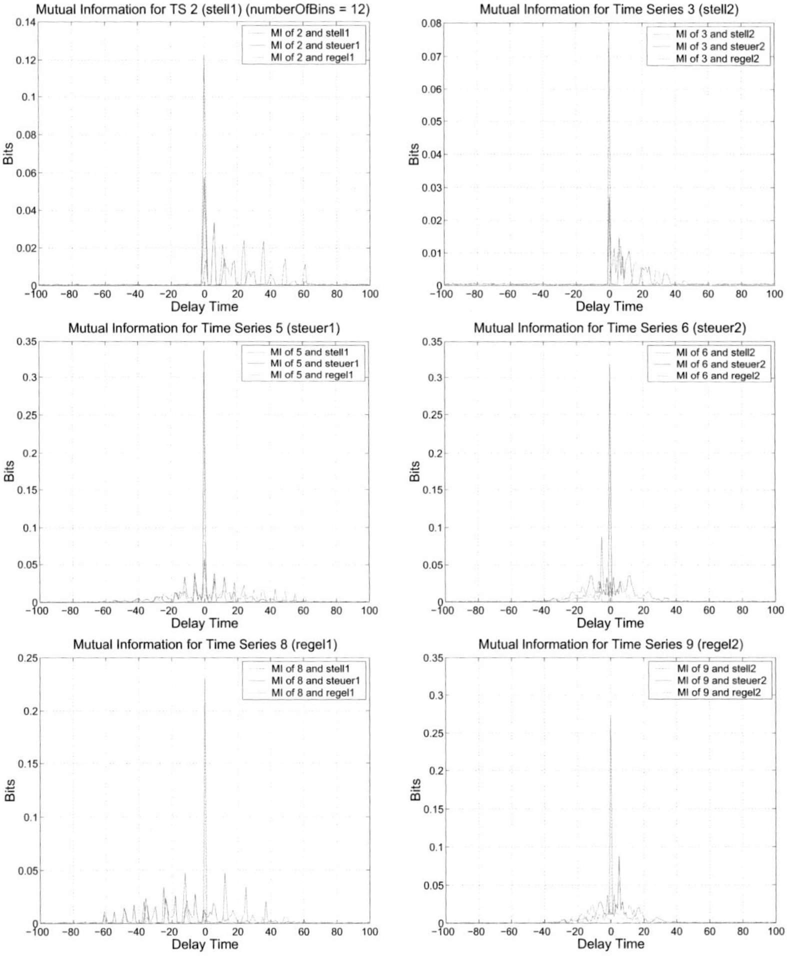

Abbildung 4.9: Kreuzentropie (Mutual Information) der symbolischen Zeitreihen bei ausschließlicher Repräsentation der Musteranfänge. Beziehungen zwischen Veränderungen (Trends, Extremum-Paare), links, und zwischen Niveaus, rechts.

erkennen. Insbesondere die linke obere Grafik zeigt sehr klar die zeitliche Reihenfolge zwischen Ereignissen (Veränderungen) in den Zeitreihen nach Änderung des Stellwertes. Hier ist indirekt auch das Schwingverhalten inklusive der Verschiebung der Extrema von *steuer* gegenüber denen von *regel* zu erkennen, da die Maxima der grünen Kurve (Bereiche mit hoher Wahrscheinlichkeit des Beginns einer Veränderung bei *steuer*) zwischen denen der roten Kurve (Bereiche mit hoher Wahrscheinlichkeit des Beginns einer Veränderung bei *regel*) liegen.

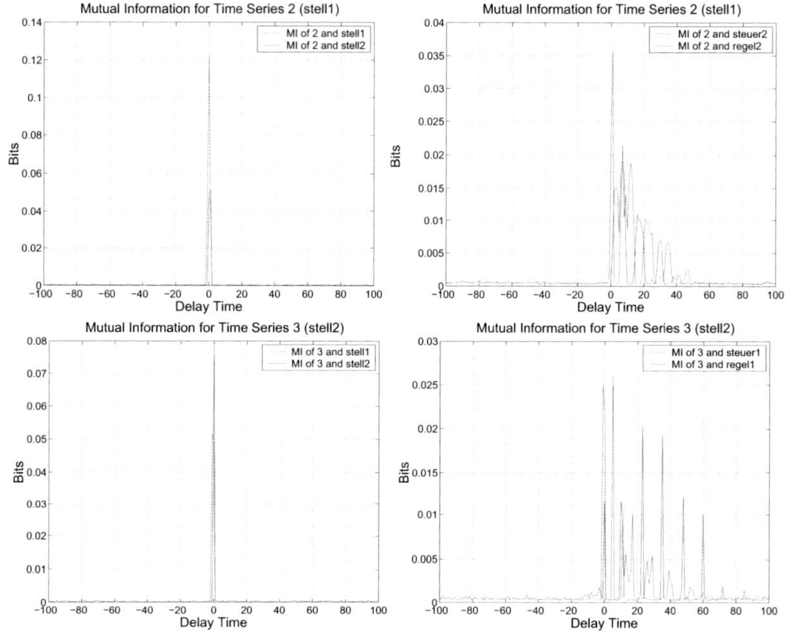

Abbildung 4.10: Kreuzentropie der symbolischen Zeitreihen *stell1* (oben) und *stell2* (unten) bei ausschließlicher Repräsentation der Musteranfänge. Querbeziehungen zwischen Veränderungen und Niveaus.

Die Grafiken in Abbildung 4.10 zeigen, daß es auch bei ausschließlicher Repräsentation der Musteranfänge sinnvoll ist, Querbeziehungen zwischen Veränderungen und Niveaus zu untersuchen, d.h. ereignis- und zustandsorientierte Sicht zu einer gemeinsamen Betrachtung zu verschmelzen.

4.6.3 Zusammenfassung

Zusammenfassend läßt sich sagen, daß die wichtigsten Ergebnisse der numerischen Korrelations- und Entropieanalyse auch anhand der symbolischen Zeitreihen nachvollzogen werden können. Dies gilt selbst für den Fall der ausschließlichen Repräsentation der Anfänge von Veränderungen. Hier weisen allerdings das Niveau der Kreuzkorrelationswerte und der Verlauf der Kurven auf die Möglichkeit des Auftretens numerischer Probleme (nicht ausreichender Stichprobenumfang zur Schätzung der Entropien) bei einer zu „sparsamen" Repräsentation hin.

4.7 Symbolische Analyse

Korrelations- und Entropieanalyse der numerischen Zeitreihen ist zu entnehmen, daß zur Prognose einer Größe die Betrachtung von 100 Zeitschritten der Vergangenheit ausreichend ist. Umgekehrt zeigen sich direkte Auswirkungen von Werten oder Ereignissen ebenfalls nur innerhalb eines Zeithorizontes der Länge 100. Die Entropieanalyse der symbolischen Zeitreihen legt nahe, daß es sogar genügt, sich auf jeweils maximal 40 bis 60 Zeitschritte zu beschränken.

Weiterhin ist es zur Erfassung der Einschwingvorgänge offensichtlich notwendig, bei der Suche nach Abhängigkeiten eine zeitliche Auflösung von etwa 5 Zeitschritten nicht zu überschreiten. Den Grafiken zur Entropieanalyse, etwa Abbildung 4.9, links oben, lassen sich zwar direkt sinnvolle Zeitintervalle zur Abhängigkeitsanalyse mit dem MSDD-I-Algorithmus entnehmen, im Interesse der Vergleichbarkeit der im folgenden erzielten Ergebnisse wird jedoch ein (nicht optimales) einheitliches Raster aus disjunkten Intervallen mit einer Länge von 4 Zeitschritten gewählt.

Zur Untersuchung von Auswirkungen des Wertes einer Größe zu einem bestimmten relativen Zeitpunkt werden das Zeitintervall $[1;4]$ für den Precursor und die Zeitintervalle $\{[1;4], [5;8], \ldots, [97;100]\}$ für den Successor gewählt. Zur Prognose einer Größe werden demgegenüber die Zeitintervalle $\{[-99;-96], [-95;-92], \ldots, [-3;0]\}$ für den Precursor und das Intervall $[-3;0]$ für den Successor untersucht. Bei Auftreten von Komplexitätsproblemen (Laufzeit) werden diese Intervallmengen auf die Betrachtung von 60, 40 oder 20 statt 100 Zeitschritten reduziert, d.h. es werden im Successor bzw. Precursor nur 15, 10 oder 5 statt 25 Intervallen betrachtet.

Die bei der Darstellung der Ergebnisse verwendeten Bezeichnungen, d.h. die Bedeutungen der auftretenden Symbole, sind in den Abbildungen 4.5 und 4.6 erklärt. Der Algorithmus wird zur Vereinfachung der Interpretation der Ergebnisse so parametriert, daß in einem Strom in einem Zeitintervall nur höchstens ein Symbol als Precursor- oder Successor-Token auftreten kann.

Bei jedem Durchlauf des MSDD-I-Algorithmus wird nach den besten 200 Regeln gesucht. Diese Zahl wurde gewählt, da sich eine größere Anzahl als nur sehr schwer manuell auswertbar bzw. interpretierbar erwies. Alle im folgenden einzeln aufgelisteten wichtigen Abhängigkeitsbeziehungen treten bereits unter den jeweils besten 100 Regeln auf.

4.8 Ergebnisse

Bei der beispielhaften Anwendung des MSDD-I-Algorithmus werden insbesondere die Auswirkungen unterschiedlicher Arten der symbolischen Repräsentation der zugrundeliegenden numerischen Zeitreihen untersucht. Als wesentliche Einflußfaktoren der symbolischen Repräsentation werden sowohl die Formen der den

Symbolen zugrundeliegenden Muster (Niveaus oder Veränderungen) als auch die gewählten Methoden der Symbolisierung (kontinuierlich oder Startwert-Symbolisierung) verglichen.

Die Möglichkeit, bei der Suche nach Abhängigkeitsbeziehungen die Anzahl der Terme des Bedingungs- und des Konklusionsteils von Regeln unabhängig voneinander vorgeben zu können, wird zur Untersuchung unterschiedlicher Arten von Beziehungen zwischen Zeitreihen genutzt. Im einzelnen werden Regeln mit

- einem Precursor-Intervall und maximal fünf Successor-Intervallen

und solche mit

- maximal fünf Precursor-Intervallen und einem Successor-Intervall

näher betrachtet. Erstere dienen der Analyse der Auswirkungen des Auftretens bestimmter Symbole in einer Zeitreihe auf andere Zeitreihen (Wirkungsanalyse), wobei in den Beispielen jeweils lediglich eine Zeitreihe für den Successor vorgegeben wird (single input – single output), letztere der Prognose des aktuellen Symbols einer Zeitreihe auf Basis der in den übrigen betrachteten Zeitreihen in der Vergangenheit aufgetretenen Symbole (Abhängigkeitsanalyse, multi input – single output).

4.8.1 Beispiele für kontinuierliche Symbolisierung

Die kontinuierliche Symbolisierung zeichnet sich dadurch aus, daß während der ganzen zeitlichen Länge eines in einer numerischen Zeitreihe gefundenen Musters die entsprechende symbolische Zeitreihe als Wert das dem Muster zugeordnete Symbol erhält.

Niveau-orientierte Analyse

Als Beispiel für eine zustandsorientierte Betrachtung der Zeitreihen mit kontinuierlicher Symbolisierung wird untersucht, inwiefern *stell2* die symbolische Zeitreihe *regel2* beeinflußt (Wirkungsanalyse). Dazu wird der MSDD-I-Algorithmus mit den folgenden Werten parametriert:

Symbolisierung:	kontinuierlich
Precursor-Ströme:	$\{stell2\}$
Successor-Ströme:	$\{regel2\}$
Precursor-Intervalle:	$\{[1;4]\}$
Successor-Intervalle:	$\{[1;4], [5;8], \ldots, [37;40]\}$
Maximale Anzahl Precursor-Token:	1
Maximale Anzahl Successor-Token:	10

Als Ergebnis werden u.a. die folgenden Abhängigkeitsbeziehungen gefunden, denen zu entnehmen ist, daß *regel* dem Wert (Niveau) von *stell* folgt:

```
1. stell2 IST - @[1;4]   =>  regel2 IST - @[5;8]           (G=14894,9)
4. stell2 IST --@[1;4]   =>  regel2 IST --@[5;8]           (G=14154,9)
```

Leider werden aber ausschließlich Regeln mit den Symbolen „–“ und „– –“ für *stell2* und *regel2* generiert, d.h. der Algorithmus kann keine weiteren wesentlichen Zusammenhänge entdecken. Dies liegt daran, daß fast ausschließlich Trivialregeln, wie zum Beispiel:

```
17. stell2 IST - @[1;4]  =>
      regel2 IST - @[1;4] & regel2 IST - @[5;8] &
      regel2 IST - @[9;12] & regel2 IST - @[13;16]        (G=13517,2)
```

mit weitgehend nutzlosen Konklusionstermen gefunden werden. Auch eine andere Parametrierung zur Abhängigkeitsanalyse:

Precursor-Intervalle:	$\{[-39;-36], [-35;-32], \ldots, [-3;0]\}$
Successor-Intervalle:	$\{[-3;0]\}$
Maximale Anzahl Precursor-Token:	10
Maximale Anzahl Successor-Token:	1

führt zu ähnlich unbefriedigenden Ergebnissen mit entsprechenden Prämissentermen, beispielsweise:

```
 5. stell2 IST - @[-19;-16] & stell2 IST - @[-15;-12] &
    stell2 IST - @[-3;0]  =>
      regel2 IST - @[-3;0]                                 (G=14634)
```

Wie weitere Untersuchungen zeigten, tritt das bereits in Unterkapitel 3.2.3 angesprochene Problem der Trivialregeln bei kontinuierlicher Symbolisierung immer dann auf, wenn die Länge der vom MSDD-I-Algorithmus verwendeten relativen Zeitintervalle wesentlich kürzer als die durchschnittliche Länge einer Musterart (Symbol, Clusterzentrum) ist. Bei Niveau-orientierter Betrachtung kommt erschwerend hinzu, daß zeitlich benachbarte Muster der numerischen Zeitreihen bei langsamen Veränderungen häufig zu demselben Cluster gehören.

Dementsprechend führt auch ein zweiter Versuch mit einem anderen Paar von Zeitreihen bei kontinuierlicher Symbolisierung und ausschließlicher Betrachtung von Niveaus zu zwar korrekten, aber weitgehend nutzlosen Ergebnissen. Die Analyse der Wirkung von *stell2* auf *steuer2* mit den Parametern:

Symbolisierung:	kontinuierlich
Precursor-Ströme:	$\{$*stell2*$\}$
Successor-Ströme:	$\{$*steuer2*$\}$
Precursor-Intervalle:	$\{[1;4]\}$
Successor-Intervalle:	$\{[1;4], [5;8], \ldots, [37;40]\}$
Maximale Anzahl Precursor-Token:	1
Maximale Anzahl Successor-Token:	10

findet als erstes die folgende Regel:

```
 1. stell2 IST +  @[1;4]  =>
      steuer2 IST o @[1;4] & steuer2 IST o @[9;12] &
      steuer2 IST o @[29;32] & steuer2 IST o @[33;36] &
      steuer2 IST o @[37;40]                          (G=592,1)
```

In diesem Fall wird das Problem der Trivialregeln dadurch verschärft, daß *steuer* fast immer Werte nahe 0 annimmt (entsprechend dem Symbol „*o*“ bei *steuer2*), so daß Regeln mit „`steuer2 IST o @[...]`“ in der Konklusion mit hoher Wahrscheinlichkeit korrekt sind. Eine andere Parametrierung (Abhängigkeitsanalyse) mit:

Precursor-Intervalle:	$\{[-39;-36], [-35;-32], \ldots, [-3;0]\}$
Successor-Intervalle:	$\{[-3;0]\}$
Maximale Anzahl Precursor-Token:	10
Maximale Anzahl Successor-Token:	1

führt zu Regeln, deren Prämissen ausschließlich Terme der Form „`stell2 IST + @[...]`“ enthalten.

Veränderungs-orientierte Analyse

Auch bei der Analyse von Veränderungen mit kontinuierlicher Symbolisierung tritt das Problem der Trivialregeln auf. Bei der Untersuchung der Wirkung von *stell1* auf *steuer1* wird jedoch im Bereich schneller Änderungen, d.h. direkt nach einem Sprung in *stell*, auch das Schwingverhalten ansatzweise erkannt, wie die folgenden vom MSDD-I-Algorithmus gefundenen Regeln verdeutlichen:

```
 9. stell1 IST --@[1;4]  =>
      steuer1 IST ++@[1;4] & steuer1 IST o @[5;8] &
      steuer1 IST --@[9;12] & steuer1 IST o @[29;32]     (G=1392,1)
11. stell1 IST ++@[1;4]  =>
      steuer1 IST o @[5;8] & steuer1 IST ++@[9;12] &
      steuer1 IST + @[13;16] & steuer1 IST o @[29;32]    (G=1390,5)
```

Vergleichbare Resultate ergibt die Suche nach Abhängigkeiten zwischen den Zeitreihen *stell1* und *regel1* mit den folgenden Parametern:

Symbolisierung:	kontinuierlich
Precursor-Ströme:	{*stell1*}
Successor-Ströme:	{*regel1*}
Precursor-Intervalle:	$\{[1;4]\}$
Successor-Intervalle:	$\{[1;4], [5;8], \ldots, [37;40]\}$
Maximale Anzahl Precursor-Token:	1
Maximale Anzahl Successor-Token:	10

Eine typische Regel mit komplexer Konklusion ist etwa die folgende:

```
88. stell1 IST --@[1;4]  =>
      regel1 IST --@[5;8] & regel1 IST --@[9;12] &
      regel1 IST + @[17;20] & regel1 IST - @[25;28] &
      regel1 IST - @[33;36]                          (G=927,7)
```

Der MSDD-I-Algorithmus findet mit der angegebenen Parametrierung ausschließlich Regeln mit der Prämisse „`stell1 IST --@[1;4]`".

Gemeinsame Analyse von Veränderungen und Niveaus

Beziehungen zwischen einer direkt repräsentierten Veränderung bei *stell* und dem Niveau von *steuer* liefert der MSDD-I-Algorithmus mit den folgenden Parametern (Wirkungsanalyse):

Symbolisierung:	kontinuierlich
Precursor-Ströme:	$\{stell1\}$
Successor-Ströme:	$\{steuer2\}$
Precursor-Intervalle:	$\{[1;4]\}$
Successor-Intervalle:	$\{[1;4], [5;8], \ldots, [37;40]\}$
Maximale Anzahl Precursor-Token:	1
Maximale Anzahl Successor-Token:	10

Es werden u.a. die folgenden Regeln gefunden, die jeweils Teile des Einschwingvorgangs nach einer starken Änderung von *stell* widerspiegeln:

```
 1. stell1 IST ++@[1;4]  =>
      steuer2 IST o @[1;4] & steuer2 IST --@[5;8] &
      steuer2 IST + @[21;24] & steuer2 IST - @[29;32] &
      steuer2 IST o @[37;40]                         (G=1202,4)
13. stell1 IST --@[1;4]  =>
      steuer2 IST o @[1;4] & steuer2 IST ++@[5;8] &
      steuer2 IST - @[21;24]                         (G=1165,8)
```

Eine Parametrierung mit:

Precursor-Intervalle:	$\{[-39;-36], [-35;-32], \ldots, [-3;0]\}$
Successor-Intervalle:	$\{[-3;0]\}$
Maximale Anzahl Precursor-Token:	10
Maximale Anzahl Successor-Token:	1

führt zur expliziten Beschreibung von Sprüngen in *stell* als Voraussetzung für hohe absolute Werte in *steuer*:

```
15. stell1 IST o @[-35;-32] & stell1 IST ++@[-7;-4] &
    stell1 IST o @[-3;0]  =>
      steuer2 IST --@[-3;0]                          (G=1057,9)
```

Die Regel besagt, daß das Auftreten der Folge „konstanter Wert („*o*") – positiver Sprung („++") – konstanter Wert („*o*") in *stell* ein negatives Niveau („– –") von *steuer* zur Folge hat.

Brute-Force

Da das MSDD-I-Verfahren für die Erkennung von Abhängigkeiten zwischen mehreren Zeitreihen ausgelegt wurde, wird die Abhängigkeit von *regel2* von *allen* erzeugten symbolischen Zeitreihen untersucht:

Symbolisierung:	kontinuierlich
Precursor-Ströme:	{*stell1*, *stell2*, *steuer1*, *steuer2*, *regel1*, *regel2*}
Successor-Ströme:	{*regel2*}
Precursor-Intervalle:	$\{[-19;-16], [-15;-12], \ldots, [-3;0]\}$
Successor-Intervalle:	$\{[-3;0]\}$
Maximale Anzahl Precursor-Token:	5
Maximale Anzahl Successor-Token:	1

Die Analyse beschränkt sich aufgrund der Rechenzeit auf fünf Intervalle für den Precursor, dabei betrug die Rechenzeit 9h 40min. Ein Analyselauf mit 10 Intervallen wurde nach 5 Tagen abgebrochen (Berechnung jeweils auf einem 600Mhz-PC mit Pentium-III-Prozessor unter Linux).

Unter den gefundenen 200 besten Regeln treten ausschließlich Trivialregeln mit den Symbolen „*o*" in *steuer1*, „*o*" in *steuer2* und „+" in *regel2* auf.

4.8.2 Beispiele für Startwert-Symbolisierung

In den folgenden Beispielen werden in den symbolischen Zeitreihen nur die Anfänge erkannter Muster durch die entsprechenden Symbole repräsentiert. Anderen Zeitpunkten wird das Symbol „*undef*" zugeordnet.

Niveau-orientierte Analyse

Analog dem ersten Beispiel zur kontinuierlichen Symbolisierung wird zuerst die Wirkung von *stell2* auf *regel2* anhand der folgenden Parametrierung untersucht:

Symbolisierung:	Startwerte
Precursor-Ströme:	{*stell2*}
Successor-Ströme:	{*regel2*}
Precursor-Intervalle:	$\{[1;4]\}$
Successor-Intervalle:	$\{[1;4], [5;8], \ldots, [97;100]\}$
Maximale Anzahl Precursor-Token:	1
Maximale Anzahl Successor-Token:	5

Wie die folgenden Regeln zeigen, wird der wichtigste Zusammenhang, nämlich daß *regel* dem Wert (Niveau) von *stell* folgt, gefunden:

```
 1. stell2 IST ++@[1;4]  =>  regel2 IST ++@[9;12]        (G=640,5)
 3. stell2 IST --@[1;4]  =>  regel2 IST --@[9;12]        (G=619,5)
10. stell2 IST - @[1;4]  =>  regel2 IST - @[5;8]         (G=543)
15. stell2 IST o @[1;4]  =>  regel2 IST o @[5;8]         (G=488,8)
72. stell2 IST + @[1;4]  =>  regel2 IST + @[5;8]         (G=304)
```

Die genannten Regeln sind korrekt und decken, im Gegensatz zur Analyse mit kontinuierlicher Symbolisierung, den gesamten (symbolischen) Wertebereich von *stell* ab. Es werden jedoch nur wenige Regeln gefunden, die den Einschwingvorgang wiedergeben.

Dies ist hier vor allem darauf zurückzuführen, daß dazu die Auflösung des Wertebereichs von *regel* durch 5 Symbole nicht ausreicht. Das hat zur Folge, daß aufgrund des Überschwingens auftretende gegenläufige Entwicklungen im Verlauf von *regel* nicht sicher anderen Niveaus zugeordnet werden können. Die entsprechenden Symbole treten deshalb nicht in den Konklusionen von Regeln auf. Stattdessen werden in der Mehrzahl solche Regeln gefunden, die in der Konklusion letztlich lediglich die Zeitpunkte angeben, für die eine einigermaßen sichere Prognose möglich ist:

```
75. stell2 IST --@[1;4]  =>
     regel2 IST --@[5;8] & regel2 IST --@[9;12] &
     regel2 IST --@[17;20] & regel2 IST - @[21;24]       (G=298,6)
```

Die Regel prognostiziert die erste Reaktion auf den neuen Wert von *stell* korrekt, kann die entgegengesetzte Schwingphase während [13; 16] nicht eindeutig klassifizieren und prognostiziert anschließend wieder korrekt „– –“ bzw. „–“.

Als etwas komplexeres Beispiel wird als nächstes die Abhängigkeit zwischen *regel* und *steuer* untersucht. Aus Gleichung 4.2 geht hervor, daß bei Kenntnis von *regel* und *steuer* prinzipiell eine vollständige Prognose von *regel* möglich ist. Folgende Parameter werden verwendet:

Symbolisierung:	Startwerte
Precursor-Ströme:	{*steuer2*, *regel2*}
Successor-Ströme:	{*regel2*}
Precursor-Intervalle:	{[−59; −56], [−55; −52], ..., [−3; 0]}
Successor-Intervalle:	{[−3; 0]}
Maximale Anzahl Precursor-Token:	5
Maximale Anzahl Successor-Token:	1

Wie die folgende Auswahl gefundener Regeln beispielhaft zeigt, wird die gemeinsame Auswirkung der Werte (Niveaus) von *steuer* und *regel* auf *regel* richtig erkannt:

```
 1. steuer2 IST --@[-11;-8]  =>  regel2 IST ++@[-3;0]      (G=1215,6)
 3. steuer2 IST ++@[-11;-8]  =>  regel2 IST --@[-3;0]      (G=1152,7)
 4. regel2 IST + @[-15;-12] & steuer2 IST o @[-11;-8]  =>
      regel2 IST + @[-3;0]                                 (G=951)
15. steuer2 IST --@[-11;-8] & regel2 IST + @[-7;-4] &
    steuer2 IST - @[-3;0]  =>
      regel2 IST ++@[-3;0]                                 (G=722)
18. regel2 IST - @[-15;-12] & steuer2 IST o @[-11;-8]  =>
      regel2 IST - @[-3;0]                                 (G=681,7)
23. steuer2 IST ++@[-11;-8] & regel2 IST - @[-7;-4]  =>
      regel2 IST --@[-3;0]                                 (G=661,3)
```

Das Ergebnis der Abhängigkeitsanalyse ist jedoch insofern unvollständig, als mit der angegebenen Parametrierung keine Regeln mit dem Konklusionsterm „regel2 IST o @[-3;0]“ entdeckt werden, obwohl die entsprechende Art von Mustern (Niveaus, entsprechend einem mittleren Wertebereich) häufig auftritt.

Ein ähnliches Resultat liefert die Analyse der Abhängigkeiten zwischen den Niveaus von *stell* und *regel* und denen von *regel*. Auch hier werden die wichtigsten Kombinationen gefunden, das Ergebnis ist jedoch ebenfalls deshalb unvollständig, weil von keiner Regel „regel2 IST + @[3;0]-“ prognostiziert wird.

Veränderungs-orientierte Analyse

Analog der Vorgehensweise mit kontinuierlicher Symbolisierung wird nach Zusammenhängen zwischen *stell1* und *regel1* gesucht:

Symbolisierung:	Startwerte
Precursor-Ströme:	{*stell1*}
Successor-Ströme:	{*regel1*}
Precursor-Intervalle:	{[1;4]}
Successor-Intervalle:	{[1;4], [5;8], …, [97;100]}
Maximale Anzahl Precursor-Token:	1
Maximale Anzahl Successor-Token:	5

Das Problem der Trivialregeln tritt nicht auf, und es gelingt dem MSDD-I-Algorithmus, die Einschwingvorgänge zu erkennen. Dabei wird nicht nur die Abfolge positiver und negativer Veränderungen in *regel*, sondern sogar das Abschwingen erkannt. Allerdings verteilt sich diese Erkennung jeweils auf mehrere Regeln, wie die folgenden Regelbeispiele, welche die Reaktion auf eine starke Erhöhung des Stellwertes beschreiben, zeigen:

```
69. stell1 IST ++@[1;4]  =>
      regel1 IST - @[13;16] & regel1 IST o+@[25;28] &
      regel1 IST o-@ [37;40]                               (G=413,8)
78. stell1 IST ++@[1;4]  =>
      regel1 IST - @[13;16] & regel1 IST o-@[37;40] &
```

```
     regel1 IST o+@[49;52] & regel1 IST o-@[61;64]      (G=403,3)
89. stell1 IST ++@[1;4]  =>
     regel1 IST ++@[1;4] & regel1 IST - @[13;16]        (G=377)
```

Gemeinsame Analyse von Veränderungen und Niveaus

Eine Untersuchung der Abhängigkeiten zwischen *stell1* und *steuer2* wird mit den folgenden Parametern vorgenommen:

Symbolisierung:	Startwerte
Precursor-Ströme:	{*stell1*}
Successor-Ströme:	{*steuer2*}
Precursor-Intervalle:	{[1;4]}
Successor-Intervalle:	{[1;4], [5;8], ..., [97;100]}
Maximale Anzahl Precursor-Token:	1
Maximale Anzahl Successor-Token:	5

Die wichtigsten Zusammenhänge zwischen *stell* und *steuer* werden erkannt, das Alternieren von *steuer* nach einer Änderung kann jedoch schlechter als bei einer auch für die Kombination von *stell1* und *steuer1* durchgeführten, rein Veränderungs-orientierten Betrachtung erkannt werden. Ein Beispiel für die ansatzweise erfolgreiche Erkennung stellt Regel 9 dar:

```
9. stell1 IST ++@[1;4]  =>
     steuer2 IST --@[1;4] & steuer2 IST - @[9;12] &
     steuer2 IST + @[13;16]                              (G=868,5)
```

Brute-Force

Genau wie bei der kontinuierlichen Symbolisierung wird als nächstes die Abhängigkeit von *regel2* von *allen* erzeugten symbolischen Zeitreihen untersucht:

Symbolisierung:	Startwerte
Precursor-Ströme:	{*stell1*, *stell2*, *steuer1*, *steuer2*, *regel1*, *regel2*}
Successor-Ströme:	{*regel2*}
Precursor-Intervalle:	{[−39;−36], [−35;−32], ..., [−3;0]}
Successor-Intervalle:	{[−3;0]}
Maximale Anzahl Precursor-Token:	5
Maximale Anzahl Successor-Token:	1

Es werden sowohl einfache als auch komplizierte Zusammenhänge gefunden, wie die folgenden Regeln illustrieren:

```
3. steuer2 IST --@[-11;-8]  =>
     regel2 IST ++@[-3;0]                                (G=1215,6)
```

```
 5. steuer1 IST o @[-19;-16] & regel2 IST + @[-15;-12]  =>
      regel2 IST + @[-3;0]                              (G=1156,6)
10. stell1 IST ++@[-11;-8]  =>
      regel2 IST ++@[-3;0]                              (G=969,6)
16. stell1 IST o @[-11;-8] & steuer1 IST o @[-11;-8] &
    steuer2 IST --@[-11;-8] & steuer2 IST - @[-3;0]  =>
      regel2 IST ++@[-3;0]                              (G=907,1)
```

Als größtes Problem dieses „Brute force"-Ansatzes erweist sich, abgesehen von der Laufzeitkomplexität,[6] daß sich als Ergebnis eine Zusammenstellung unterschiedlichster Arten von Regeln ergibt, die nur schwer im Zusammenhang interpretierbar sind. Dem gegenüber führt die Betrachtung kleinerer Gruppen symbolischer Zeitreihen, die anhand der Korrelations- und Entropieanalyse zusammengestellt werden können, im allgemeinen zu einem leichteren Verständnis des Systemverhaltens.

4.9 Anwendung in der Thermischen Abfallbehandlung

Derzeit wird die Eignung des MSDD-I-Algorithmus zur Analyse realer, komplexer Systeme aus dem Bereich der Thermischen Abfallbehandlung untersucht. Ein erster Erfolg bestand in der Ableitung zwar einfacher, aber sinnvoller Zusammenhänge aus Zeitreihen einer energetischen Verwertungsanlage [Kra01].

Bei Anwendung des Verfahrens auf Zeitreihen einer Müllverbrennungsanlage konnten bislang lediglich die Ergebnisse der durchgeführten Korrelations- und Entropieanalysen in Form von Regeln nachvollzogen werden. So wurden etwa zwischen den Größen Feuerraumtemperatur (`t_Feuer`) und Dampfdruck (`p_Dampf`), welche positiv korreliert sind, die folgenden Abhängigkeiten gefunden:

```
1. t_Feuer IST - @[1;20]  =>  p_Dampf IST - @[21;40]   (G=674)
2. t_Feuer IST - @[1;20]  =>  p_Dampf IST - @[1;20]    (G=565,9)
3. p_Dampf IST - @[1;20]  =>  t_Feuer IST - @[1;20]    (G=565,9)
4. t_Feuer IST + @[1;20]  =>  p_Dampf IST + @[1;20]    (G=508,9)
5. p_Dampf IST + @[1;20]  =>  t_Feuer IST + @[1;20]    (G=508,9)
```

Dabei repräsentieren die auftretenden Symbole $-$ und $+$ Veränderungen in den jeweiligen Zeitreihen, und es wurde Startwert-Symbolisierung verwendet.

Es wurden zwar auch komplexere Zusammenhänge zwischen weiteren Zeitreihen gefunden, doch handelte es sich dabei im wesentlichen um isolierte Einzelregeln, die ohne Zusammenhang weder sinnvoll interpretierbar noch nachprüfbar waren. Die aufgetretenen Probleme ähneln damit denen des im vorhergehenden Absatz

[6]Zur Berechnung benötigt die erstellte Java-Implementierung des MSDD-I-Algorithmus auf einem 600Mhz-Pentium-III-PC unter Linux ca. 120 Stunden Rechenzeit.

beschriebenen „Brute-Force"-Ansatzes. Ihre Lösung erfordert die Durchführung weiterer umfangreicher Korrelations- und Entropieanalysen, die dazu dienen, aus den mehr als 40 vorliegenden numerischen Zeitreihen kleinere Gruppen zur symbolischen Analyse zusammenzustellen und den MSDD-I-Algorithmus jeweils mit angepaßten Zeitintervallen zu parametrieren. Letzteres ist deshalb wichtig, da der vorliegenden Prozeß sowohl langsame Verhaltenskomponenten mit Verzögerungszeiten bis zu 20 min als auch solche mit Reaktionszeiten unter 1 min aufweist.[7] Große Verzögerungszeiten treten beispielsweise bei der Abhängigkeit der Leistung von Art und Menge des Brennstoffes, kleine bei der Regelung der Luftzufuhr auf.

4.10 Bewertung

Mit Hilfe des MSDD-I-Algorithmus gelang die Erkennung der wichtigsten Zusammenhänge im Verhalten eines einfachen dynamischen Systems mit Totzeit und ihre Darstellung auf einer abstrakten sprachlichen Ebene. In dem betrachteten Beispiel erwies sich eine Veränderungs-orientierte Betrachtung der numerischen Zeitreihen mit ausschließlicher Repräsentation der Musteranfänge als besonders günstig.

Das Verhalten des betrachteten Kühlhaussystems weist bestimmte Aspekte, wie Totzeitverhalten oder Schwingen auf, die es für den Menschen schwer beherrschbar machen [RD88]. Die Ergebnisse des MSDD-I-Algorithmus wecken deshalb die Hoffnung, mit seiner Hilfe auch andere schwer beherrschbare Systeme analysieren und verstehen zu können.

Der Erfolg des Verfahrens hängt jedoch von bestimmten Randbedingungen ab:

1. Datenrepräsentation

   Der MSDD-I-Algorithmus kann nur Zusammenhänge erkennen, die auch in den symbolischen Zeitreihen repräsentiert sind. Damit bestimmen die gewählten Methoden und Parameter von Kurvenapproximation (Art der Muster, Genauigkeit), Clusterung (Abstraktion, Auflösung) und Symbolisierung entscheidend das erzielbare Analyseergebnis.

   Insbesondere ist im Zusammenhang mit kontinuierlicher Symbolisierung die Problematik der Trivialregeln zu beachten.

2. Parameter

   Die Parameter des MSDD-I-Algorithmus werden vor allem durch die Art der zu untersuchenden Zusammenhänge bestimmt. Hier sind vor allem die Prognose einer Größe auf Basis der Werte anderer Größen (*n*:1-Beziehung) sowie die Frage nach den Auswirkungen der Veränderung einer Größe auf

[7] Besondere Effekte des Anfahrvorgangs, bei dem aufgrund der Erwärmung der Anlage sogar noch größere Verzögerungszeiten auftreten, wurden aufgrund der Seltenheit des Vorgangs nicht betrachtet.

andere Größen (1-zu-n-Beziehung, aufteilbar auf n 1-zu-1-Beziehungen) zu nennen.

Ebenfalls wichtig sind das eingehende Vorwissen, insbesondere über relevante Zeitbereiche, und Überlegungen zur Komplexität der zu suchenden Regeln. Letztere betreffen nicht nur die praxisrelevanten Randbedingungen, welche durch die Laufzeitkomplexität des Verfahrens gegebenen sind, sondern auch die Verständlichkeit der Ergebnisse.

3. Interpretation der Ergebnisse

   Die Interpretation der vom MSDD-I-Algorithmus auf der symbolischen Ebene generierten Ergebnisse hängt entscheidend von der Bedeutung der zugrundeliegenden Symbole und der Art der Abstraktion im Symbolisierungsschritt ab. Sie stellt zum Teil eine Rückübersetzung auf die numerische Ebene dar und erfordert einen Blick in die Symbole, d.h. einen Interpretationsschritt, welchen der MSDD-I-Algorithmus als rein symbolisches Verfahren nicht leisten kann.

   Während eine einzelne Ergebnisregel bei Kenntnis der Symbolbedeutungen meist relativ leicht zu verstehen ist, erwies sich im Rahmen der Untersuchungen zum Kühlhausbeispiel die Interpretation der Ergebnismengen im Zusammenhang teilweise als sehr schwierig. Wünschenswert ist deshalb eine bessere Unterstützung des Anwenders durch eine geeignete Aufbereitung der Regelmengen. Diese sollte insbesondere die Aspekte Redundanz, Widersprüchlichkeit und Abdeckung von Ein- und Ausgaberaum betreffen.

In den genannten Randbedingungen spiegelt sich der Prozeßcharakter der Datenanalyse wieder (siehe Abschnitt 3.1). Dieser bestimmt bei jeder Anwendung des neu entwickelten Data-Mining-Verfahrens „MSDD-I" die jeweils aktuelle Fragestellung und beeinflußt damit maßgeblich Datenrepräsentation, Parametrierung und Ergebnisinterpretation.

Aus Sicht der Modellbildung handelt es sich bei dem Kühlhaussystem um ein eher einfaches, analytisch vollständig beschreibbares und gut verstandenes System (siehe [Hüb89]). Daher zeigen die durchgeführten Untersuchungen zwar die prinzipielle Eignung der in Kapitel 3 entwickelten Methodik zur Analyse dynamischer Systeme, eine abschließende Bewertung ist jedoch allein aufgrund der Simulationsergebnisse nicht möglich. Auch die wenigen bisher anhand realer Prozesse erzielten Resultate sind zwar als vielversprechend einzuschätzen, ermöglichen jedoch ebenfalls noch keine abschließende Bewertung.

Kapitel 5

Verhaltensmodellierung mit t-Fuzzy-Systemen

Zur Ergänzung der theoretischen Beschreibung von Abschnitt 3.4 werden im folgenden Kapitel erste bei der Umsetzung von t-Fuzzy-Systemen gewonnene Erfahrungen vorgestellt. Hierzu werden in experimenteller Form verschiedene Fuzzy-Mengen und Regelsätze definiert, mit denen wesentliche Aspekte des Verlaufs von Zeitreihen, bzw. des Verhaltens der zugrundeliegenden Systeme, realisiert werden. Ein wesentliches Ziel bildet dabei die Umsetzung musterbasierter Regeln, wie sie als Ergebnisse einer Datenanalyse nach dem in Abschnitt 3.3 beschriebenen Schema auftreten.

5.1 Implementierung

Als Umgebung für die Umsetzung und Anwendung von t-Fuzzy-Systemen zur Verhaltenssimulation wird im Rahmen der vorliegenden Arbeit Matlab verwendet. Es beinhaltet neben der Programmiersprache (Interpreter) u.a. zahlreiche Toolboxen sowie Standardelemente zur grafischen Darstellung von Vektoren (Zeitreihen), so daß sich die vorgenommene Implementierung auf die Umsetzung der t-Fuzzy-Systeme selbst beschränken kann.

Die Grundlage der Programmierung von t-Fuzzy-Systemen bildet ein matrizenbasierter Fuzzy-Systemansatz [MGJ01]. Er stellt eine besonders effiziente Matlab-Implementierung von Mamdani-Fuzzy-Systemen dar, da für alle auftretenden Fuzzy-Operationen (Inferenz, Defuzzifizierung) Matrizenoperationen verwendet werden und insbesondere die in Matlab vergleichsweise langsamen Schleifen vermieden werden.

Die zunächst beabsichtigte Verwendung der Standard-Fuzzy-Toolbox von Matlab [JG95] wurde verworfen, da mit ihr keine Veränderung der Termauswertung innerhalb der Toolbox realisiert werden konnte.

Der alternativ untersuchte Ansatz, durch vollständiges Ersetzen der Termauswertung und Manipulation der Zugehörigkeitsfunktionen indirekt die gewünschten Ergebnisse zu erzielen, funktionierte zwar, führte jedoch zu aus Sicht der Softwaretechnik unbefriedigenden Ergebnissen. Zum einen erschwerten die zusätzlichen Verarbeitungsschritte zur Umgehung der Fuzzy-Termauswertung von Matlab ein Nachvollziehen der Ergebnisse, zum anderen ergab sich gegenüber der gewählten matrizenbasierten Implementierung ein um den Faktor 100 schlechteres Laufzeitverhalten.

Fuzzifizierung

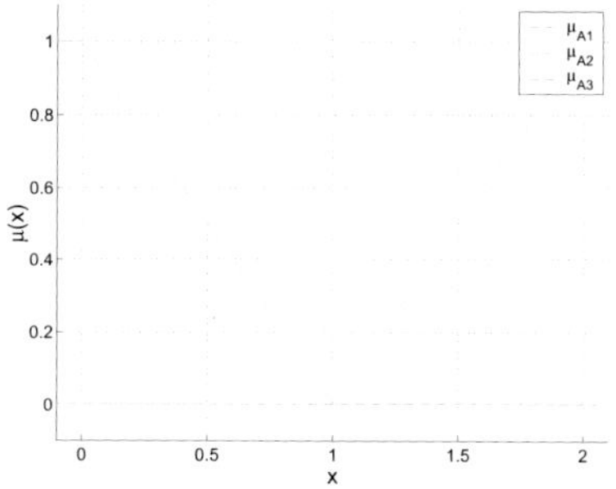

Abbildung 5.1: Beispiel für dreieckförmige Zugehörigkeitsfunktionen.

Die verwendete matrizenbasierte Implementierung ermöglicht die Definition dreieckförmiger Zugehörigkeitsfunktionen für die Fuzzy-Mengen $A_{i,1}$, …, $A_{i,n_{A_i}}$ der Eingangsgrößen X_i.[1] Dabei werden die Fuzzy-Mengen nach der Reihenfolge der Werte mit Zugehörigkeitswert 1 sortiert, und die Zugehörigkeitsfunktion μ_A einer Menge A ist durch den Wert x_A mit Zugehörigkeitsgrad $\mu_A(x_A) = 1$ sowie die entsprechenden Werte der benachbarten Fuzzy-Mengen eindeutig definiert.

Beispielsweise werden die in Abbildung 5.1 gezeigten Fuzzy-Mengen A_1, A_2 und A_3 durch die Werte $x_{A_1} = 0, x_{A_2} = 1$ und $x_{A_3} = 2$ implizit bestimmt. Der Zugehörigkeitswert $\mu_{A_1}(x)$ der ersten Menge beträgt 1 für Werte kleiner als x_{A_1} und 0 für Werte größer als x_{A_2}. $\mu_{A_2}(x)$ der zweiten Menge beträgt 0 für Werte kleiner als x_{A_1} oder größer als x_{A_3}, sowie 1 für x_{A_2}. Abgesehen von Werten links oder rechts des durch die x_{A_i} aufgespannten Wertebereichs ergeben sich die Zwischenwerte der Zugehörigkeitsfunktionen durch lineare Interpolation. Dabei ergänzen sich die Zugehörigkeitsfunktionen für jeden Wert x zu 1:

$$\forall x : \sum_{i=1}^{n_A} \mu_{A_i}(x) = 1.$$

[1] Durch Vereinigung „benachbarter“ Fuzzy-Mengen können auch trapezförmige Fuzzy-Mengen definiert werden.

Fuzzy-Mengen im Zeitbereich

Fuzzy-Mengen im Zeitbereich werden durch Aufzählung der Zugehörigkeitswerte für den relevanten diskreten Zeitbereich („Gedächtnis") spezifiziert.

Prämissenauswertung

Die Vereinigung von Fuzzy-Mengen einer Eingangsgröße wird durch Addition der Zugehörigkeitswerte realisiert und ermöglicht die Disjunktion paarweise verschiedener Fuzzy-Terme *einer* Eingangsgröße, d.h.

$$\mu_{A_i \cup A_j}(x) = \mu_{A_i}(x) + \mu_{A_j}(x) \text{ mit } 1 \leq i, j \leq n_A \text{ und } i \neq j.$$

Eine Vereinigung von Fuzzy-Mengen bzw. eine Oder-Verknüpfung von Fuzzy-Termen unterschiedlicher Eingangsgrößen ist nicht vorgesehen, kann jedoch indirekt durch Verwendung einer Menge von Fuzzy-Regeln mit identischer Konklusion realisiert werden. Als Fuzzy-Operator für die Konjunktion von Fuzzy-Termen unterschiedlicher Eingangsgrößen dient das Produkt.

Zur Erweiterung auf t-Fuzzy-Systeme wird bei der internen Repräsentation jede auftretende Kombination zwischen einer Eingangsgröße und einer Fuzzy-Menge im Zeitbereich als eigene Größe repräsentiert. Dabei werden nur solche Kombinationen modelliert, die tatsächlich innerhalb mindestens einer Regel verwendet werden, weil sonst die Anzahl von Größen schnell sehr groß und damit die Auswertung ineffizient wird.[2] Mit diesem Ansatz muß innerhalb des Fuzzy-Systems lediglich die Fuzzy-Termauswertung verändert werden, wobei die Varianten „Mittelwert-Produkt" (siehe Gleichung 3.49) und „Max-Produkt" realisiert wurden. Bezogen auf die Definition der t-Fuzzy-Termauswertung nach Gleichung 3.45 in Abschnitt 3.4.4 bedeutet dies, daß als Funktion g im ersten Fall die in Gleichung 3.47 definierte Summe und im zweiten Fall – als Beispiel für die Verwendung einer t-Conorm – das Maximum verwendet wird. Als t-Norm für f nach Gleichung 3.46 dient jeweils das Produkt.

In den folgenden Experimenten wird, abgesehen von wenigen Ausnahmen, „Summe-Produkt" zur t-Fuzzy-Termauswertung verwendet. Die Form der Fuzzy-Mengen im Zeitbereich ist bei der erfolgten Implementierung nicht eingeschränkt.

Inferenz und Defuzzifizierung

Als Methode für die Fuzzy-Inferenz (Aktivierung und Akkumulation) wird „Summe-Produkt" eingesetzt. „Max-Min" und die in [MGJ01] eingeführten modifizierten Fuzzy-Inferenzoperatoren werden im Rahmen der vorliegenden Arbeit nicht verwendet.

---

[2] Bei n_T Fuzzy-Mengen im Zeitbereich und n_x Eingangsgrößen können maximal $n_T * n_x$ Kombinationen auftreten.

Bei den konklusionsseitigen Fuzzy-Mengen handelt es sich ausschließlich um Singletons, d.h. der Wert der Zugehörigkeitsfunktion μ_{B_j} einer Konklusions-Fuzzy-Menge B_j beträgt 1 für genau einen Wert y_{B_j} und sonst 0:

$$\mu_{B_j}(y) = \begin{cases} 1, \text{ falls } y = y_{B_j}, \\ 0, \text{ sonst.} \end{cases}$$

Als Ergebnis des Defuzzifizierungsschrittes wird ein gewichteter Mittelwert dieser Werte y_{B_j} berechnet, wobei sich die Gewichtung aus dem Ergebnis der Akkumulation ergibt. Betragen nach dem Akkumulationsschritt alle Gewichte Null, so wird die Konklusion einer zwingend anzugebenden Default-Regel aktiviert.

Algorithmus

TFuzzySimulation(n_U, n_Y, l, n, zgf_X, zgf_Y, zgf_T, *Rulebase*)

(1) $n_X = n_U + n_Y$

(2) Initialize($X(1:l,\ 1:n_X)$)

(3) $XFuzz(1:l,\ 1:n_A) =$ Fuzzify($X(1:l,\ 1:n_X)$, zgf_X)

(4) **for** $t = l+1$ **to** n **do**

(5) $\quad X(t,\ 1:n_U) = U(t,\ 1:n_U)$

(6) $\quad XFuzz(l+1,\ 1:n_A) =$ Fuzzify($X(t,\ 1:n_X)$, zgf_X)

(7) $\quad XTFuzz(1:n_F) =$ EvaluatePremises($XFuzz$, zgf_T, *Rulebase*)

(8) $\quad Y(1:n_Y) =$ Inferenz($XTFuzz$, *Rulebase*, zgf_Y)

(9) $\quad X(t,\ n_U+1:n_X) = Y(1:n_Y)$

(10) $\quad XFuzz(1:l) = XFuzz(2:l+1)$

(11) **end for**

(12) **return**(X)

Abbildung 5.2: Implementierung von t-Fuzzy-Systemen.

Insgesamt ergibt sich der in Abbildung 5.2 dargestellte Algorithmus zur Verhaltenssimulation mit t-Fuzzy-Systemen.

Als Parameter werden die Anzahl Stellgrößen n_U, die Anzahl Ausgangsgrößen n_Y, die erforderliche Länge des „Gedächtnisses“ l, die zeitliche Länge der Simulation n, die Fuzzy-Mengen (Zugehörigkeitsfunktionen) zgf_X der in Regelprämissen auftretenden Größen, die Fuzzy-Mengen zgf_Y der in Konklusionen auftretenden

Größen, die Fuzzy-Mengen im Zeitbereich zgf_T und die Regelbasis *Rulebase* übergeben.

Die Anzahl n_X aller Eingangsgrößen, welche in Regelprämissen auftreten können, ergibt sich als Summe von n_U und n_Y (1). Vor Beginn der Simulation wird eine Matrix X angelegt, welche nach Abschluß der Simulation den zeitlichen Verlauf aller Größen wiedergibt (12), und für die ersten l Zeitpunkte initialisiert (2), so daß die t-Fuzzy-Mengen aller ab Zeitpunkt $l+1$ ausgewerteten t-Fuzzy-Regeln wohldefiniert sind.

In Schritt (3) wird eine Matrix *XFuzz* angelegt und zum Teil initialisiert, welche die Zugehörigkeitswerte der Werte aller Eingangsgrößen zu den jeweiligen Fuzzy-Mengen innerhalb des „Gedächtnisses" enthält. Die Anzahl der Fuzzy-Werte $n_A = \sum_{i=1}^{n_X} n_{A_i}$ für jeden Zeitpunkt ergibt sich aus der jeweiligen Anzahl der Fuzzy-Mengen n_{A_i} für jede Eingangsgröße X_i. *XFuzz* ermöglicht die inkrementelle Berechnung und Aktualisierung der Fuzzy-Werte innerhalb des Gedächtnisses und dient der Vermeidung unnötiger Fuzzifizierungsschritte.

In der folgenden Schleife (4 bis 11) werden für jeden Zeitpunkt t ab Zeitpunkt $l+1$ zunächst die aktuellen Stellgrößen eingelesen (5), und es wird die Matrix der fuzzifizierten Eingangsgrößen vervollständigt (6). Danach werden für den jeweils aktuellen Zeitpunkt t alle n_F in *Rulebase* auftretenden unterschiedlichen t-Fuzzy-Mengen ausgewertet (7), und im folgenden Schritt wird die Fuzzy-Inferenz nach [MGJ01] aufgerufen (8). Diese beinhaltet gleichzeitig die Defuzzifizierung und berechnet die Werte aller Ausgangsgrößen, welche anschließend in die Matrix X eingetragen werden (9), so daß auf die rückgekoppelten Werte im nächsten Schleifendurchlauf zugegriffen werden kann. In (10) werden die fuzzifizierten Eingangsgrößen in *XFuzz* verschoben, um den nächsten Schleifendurchlauf vorzubereiten.

Nach vollständigem Durchlauf der Schleife enthält X den zeitlichen Verlauf der Werte aller Eingangsgrößen (12) bis zum Zeitpunkt n inklusive der rückgekoppelten Ausgangsgrößen.

5.2 Explizite Modellierung von Zeitabhängigkeiten

Einer der wichtigsten Gründe für die Entwicklung von t-Fuzzy-Systemen war der Wunsch, Zeitabhängigkeiten explizit modellieren zu können. Dabei können sich Zeitangaben sowohl auf scharfe (relative) Zeitpunkte als auch auf Zeitbereiche beziehen. Beide Fälle werden im folgenden beispielhaft abgedeckt.

5.2.1 Modellierung von Totzeiten

Eine Totzeit bewirkt die zeitliche Verschiebung einer Größe. Mit der Eingangsgröße X und der Ausgangsgröße Y definiert die Gleichung:

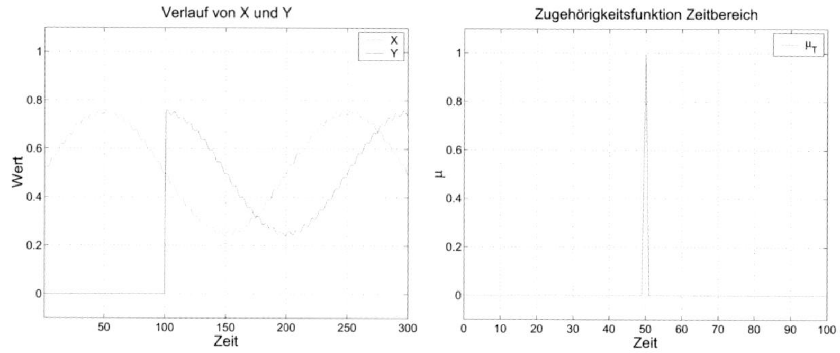

Abbildung 5.3: Beispiel für die zeitliche Verschiebung des Eingangssignals (links) und Zugehörigkeitsfunktion im Zeitbereich für eine Totzeit $\Delta t = 50$ (rechts).

$$y(t) = x(t - \Delta t)$$

ein System mit der Totzeit Δt. In Abbildung 5.3, links, ist das resultierende Verhalten von Y ab Zeitpunkt $t = 101$ für ein angenommenes Eingangssignal X und eine Totzeit $\Delta t = 50$ zu sehen.

Sind der Wertebereich $[a; b]$ der Zeitreihe X und die Totzeit Δt vorgegeben, so läßt sich das System mit Hilfe eines einfachen t-Fuzzy-Systems nachbilden. Zunächst wird die Fuzzy-Menge T zur Modellierung der Totzeit Δt durch die Zugehörigkeitsfunktion:

$$\mu_T(t) = \begin{cases} 1, & \text{falls } t = \Delta t, \\ 0, & \text{sonst.} \end{cases}$$

als Singleton im Zeitbereich definiert, wie Abbildung 5.3, rechts, für $\Delta t = 50$ zeigt.

Für X werden die Fuzzy-Mengen A_1 und A_2 mit dreieckförmigen Zugehörigkeitsfunktionen und $\mu_{A_1}(a) = 1$ sowie $\mu_{A_2}(b) = 1$ verwendet. Als Fuzzy-Mengen für Y werden die Singletons $\mu_{B_1}(a) = 1$ und $\mu_{B_2}(b) = 1$ definiert. Es ergeben sich die in Abbildung 5.4 beispielhaft für einen angenommenen Wertebereich $[0;\ 1]$, d.h. $a = 0$ und $b = 1$, dargestellten Verläufe.

Die t-Fuzzy-Regeln lauten:

$$\text{Wenn } [X \text{ ist } A_1@T] \text{ Dann } [Y \text{ ist } B_1].$$
$$\text{Wenn } [X \text{ ist } A_2@T] \text{ Dann } [Y \text{ ist } B_2].$$

Hiermit wird ein gewichteter Mittelwert zwischen a (B_1) und b (B_2) realisiert. Dieser hängt von den Zugehörigkeitswerten des Wertes von X vor der Totzeit Δt (T) zu A_1 bzw. A_2 ab, d.h. im Prinzip von seinem Abstand zu a bzw. b.

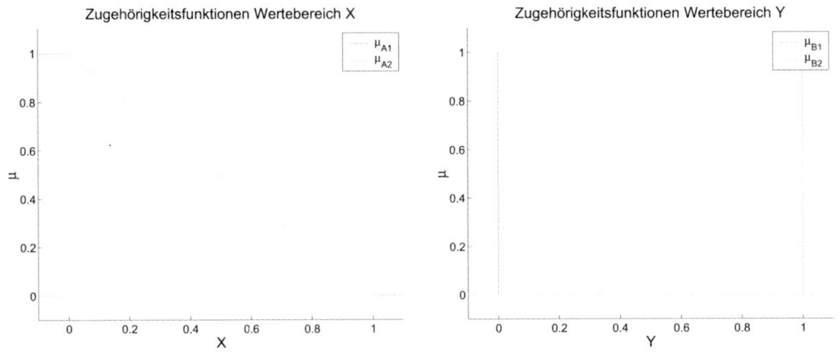

Abbildung 5.4: Zugehörigkeitsfunktion für X (links) und Y (rechts) bei einem Wertebereich $[0;\ 1]$.

5.2.2 Modellierung eines linearen Filters

Ein lineares Filter bewirkt die Glättung einer Zeitreihe durch Berechnung des gewichteten Mittels aus einem vorgegebenen (relativen) Zeitbereich (siehe auch Abschnitt 3.2.1, Gleichung 3.2). Die „Summe-Produkt"-Methode zur Auswertung eines t-Fuzzy-Terms $[X_i \text{ ist } A_{i,j}@T_k]$ nach Gleichung 3.47 entspricht gerade einer solchen linearen Filterung der Zugehörigkeitswerte $\mu_{A_{i,j}}(x_i(t))$ im Wertebereich. Dabei entsprechen die Filterkoeffizienten den Werten $\mu_{T_k}(\Delta t)$ der Zugehörigkeitsfunktion im Zeitbereich.

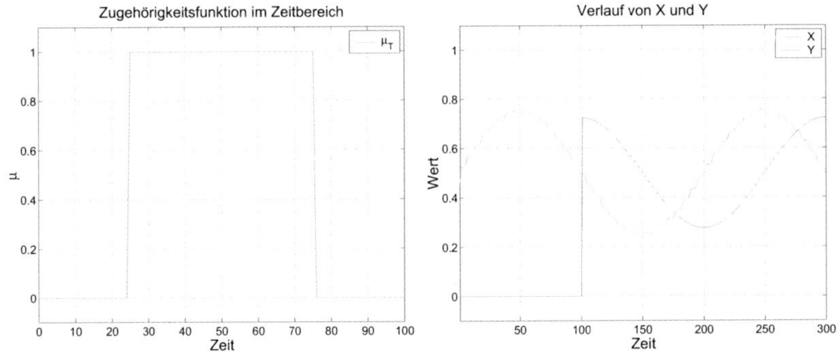

Abbildung 5.5: Beispiel für Glättung durch Mittelwertbildung und gleichzeitige Verschiebung um $\Delta t = 50$. Fuzzy-Menge im Zeitbereich (links) sowie Verlauf von Eingangssignal X und Ausgangssignal Y (rechts).

Abbildung 5.5 zeigt ein Beispiel für eine Glättung durch gleitenden Durchschnitt nach Gleichung 3.1 mit einer Fensterbreite von $w = 51$ (symmetrisch um $\Delta t = 50$). Die Mitte des Zeitfensters ist so gewählt, daß die Zeitreihe bei der Filterung gleich-

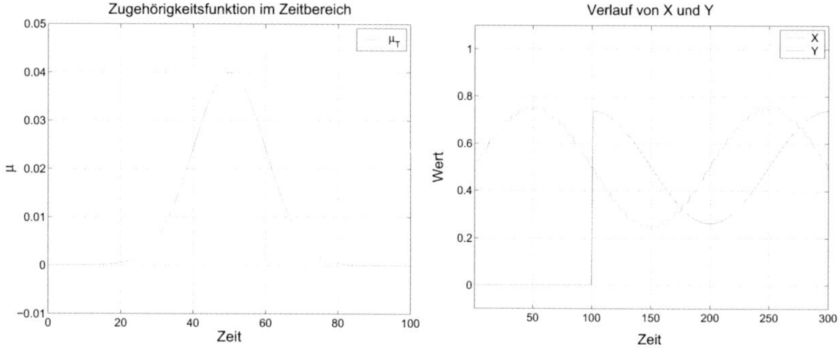

Abbildung 5.6: Beispiel für Gauß-gewichtete Glättung und gleichzeitige Verschiebung um $\Delta t = 50$. Fuzzy-Menge im Zeitbereich (links) sowie Verlauf von Eingangssignal X und Ausgangssignal Y (rechts).

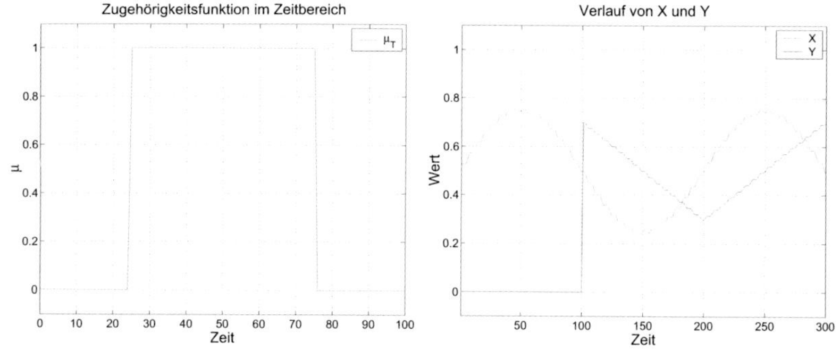

Abbildung 5.7: Beispiel für ein Ergebnis mit der Maximum-Produkt-Methode zur t-Fuzzy-Termauswertung. Fuzzy-Menge im Zeitbereich (links) sowie Verlauf von Eingangssignal X und Ausgangssignal Y (rechts).

zeitig um $\Delta t = 50$ Zeitschritte verschoben wird. Es werden derselbe Regelsatz und – abgesehen von T – dieselben Fuzzy-Mengen wie bei der Modellierung der Totzeit verwendet.

Analog sind in Abbildung 5.6 die Zugehörigkeitsfunktion im Zeitbereich und das Ergebnis bei Modellierung eines Gauß-Filters nach Gleichung 3.3 mit $\sigma = 10$ dargestellt. Abbildung 5.7 zeigt die Abhängigkeit des Ergebnisses von der gewählten Methode zur t-Fuzzy-Termauswertung.

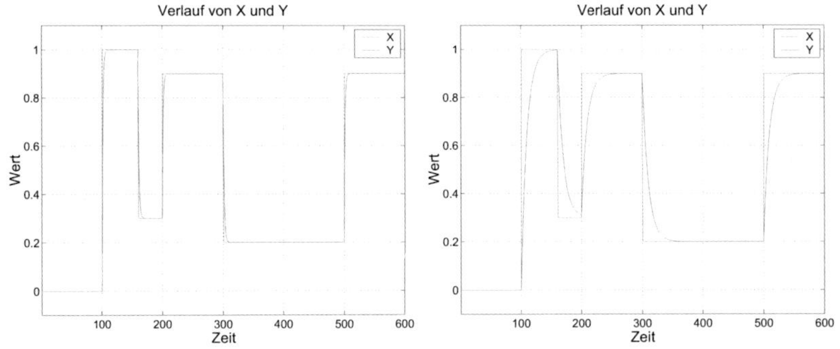

Abbildung 5.8: Verhalten eines Systems mit Verzögerungszeit für $\alpha = 0.5$ (links) und $\alpha = 0.1$ (rechts).

5.2.3 Modellierung eines Systems mit Verzögerung

Als weiteres Beispiel für die explizite Modellierung von Zeitabhängigkeiten wird das folgende System mit Eingangsgröße X und Ausgangsgröße Y betrachtet:

$$\begin{aligned} y(1) &= c \\ y(t) &= \alpha\, x(t) + (1-\alpha)\, y(t-1) \text{ für } 0 \leq \alpha \leq 1 \text{ und } t > 1. \end{aligned} \tag{5.1}$$

Für $\alpha = 0$ ergibt sich ein konstanter Verlauf mit dem Anfangswert c, d.h. $\forall t, t > 0 : y(t) = c$, für $\alpha = 1$ folgt Y unmittelbar der Eingangsgröße X, d.h. $\forall t, t > 1 : y(t) = x(t)$. Gilt $0 < \alpha < 1$, so ergibt sich ein System mit Verzögerungszeit, bei dem sich der Wert von Y dem von X asymptotisch nähert. Dieses Verhalten ist in Abbildung 5.8 für $\alpha = 0.5$ und $\alpha = 0.1$ dargestellt.

Direkte Modellierung

Im Fall $\alpha = 0.5$ kann zur Modellierung ein einfaches t-Fuzzy-System verwendet werden:

Wenn $[X \text{ ist } A_1@T_1]$ Dann $[Y \text{ ist } B_1]$.
Wenn $[X \text{ ist } A_2@T_1]$ Dann $[Y \text{ ist } B_2]$.
Wenn $[Y \text{ ist } A_1@T_2]$ Dann $[Y \text{ ist } B_1]$.
Wenn $[Y \text{ ist } A_2@T_2]$ Dann $[Y \text{ ist } B_2]$.

Es realisiert in jedem Schritt eine Interpolation zwischen dem vorhergehenden Wert von Y und der aktuellen Vorgabe X, so daß sich der Abstand zwischen X

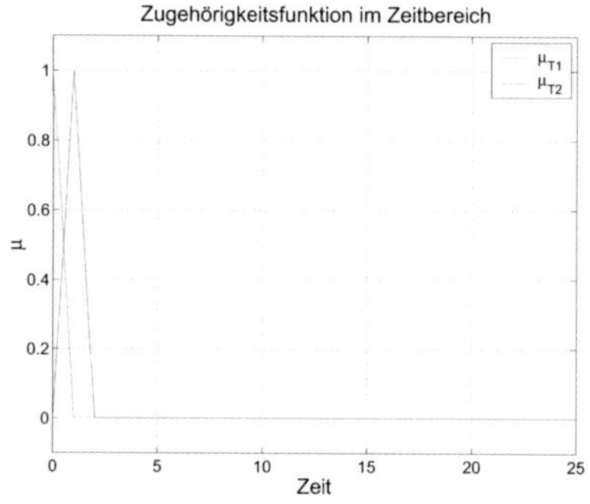

Abbildung 5.9: Fuzzy-Mengen im Zeitbereich.

und der rückgekoppelten Größe Y halbiert. Der Unterschied zu einem konventionellen Mamdani-System besteht lediglich darin, daß die Zwischenspeicherung von Y nicht extern behandelt wird, sondern über T_2 spezifiziert wird. Die Zugehörigkeitsfunktionen im Zeitbereich zeigt Abbildung 5.9, im Wertebereich kommen die bereits bekannten Fuzzy-Mengen zum Einsatz (siehe Abbildung 5.4).

Der Interpolationsansatz ergibt sich direkt aus Gleichung 5.1 und nutzt die Eigenschaften der gewählten Fuzzy-Inferenz und Defuzzifizierung aus. Bei Verwendung gewichteter Fuzzy-Regeln läßt er sich auch auf beliebige andere Werte von α übertragen. Stehen keine Regelgewichte zur Verfügung, so kann ein entsprechender Effekt gegebenenfalls durch Regelwiederholung simuliert werden.[3]

Verhaltensorientierte Modellierung

t-Fuzzy-Systeme ermöglichen eine alternative Modellierung auf Basis des aus den Zeitreihen entnehmbaren Verhaltens. Eine anschauliche, das Verhalten des Systems charakterisierende Größe ist die Halbwertzeit. Dies ist die Zeit, nach der sich der Abstand zwischen den Werten der Ausgangsgröße Y und der Eingangsgröße X halbiert. Sie läßt sich direkt aus den Kurven von Abbildung 5.8 ablesen. Für $\alpha = 0.5$ beträgt sie 1, für $\alpha = 0.1$ ergibt sich $t_{HWZ} \approx 7$.[4]

Wird die Fuzzy-Menge T_1 wie oben und die Fuzzy-Menge T_3 als Singleton zur Repräsentation der Halbwertzeit mit

$$\mu_{T_3}(t) = \begin{cases} 1, & \text{für } t = t_{HWZ} \\ 0, & \text{sonst} \end{cases},$$

gewählt, so läßt sich in einem ersten Schritt die charakteristische Eigenschaft der

[3]Eine exakte Simulation ist auf diese Weise für alle rationalen Werte von α möglich.

[4]Rechnerisch ergibt sich $t_{HWZ} = \frac{log(0.5)}{log(1-\alpha)} = 6.5788$.

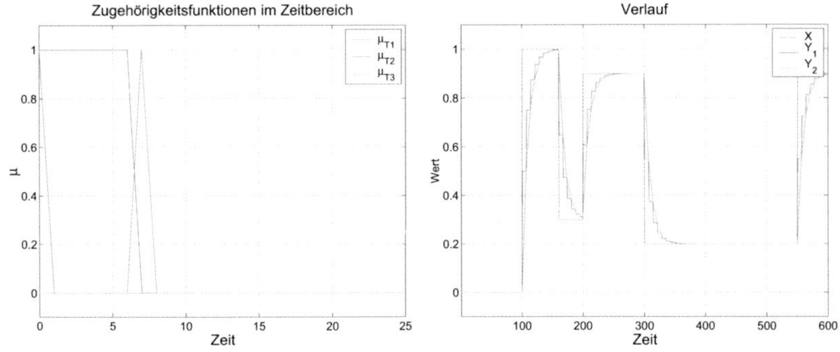

Abbildung 5.10: Fuzzy-Mengen im Zeitbereich zur Modellierung einer Halbwertzeit $\Delta t = 7$ (links) und Verlauf (rechts).

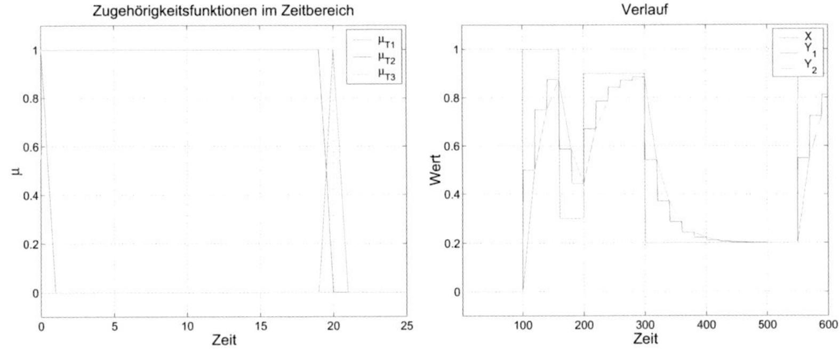

Abbildung 5.11: Modellierung einer Halbwertzeit $\Delta t = 20$. Fuzzy-Mengen im Zeitbereich (links) und Verlauf (rechts).

Halbwertzeit direkt in ein t-Fuzzy-System umsetzen:[5]

$$\text{Wenn } [X \text{ ist } A_1@T_1] \text{ Dann } [Y_1 \text{ ist } B_1].$$
$$\text{Wenn } [X \text{ ist } A_2@T_1] \text{ Dann } [Y_1 \text{ ist } B_2].$$
$$\text{Wenn } [Y_1 \text{ ist } A_1@T_3] \text{ Dann } [Y_1 \text{ ist } B_1].$$
$$\text{Wenn } [Y_1 \text{ ist } A_2@T_3] \text{ Dann } [Y_1 \text{ ist } B_2].$$

Für $t_{HWZ} = 7$ ergeben sich die in Abbildung 5.10, links, abgebildeten Fuzzy-Mengen im Zeitbereich sowie der im rechten Teilbild dargestellte Verlauf (grüne Kurve). Es ist zu erkennen, daß nach einer Veränderung von X der Wert von Y_1 sofort folgt und der Abstand halbiert wird. Nach diesem Sprung verändert sich Y_1 bis zum Ablauf der Halbwertzeit nicht, da das t-Fuzzy-System über T_3 auf ältere Werte von

[5] Zur Unterscheidung von der direkten Modellierung wird die Ausgangsgröße mit Y_1 bezeichnet.

Y_1 zurückgreift. Erst danach erfolgt der nächste Sprung von Y_1, welcher wiederum den Abstand zwischen X und Y_1 halbiert, so daß sich prinzipiell das gewünschte Verhalten ergibt.

Sichtbare Probleme ergeben sich lediglich zu den Zeitpunkten, an denen ein neuer Sprung von X erfolgt, bevor Y_1 sich X ausreichend genähert hat (siehe Zeitintervall [150; 200] in Abbildung 5.10). Die Probleme sind darauf zurückzuführen, daß hier auf ältere Werte von Y_1 zugegriffen wird, welche zu stark vom Wert zum Zeitpunkt direkt vor der Veränderung von X abweichen. Der Regelsatz stellt jedoch zumindest die Korrektheit von Y_1 nach jedem Vielfachen von t_{HWZ} ab dem Zeitpunkt einer Veränderung von X sicher.

In einem zweiten Schritt wird der Verlauf von Y_1 geglättet. Hierzu ist beispielsweise die Anwendung eines linearen Filters geeignet, welches, wie im vorhergehenden Abschnitt erläutert, durch ein einfaches t-Fuzzy-System realisiert werden kann. Eine Glättung durch gleitenden Durchschnitt nach Gleichung 3.1 mit einer Fensterbreite $w = t_{HWZ}$ kann etwa mit Hilfe einer Fuzzy-Menge T_2 (siehe Abbildung 5.10, links) und Verwendung des folgenden Regelsatzes:

$$\text{Wenn } [Y_1 \text{ ist } A_1@T_2] \text{ Dann } [Y_2 \text{ ist } B_1].$$
$$\text{Wenn } [Y_1 \text{ ist } A_2@T_2] \text{ Dann } [Y_2 \text{ ist } B_2].$$

realisiert werden. Sie bewirkt eine lineare Interpolation zwischen den korrekten Punkten von Y_1, so daß im Ergebnis Y_2 qualitativ das zu modellierende Verhalten aufweist, wie ein Vergleich des Verlauf von Y_2 in Abbildung 5.10, rechts, mit dem Verlauf von Y in Abbildung 5.8, rechts, zeigt. Abbildung 5.11 illustriert die Allgemeingültigkeit des Ansatzes am Beispiel einer Halbwertzeit von $t_{HWZ} = 20$.

5.3 Mustererkennung und -generierung

Vor dem Hintergrund des neu entwickelten Ansatzes zur Datenanalyse kommt der Möglichkeit, musterbasierte Regeln (MSDD-I-Abhängigkeitsbeziehungen) in t-Fuzzy-Regeln umzusetzen, eine besondere Bedeutung zu. Grundlage hierfür bilden die erfolgreiche Erkennung und die Generierung von Mustern mit Hilfe von t-Fuzzy-Regeln. Die folgenden Ausführungen dienen der Ergänzung der entsprechenden theoretischen Überlegungen aus Abschnitt 3.4.7.

Als Beispiel werde eine Zeitreihe X, gegeben durch:

$$x(t) = \sin\left(\frac{t}{20} * 2\pi\right) \qquad \text{mit } t > 0$$

betrachtet. Es handelt sich um eine Sinuskurve mit einer Periodendauer $t_P = 20$ (siehe Abbildung 5.12, links).

Ziel sei die Nachbildung der Zeitreihe X als Folge der darin erkannten Muster. Hierzu werden zunächst geeignete Muster zur abstrakten Beschreibung der Zeitreihe definiert, danach Signale (Zeitreihen) und t-Fuzzy-Regeln zur Erkennung der

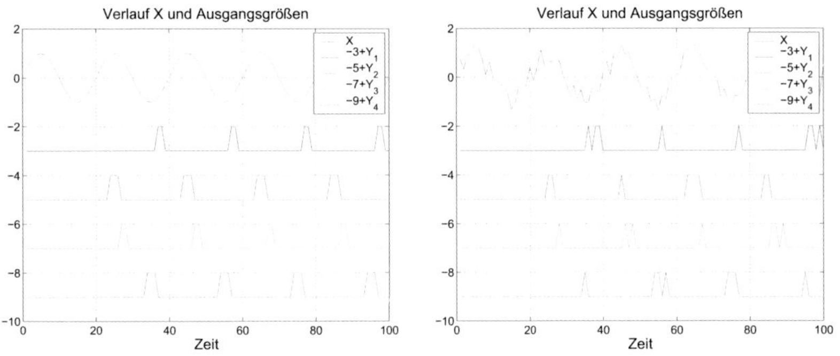

Abbildung 5.12: Erkennung von Mustern in einer Sinuskurve. Kurvenverlauf sowie Erkennungssignale für eine ungestörte (links) und eine gestörte Zeitreihe (rechts) ab Zeitpunkt $t = 20$. Zur Verbesserung der Lesbarkeit sind die Erkennungssignale, welche zwischen Werte von 0 und 1 annehmen, im Wertebereich verschoben aufgetragen.

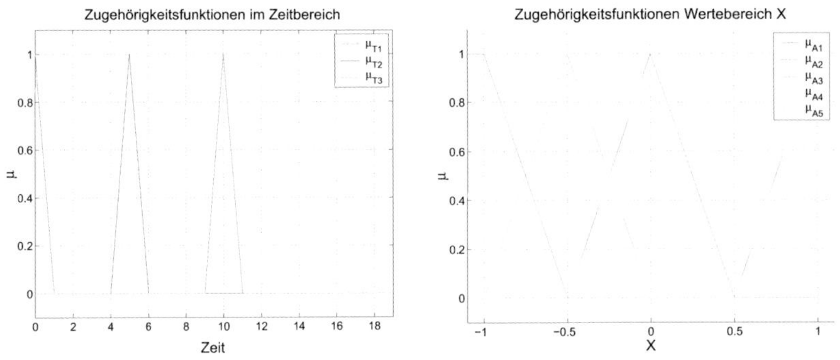

Abbildung 5.13: Zugehörigkeitsfunktionen im Zeitbereich (links) und im Wertebereich von X (rechts).

Muster festgelegt, und zum Schluß wird ein t-Fuzzy-System zur Generierung einer neuen Zeitreihe auf Basis der Erkennungssignale entwickelt. Hinter dem skizzierten Ansatz steht die Idee, daß sich durch die Generierung von gerade in X erkannten Mustern eine zeitlich verschobene Zeitreihe mit qualitativ gleichem Verlauf ergibt.

Muster-orientierte Beschreibung

Eine Möglichkeit der abstrakten musterbasierten Betrachtung des Verlaufs von X besteht in der Beschreibung als Folge positiver und negativer Trends. So repräsentiert etwa das Muster $m_{TP} = (-1,\ 1,\ 10,\ 2,\ 0.2)$ den Übergang von $m_s = -1$

zu $m_e = 1$ innerhalb von $t_l = 10$ Zeitschritten mit dem Werteunterschied $\delta = 2$ und dem Gradient $\gamma = 0.2$, während durch $m_{TN} = (1,\ -1,\ 10,\ -2,\ -0.2)$ der gegenläufigen Trend beschrieben wird (vgl. Abschnitt „Muster zur Approximation von Zeitreihen" in Kapitel 3.2.1).

Ergänzend kann die Kurve auch durch Niveaus, in der Umgebung der Extrema etwa durch die Muster $m_{NP} = (1,\ 1,\ 5,\ 0,\ 0)$ bzw. $m_{NN} = (-1,\ -1,\ 5,\ 0,\ 0)$, approximiert werden.

Mustererkennung

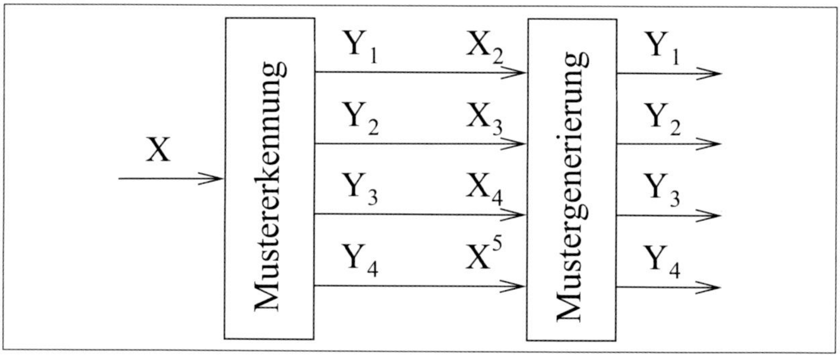

Abbildung 5.14: Zusammenwirken von Mustererkennung und -Generierung.

Zur Erkennung der genannten Muster in der Zeitreihe X wird für jedes Muster ein Signal Y_i, $1 \leq i \leq 4$, definiert, welches bei Erkennung des Musters den Wert 1 und sonst den Wert 0 annimmt. Dies kann bei Verwendung der Fuzzy-Mengen T_1, T_2 und T_3 im Zeitbereich (siehe Abbildung 5.13, links), der Fuzzy-Mengen $A_1, A_2, \ldots, A_5$ im Wertebereich von X (siehe Abbildung 5.13, rechts) sowie der bekannten Fuzzy-Mengen im Wertebereich von Y (siehe Abbildung 5.4, rechts) mit den folgenden t-Fuzzy-Regeln erreicht werden:

Wenn $[X \text{ ist } A_1@T_2]$ und $[X \text{ ist } A_1@T_1]$
  Dann $[Y_1 \text{ ist } B_2]$.
Sonst $[Y_1 \text{ ist } B_1]$.

Wenn $[X \text{ ist } A_1@T_3]$ und $[X \text{ ist } A_3@T_2]$ und $[X \text{ ist } A_5@T_1]$
  Dann $[Y_2 \text{ ist } B_2]$.
Sonst $[Y_2 \text{ ist } B_1]$.

Wenn $[X \text{ ist } A_5@T_2]$ und $[X \text{ ist } A_5@T_1]$
  Dann $[Y_3 \text{ ist } B_2]$.
Sonst $[Y_3 \text{ ist } B_1]$.

Wenn [X ist $A_5@T_3$] und [X ist $A_3@T_2$] und [X ist $A_1@T_1$]
Dann [Y_4 ist B_2].
Sonst [Y_4 ist B_1].

Der „Sonst"-Fall ist jeweils mit Hilfe der Default-Regel realisiert, so daß sich eine scharfe Entscheidung von 0 oder 1 ergibt. Alle Fuzzy-Mengen im Zeitbereich sind so gewählt, daß die Erkennung direkt nach Abschluß des jeweiligen Musters erfolgt.

Y_1 dient zur Erkennung des Niveaus m_{NN} anhand des Auftretens von -1, repräsentiert durch die Fuzzy-Menge A_1, zu den zwei relativen Zeitpunkten T_1 und T_2 im Abstand von 5 Zeitschritten. Die unscharfe Menge A_1 sorgt dabei dafür, daß auch alle anderen Werte kleiner -0.5 als zum Niveau gehörig akzeptiert werden. Analog dient Y_3 zur Detektion des Niveaus m_{NP} anhand des Auftretens eines Wertes von ungefähr 1 zu zwei relativen Zeitpunkten.

Zur Erkennung des Trends m_{TP} in Y_2 zu einem Zeitpunkt t werden die unscharfen Werte -1, 0 und 1 entsprechend den Fuzzy-Mengen A_1, A_3 und A_5 zu den Zeitpunkten $t-\frac{t_P}{2}$, $t-\frac{t_P}{4}$ und t entsprechend den Fuzzy-Mengen T_3, T_2 und T_1 im Zeitbereich getestet. Der umgekehrte Werteverlauf wird in der t-Fuzzy-Regel zur Erkennung des Trends m_{TN} geprüft.

Wie Abbildung 5.12, links, zeigt, führt die Unschärfe im Wertebereich zu einer erfolgreichen Erkennung der qualitativ spezifizierten Muster. Die Erkennungssignale nehmen jedoch nicht nur direkt nach Abschluß des jeweiligen Musters, sondern auch (bei den Niveaus, siehe Y_1 und Y_2) zu dem darauffolgenden Zeitpunkt oder sogar (bei den Trends, siehe Y_2 und Y_4) zu den beiden darauffolgenden Zeitpunkten den Wert 1 an.

Diesem Nachteil der unscharfen Erkennung (falsch-positives Signal) steht der Vorteil gegenüber, daß die Muster auch bei Auftreten von Störungen erkannt werden können, wie Abbildung 5.12, rechts, illustriert. Hier wird X durch eine additive, gleichverteilte Störung aus dem Intervall $[-0.5;\ 0.5]$ überlagert.

Mustergenerierung

Als nächster Schritt zur Nachbildung der Zeitreihe X mit Hilfe von Mustern werden Regeln zur Generierung erkannter Muster entwickelt. Dabei wird jede Ausgangsgröße der Mustererkennung als Eingangsgröße der Mustergenerierung (X_2 bis X_5) betrachtet und zunächst für jedes generierte Muster eine eigene Ausgangsgröße (Y_1 bis Y_4) verwendet (siehe Abbildung 5.14).

Zur Generierung der Trends m_{TP} und m_{TN} (Zeitreihen Y_2 und Y_4) werden, wie in Abschnitt „Identifikation mit Hilfe musterbasierter Regeln" von Unterkapitel 3.4.7 beschrieben, zwei Fuzzy-Mengen T_1 und T_2 definiert, die eine Interpolation zwischen Anfangs- und Endwert der Muster im Verlauf ihrer zeitlichen Länge

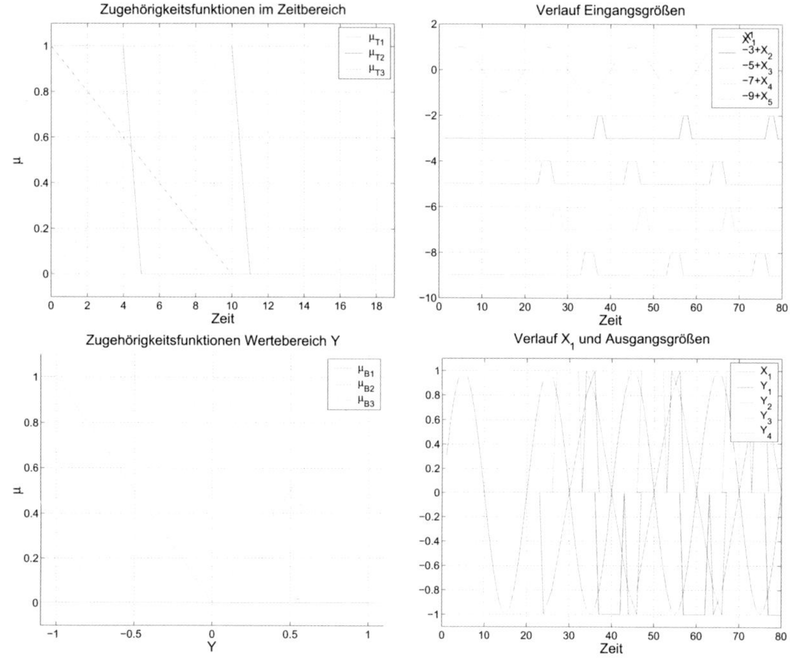

Abbildung 5.15: Zugehörigkeitsfunktionen zur Mustergenerierung im Zeitbereich und im Wertebereich der Ausgangsgrößen (links). Verlauf der Erkennungssignale und der generierten Muster (rechts). Zur Verbesserung der Lesbarkeit sind die Erkennungssignale im Wertebereich verschoben aufgetragen.

ermöglichen (siehe Abbildung 5.15, links oben). Für die Generierung der Niveau-Muster m_{NP} und m_{NN} (Zeitreihen Y_1 und Y_3) genügt eine einzige Fuzzy-Menge T_3 im Zeitbereich, mit der das jeweilige Signal über die gewünschte Länge des Konklusionsmusters getestet werden kann. Die Fuzzy-Mengen A_1, A_2 und A_3 zur Repräsentation der Anfangs- und Endwerte der Muster zeigt Abbildung 5.15, links unten.

Mit den folgenden Regeln:

Wenn $[X_2 \text{ ist } A_2@T_3]$ Dann $[Y_1 \text{ ist } B_1]$.
Sonst $[Y_1 \text{ ist } B_2]$.
Wenn $[X_3 \text{ ist } A_2@T_1]$ Dann $[Y_2 \text{ ist } B_1]$.
Wenn $[X_3 \text{ ist } A_2@T_2]$ Dann $[Y_2 \text{ ist } B_3]$.
Sonst $[Y_2 \text{ ist } B_2]$.
Wenn $[X_4 \text{ ist } A_2@T_3]$ Dann $[Y_3 \text{ ist } B_3]$.
Sonst $[Y_3 \text{ ist } B_2]$.

$$\text{Wenn } [X_5 \text{ ist } A_2@T_1] \text{ Dann } [Y_4 \text{ ist } B_3].$$
$$\text{Wenn } [X_5 \text{ ist } A_2@T_2] \text{ Dann } [Y_4 \text{ ist } B_1].$$
$$\text{Sonst } [Y_4 \text{ ist } B_2].$$

ergibt sich der in Abbildung 5.15, rechts unten aufgetragene Verlauf der Ausgangsgrößen. Die Muster werden prinzipiell korrekt generiert. Durch die Unschärfe der Erkennungssignale ergeben sich jedoch Deformationen im Verlauf der Trends und eine Verlängerung der Niveaus.

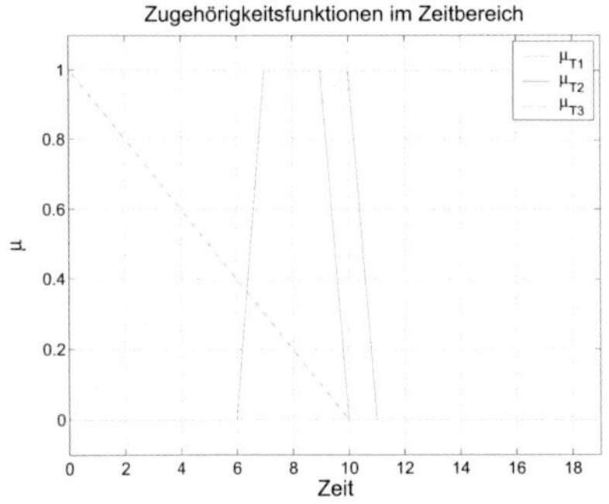

Abbildung 5.16: Neue Zugehörigkeitsfunktionen im Zeitbereich zur Verschiebung der Niveaumuster.

Außerdem ist eine Phasenverschiebung der Niveaus gegenüber den Trends aufgrund der gewählten Erkennungszeitpunkte festzustellen. Diese läßt sich jedoch durch eine entsprechende Verschiebung der Zugehörigkeitswerte der Fuzzy-Menge T_2 korrigieren (siehe Abbildung 5.16).

Nun können alle generierten Einzelmuster in einer gemeinsamen Ausgangsgröße Y zusammengefaßt, bzw. überlagert werden, so daß sich der folgende Regelsatz ergibt:

$$\text{Wenn } [X_2 \text{ ist } A_2@T_3] \text{ Dann } [Y \text{ ist } B_1].$$
$$\text{Wenn } [X_3 \text{ ist } A_2@T_1] \text{ Dann } [Y \text{ ist } B_1].$$
$$\text{Wenn } [X_3 \text{ ist } A_2@T_2] \text{ Dann } [Y \text{ ist } B_3].$$
$$\text{Wenn } [X_4 \text{ ist } A_2@T_3] \text{ Dann } [Y \text{ ist } B_3].$$
$$\text{Wenn } [X_5 \text{ ist } A_2@T_1] \text{ Dann } [Y \text{ ist } B_3].$$
$$\text{Wenn } [X_5 \text{ ist } A_2@T_2] \text{ Dann } [Y \text{ ist } B_1].$$
$$\text{Sonst } [Y \text{ ist } B_2].$$

Wird zusätzlich eine Filterung der Signale vorgenommen, so daß jedes Muster nur zu genau einem Zeitpunkt erkannt wird (siehe Abbildung 5.17, links oben), ergibt

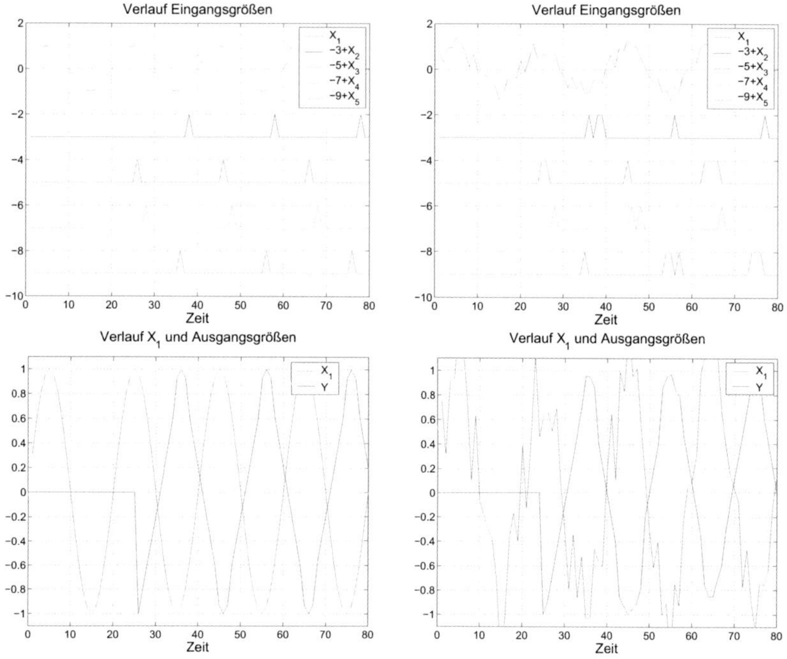

Abbildung 5.17: Verlauf der generierten Muster mit gefilterten Signalen (links) und Verlauf bei einer gestörten Zeitreihe (rechts, ohne Filterung). Zur Verbesserung der Lesbarkeit sind die Erkennungssignale im Wertebereich verschoben aufgetragen.

sich die in der Abbildung links unten dargestellte Ausgangskurve Y. Diese zeigt, abgesehen von einer gewissen zeitlichen Verschiebung, qualitativ den gleichen Verlauf wie X. In den rechten Teilbildern sind Erkennungssignale und Ergebniskurve für eine gestörte Zeitreihe ohne Filterung der Eingangssignale zu sehen. Wie im Abschnitt „Mustererkennung" wird X wird hier durch eine additive, gleichverteilte Störung aus dem Intervall $[-0.5;\ 0.5]$) überlagert.

Zusammenfassung

Das Beispiel zeigt die Eignung von t-Fuzzy-Regeln zur Erkennung und Generierung von Mustern. Dabei wurde die Erkennung der Muster zum einen durch ihre geringe Anzahl und ihre gute Unterscheidbarkeit erleichtert. Zum anderen war nur eine „digitale" Erkennung, d.h. eine Unterscheidung zwischen „gefunden" und „nicht gefunden" durch 1 oder 0, erforderlich und keine Bewertung der gefundenen Ähnlichkeit zum korrekten Muster notwendig. So war es möglich, zur Erkennung wenige Indizien für den jeweils korrekten Musterverlauf abzuprüfen und den

„Sonst"-Fall mit Hilfe der Default-Regel zu implementieren. Hierbei traten lediglich geringfügige Probleme in Form einer falsch-positiven Erkennung von Mustern zu direkt aufeinanderfolgenden Zeitpunkten auf.

5.4 Musterbasierte Verhaltensmodellierung

Als nächstes soll versucht werden, Abhängigkeitsbeziehungen, wie sie als Ergebnis einer Datenanalyse mit dem MSDD-I-Algorithmus auftreten, in t-Fuzzy-Regeln umzusetzen. Als Beispiel dient das Kühlhaus-Beispiel aus dem vorhergehenden Kapitel. Es sollen Regeln zur Prognose der Größe *steuer* in Abhängigkeit von der Größe *stell* umgesetzt werden.

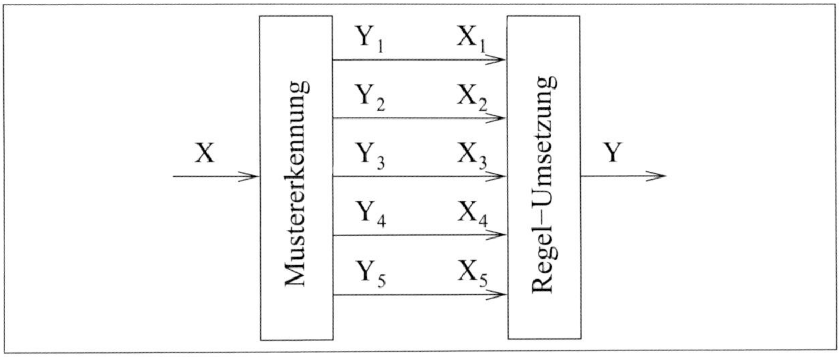

Abbildung 5.18: Zusammenwirken von Mustererkennung und Regelumsetzung.

Mustererkennung

Als besonders günstig erwies sich in Kapitel 4 die Kombination einer Symbolisierung durch ausschließliche Repräsentation der Musteranfänge mit einer Veränderungs-orientierten Betrachtung der Zeitreihen (siehe Abschnitt „Veränderungs-orientierte Analyse" in Unterkapitel 4.8.2). Demzufolge besteht eine wichtige Voraussetzung für eine Nachbildung entsprechender MSDD-I-Regeln in der erfolgreichen Erkennung der dort verwendeten Veränderungs-orientierten Muster. Diese sind in der Tabelle in Abbildung 4.6 für die symbolische Zeitreihe *stell*1 aufgelistet.

Analog der Vorgehensweise im vorhergehenden Abschnitt werden *steuer* die Eingangsgröße X der Mustererkennung und den Mustern „$--$", „$-$", „o", „$+$" und „$++$" die Ausgangsgrößen Y_1, Y_2, $\ldots$, Y_5 zugeordnet, welche in einem zweiten Schritt zur eigentlichen Umsetzung der MSDD-I-Regeln verwendet werden (siehe Abbildung 5.18). Ausgangsseitig werden bei den folgenden Regeln zur Mustererkennung wie im vorhergehenden Abschnitt die Singleton-Fuzzy-Mengen B_1 und B_2 mit $\mu_{B_1}(0) = 1$ und $\mu_{B_2}(1) = 1$ verwendet.

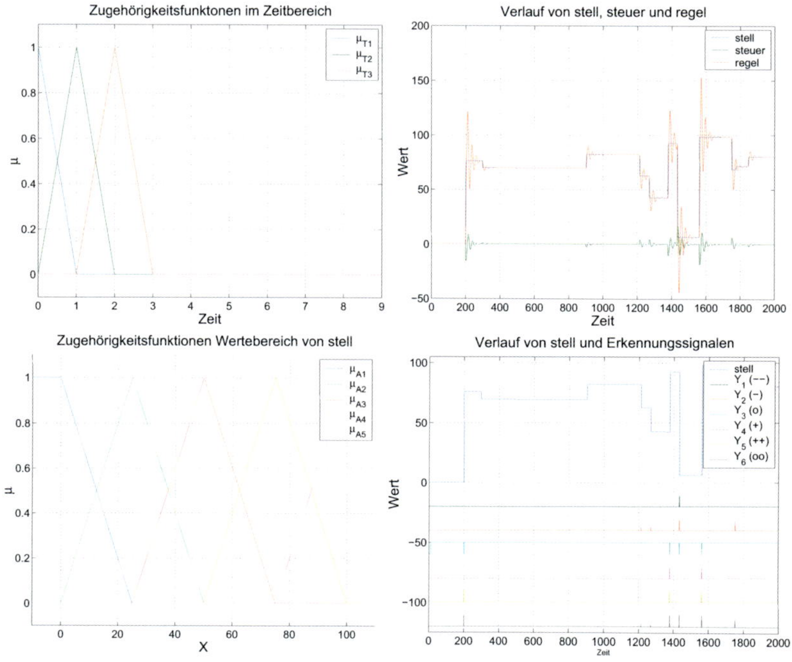

Abbildung 5.19: Erkennung von Veränderungen der Größe *stell* im Kühlhausbeispiel. Fuzzy-Mengen im Zeitbereich (links oben) und Fuzzy-Mengen im Wertebereich von *stell* (links unten) sowie Werteverlauf von *stell*, *steuer* und *regel* (rechts oben) und resultierende Erkennungssignale für eine beispielhaft angenommene Wertefolge von *stell* (rechts unten). Zur Verbesserung der Lesbarkeit sind die Erkennungssignale im Wertebereich verschoben aufgetragen.

Aus der Musterlänge von 1 (abgesehen von Muster „o“) folgt der Ansatz, die Muster durch Betrachtung direkt aufeinanderfolgender Zeitpunkte zu erkennen. Hierzu werden im Zeitbereich die Fuzzy-Mengen T_1 und T_2 definiert (siehe Abbildung 5.19, Teilbild oben links).

Eine Analyse der zur Symbolbildung verwendeten Clusterparameter (siehe Abbildung 4.5) ergibt, daß bei der Erkennung, im Gegensatz zum Mustererkennungsbeispiel des vorhergehenden Abschnitts, nicht die Anfangs- und Endwerte, sondern die jeweiligen Unterschiede (Attribut δ) entscheidend sind. Bei einer gleichmäßigen Überdeckung des Wertebereichs von *stell* durch die Fuzzy-Mengen $A_1, A_2, \ldots, A_5$ (siehe Teilbild unten links) müssen also jeweils die erlaubten Kombinationen zu aufeinanderfolgenden Zeitpunkten getestet werden.

Damit ergibt sich als eine Möglichkeit zur Erkennung des Symbols „– –“ der folgende Regelsatz:

Wenn $[X \text{ ist } A_5@T_2]$ und $[X \text{ ist } A_2@T_1]$ Dann $[Y_1 \text{ ist } B_2]$.
Wenn $[X \text{ ist } A_5@T_2]$ und $[X \text{ ist } A_1@T_1]$ Dann $[Y_1 \text{ ist } B_2]$.
Wenn $[X \text{ ist } A_4@T_2]$ und $[X \text{ ist } A_1@T_1]$ Dann $[Y_1 \text{ ist } B_2]$.
Sonst $[Y_1 \text{ ist } B_1]$.

Es gilt somit als erkannt, wenn eine Werteveränderung von ungefähr 100 auf ungefähr 25, von etwa 100 auf etwa 0 oder von ungefähr 75 auf ungefähr 0 festgestellt wird.

Das Symbol „–“ kann mit Hilfe der folgenden Regeln erkannt werden:

Wenn $[X \text{ ist } A_5@T_2]$ und $[X \text{ ist } A_3@T_1]$
Dann $[Y_2 \text{ ist } B_2]$.
Wenn $[X \text{ ist } A_4@T_2]$ und $[X \text{ ist } A_2@T_1]$
Dann $[Y_2 \text{ ist } B_2]$.
Wenn $[X \text{ ist } A_3@T_2]$ und $[X \text{ ist } A_1@T_1]$
Dann $[Y_2 \text{ ist } B_2]$.
Wenn $[X \text{ ist } A_1@T_2]$
Dann $[Y_2 \text{ ist } B_1]$.
Wenn $[X \text{ ist } A_2@T_2]$ und $[X \text{ ist } \{A_2 \cup A_3 \cup A_4 \cup A_5\}@T_1]$
Dann $[Y_2 \text{ ist } B_1]$.
Wenn $[X \text{ ist } A_3@T_2]$ und $[X \text{ ist } \{A_3 \cup A_4 \cup A_5\}@T_1]$
Dann $[Y_2 \text{ ist } B_1]$.
Wenn $[X \text{ ist } A_4@T_2]$ und $[X \text{ ist } \{\cup A_4 \cup A_5\}@T_1]$
Dann $[Y_2 \text{ ist } B_1]$.
Wenn $[X \text{ ist } A_5@T_2]$ und $[X \text{ ist } A_5@T_1]$
Dann $[Y_2 \text{ ist } B_1]$.
Sonst $[Y_2 \text{ ist } B_1]$.

Während die ersten drei Regeln ähnlich wie bei der Erkennung von „– –“ die positiven Fälle aufzählen, werden diese durch die übrigen Regeln eingeschränkt. Damit ergibt sich ein graduelles Erkennungssignal mit Werten zwischen 0 und 1.

Eine Erkennung des Symbols „*o*“ kann näherungsweise durch Aufzählung der Zweier-Kombinationen mit gleichem Wertebereich realisiert werden:

Wenn $[X \text{ ist } A_1@T_2]$ und $[X \text{ ist } A_1@T_1]$ Dann $[Y_3 \text{ ist } B_2]$.
Wenn $[X \text{ ist } A_2@T_2]$ und $[X \text{ ist } A_2@T_1]$ Dann $[Y_3 \text{ ist } B_2]$.
Wenn $[X \text{ ist } A_3@T_2]$ und $[X \text{ ist } A_3@T_1]$ Dann $[Y_3 \text{ ist } B_2]$.
Wenn $[X \text{ ist } A_4@T_2]$ und $[X \text{ ist } A_4@T_1]$ Dann $[Y_3 \text{ ist } B_2]$.
Wenn $[X \text{ ist } A_5@T_2]$ und $[X \text{ ist } A_5@T_1]$ Dann $[Y_3 \text{ ist } B_2]$.
Sonst $[Y_3 \text{ ist } B_1]$.

Aufgrund der Überschneidungen benachbarter Fuzzy-Mengen werden hierdurch jedoch auch kleine Veränderungen als Muster „o“ klassifiziert. Außerdem entspricht diese Art der Erkennung im Prinzip einer „kontinuierlichen Fuzzifizierung“ der Startzeitpunkte und nicht der Erkennung von Musteranfängen. Eine ausschließliche Kennzeichnung der Musteranfänge kann durch eine Erweiterung der genannten Regeln um jeweils einen zusätzlichen Bedingungsterm für einen dritten Zeitpunkt T_3 realisiert werden:

Wenn $[X \text{ ist } A_1@T_2]$ und $[X \text{ ist } A_1@T_1]$und $[X \text{ ist } \{A_3 \cup A_4 \cup A_5\}@T_3]$
Dann $[Y_6 \text{ ist } B_2]$.
Wenn $[X \text{ ist } A_2@T_2]$ und $[X \text{ ist } A_2@T_1]$und $[X \text{ ist } \{A_4 \cup A_5\}@T_3]$
Dann $[Y_6 \text{ ist } B_2]$.
Wenn $[X \text{ ist } A_3@T_2]$ und $[X \text{ ist } A_3@T_1]$und $[X \text{ ist } \{A_1 \cup A_5\}@T_3]$
Dann $[Y_6 \text{ ist } B_2]$.
Wenn $[X \text{ ist } A_4@T_2]$ und $[X \text{ ist } A_4@T_1]$und $[X \text{ ist } \{A_1 \cup A_2\}@T_3]$
Dann $[Y_6 \text{ ist } B_2]$.
Wenn $[X \text{ ist } A_5@T_2]$ und $[X \text{ ist } A_5@T_1]$und $[X \text{ ist } \{A_1 \cup A_2 \cup A_3\}@T_3]$
Dann $[Y_6 \text{ ist } B_2]$.
Wenn $[X \text{ ist } A_1@T_2]$ und $[X \text{ ist } A_1@T_1]$und $[X \text{ ist } A_1@T_3]$
Dann $[Y_6 \text{ ist } B_1]$.
Wenn $[X \text{ ist } A_2@T_2]$ und $[X \text{ ist } A_2@T_1]$und $[X \text{ ist } A_2@T_3]$
Dann $[Y_6 \text{ ist } B_1]$.
Wenn $[X \text{ ist } A_3@T_2]$ und $[X \text{ ist } A_3@T_1]$und $[X \text{ ist } A_3@T_3]$
Dann $[Y_6 \text{ ist } B_1]$.
Wenn $[X \text{ ist } A_4@T_2]$ und $[X \text{ ist } A_4@T_1]$und $[X \text{ ist } A_4@T_3]$
Dann $[Y_6 \text{ ist } B_1]$.
Wenn $[X \text{ ist } A_5@T_2]$ und $[X \text{ ist } A_5@T_1]$und $[X \text{ ist } A_5@T_3]$
Dann $[Y_6 \text{ ist } B_1]$.
Sonst $[Y_6 \text{ ist } B_1]$.

Die letzten 5 Regeln realisieren zusätzlich explizite „Verbote“ dreier ungefähr gleicher Werte. Auch hier ergibt sich ein graduelles Erkennungssignal.

Die Erkennung der Symbole „+“:

Wenn $[X \text{ ist } A_1@T_2]$ und $[X \text{ ist } A_3@T_1]$
Dann $[Y_4 \text{ ist } B_2]$.
Wenn $[X \text{ ist } A_2@T_2]$ und $[X \text{ ist } A_4@T_1]$
Dann $[Y_4 \text{ ist } B_2]$.
Wenn $[X \text{ ist } A_3@T_2]$ und $[X \text{ ist } A_5@T_1]$
Dann $[Y_4 \text{ ist } B_2]$.
Wenn $[X \text{ ist } A_5@T_2]$
Dann $[Y_4 \text{ ist } B_1]$.
Wenn $[X \text{ ist } A_4@T_2]$ und $[X \text{ ist } \{A_1 \cup A_2 \cup A_3 \cup A_4\}@T_1]$
Dann $[Y_4 \text{ ist } B_1]$.
Wenn $[X \text{ ist } A_3@T_2]$ und $[X \text{ ist } \{A_1 \cup A_2 \cup A_3\}@T_1]$
Dann $[Y_4 \text{ ist } B_1]$.
Wenn $[X \text{ ist } A_2@T_2]$ und $[X \text{ ist } \{\cup A_1 \cup A_2\}@T_1]$
Dann $[Y_4 \text{ ist } B_1]$.
Wenn $[X \text{ ist } A_1@T_2]$ und $[X \text{ ist } A_1@T_1]$
Dann $[Y_4 \text{ ist } B_1]$.
Sonst $[Y_4 \text{ ist } B_1]$.

und „++“:

Wenn $[X \text{ ist } A_2@T_2]$ und $[X \text{ ist } A_5@T_1]$ Dann $[Y_5 \text{ ist } B_2]$.
Wenn $[X \text{ ist } A_1@T_2]$ und $[X \text{ ist } A_5@T_1]$ Dann $[Y_5 \text{ ist } B_2]$.
Wenn $[X \text{ ist } A_1@T_2]$ und $[X \text{ ist } A_4@T_1]$ Dann $[Y_5 \text{ ist } B_2]$.
Sonst $[Y_5 \text{ ist } B_1]$.

erfolgt analog der Vorgehensweise bei „–“ und „– –“.

In Abbildung 5.19 ist im rechten, unteren Teilbild der resultierende Verlauf der Ausgangsgrößen $Y_1, Y_2, \ldots Y_5$ für eine angenommene Zeitreihe *stell* dargestellt. Bei Y_6 (schwarze Kurve) handelt es sich um das verbesserte Signal zur Erkennung konstanter Muster. Während der erste Regelsatz (hellblaue Kurve Y_3) abgesehen von den Sprungstellen kontinuierlich ein konstantes Muster erkennt, detektiert Y_6 die Anfangszeitpunkte der konstanten Phasen von *stell* im Anschluß an wesentliche Veränderungen. Lediglich bei zu geringen Veränderungen von *stell* funktioniert diese Erkennung nicht. In der Abbildung ist außerdem die erhöhte Empfindlichkeit von Y_2 gegenüber Y_1 bei der Erkennung negativer und von Y_4 gegenüber Y_5 bei der Erkennung positiver Veränderungen in *stell* zu erkennen. Sie bewirkt, daß alle in *stell* auftretenden sprunghaften Veränderungen erkannt werden.

Umsetzung von MSDD-I-Regeln

Eine Vereinfachung der Umsetzung von MSDD-I-Abhängigkeitsbeziehungen in *t*-Fuzzy-Regeln ergibt sich, wenn Successor-seitig eine Niveau-orientierte Betrachtungsweise gewählt wird (vgl. Regeln zur Mustergenerierung für Niveaus in Abschnitt 5.3). Deshalb werden im folgenden ausschließlich solche Regeln betrachtet, welche vom MSDD-I-Algorithmus mit der Kombination aus Precursor-Strom *stell*1 und Successor-Strom *steuer*2 bei ausschließlicher Repräsentation der Startwerte gefunden werden (siehe entsprechenden Abschnitt in Unterkapitel 4.8.2). Werden weiterhin Beziehungen mit mehr als einem Successor-Token in solche mit nur einem Successor-Token aufgeteilt (aus einer 1-zu-*n*-Relation werden *n* 1-zu-1-Relationen), so ergeben sich u.a. die folgenden vereinfachten MSDD-I-Regeln:

```
stell1 IST --@[1; 4]  =>  steuer2 IST ++@[1; 4]
stell1 IST - @[1; 4]  =>  steuer2 IST + @[1; 4]
stell1 IST + @[1; 4]  =>  steuer2 IST - @[1; 4]
stell1 IST ++@[1; 4]  =>  steuer2 IST --@[1; 4]
stell1 IST --@[1; 4]  =>  steuer2 IST - @[13; 16]
stell1 IST ++@[1; 4]  =>  steuer2 IST + @[13; 16]
stell1 IST --@[1; 4]  =>  steuer2 IST + @[25; 28]
stell1 IST ++@[1; 4]  =>  steuer2 IST - @[25; 28]
stell1 IST --@[1; 4]  =>  steuer2 IST - @[37; 40]
stell1 IST ++@[1; 4]  =>  steuer2 IST + @[37; 40]
```

Diese Untermenge aller von MSDD-I gefundenen Beziehungen beschreibt zum einen das in *steuer* als Reaktion auf starke Veränderungen von *stell* auftretende Schwingverhalten für jeweils zwei Zyklen (Folge („++", „−", „+", „−") bzw. Folge („−−", „+", „−", „+")) und zum anderen die direkten Reaktionen auf leichte Veränderungen in *stell* (Regeln 2 und 3).

Zur Umsetzung in *t*-Fuzzy-Regeln werden zunächst die auftretenden Zeitintervalle durch geeignete Fuzzy-Mengen im Zeitbereich (siehe Abbildung 5.20, links oben) und die den Symbolen entsprechenden Werte (vgl. Tabelle in Abbildung 4.6) durch Singleton-Fuzzy-Mengen im Wertebereich der Ausgangsgröße Y modelliert (siehe Abbildung 5.20, links unten). Außerdem werden zur Signalauswertung die aus Abschnitt 5.3 bekannten Fuzzy-Mengen A_1 und A_2 zur Repräsentation von 0 und 1 verwendet. Nach Definition dieser Fuzzy-Mengen können die obigen, vereinfachten MSDD-I-Regeln unter Verwendung der Signale aus der Mustererkennung direkt in *t*-Fuzzy-Regeln umgesetzt werden:

$$\text{Wenn } [X_1 \text{ ist } A_2@T_1] \text{ Dann } [Y \text{ ist } B_5].$$

$$\text{Wenn } [X_2 \text{ ist } A_2@T_1] \text{ Dann } [Y \text{ ist } B_4].$$

$$\text{Wenn } [X_4 \text{ ist } A_2@T_1] \text{ Dann } [Y \text{ ist } B_2].$$

$$\text{Wenn } [X_5 \text{ ist } A_2@T_1] \text{ Dann } [Y \text{ ist } B_1].$$

$$\text{Wenn } [X_1 \text{ ist } A_2@T_2] \text{ Dann } [Y \text{ ist } B_2].$$

$$\text{Wenn } [X_5 \text{ ist } A_2@T_2] \text{ Dann } [Y \text{ ist } B_4].$$

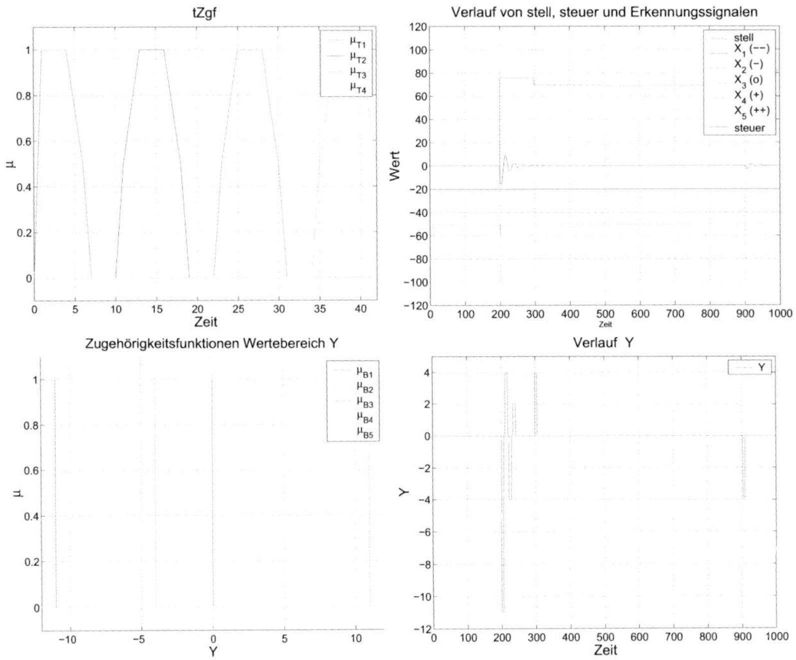

Abbildung 5.20: Beispiel für die Umsetzung von MSDD-I-Abhängigkeitsbeziehungen in t-Fuzzy-Regeln. Fuzzy-Mengen im Zeitbereich zur Modellierung von Zeitintervallen (links oben), Fuzzy-Mengen zur Modellierung der Niveaus in *steuer*2 (links unten), Beispielverlauf von *stell* und *steuer* und Signale der Mustererkennung (rechts oben) sowie Verlauf der Ausgangsgröße Y (rechts unten).

$$\text{Wenn } [X_1 \text{ ist } A_2@T_3] \text{ Dann } [Y \text{ ist } B_4].$$
$$\text{Wenn } [X_5 \text{ ist } A_2@T_3] \text{ Dann } [Y \text{ ist } B_2].$$
$$\text{Wenn } [X_1 \text{ ist } A_2@T_4] \text{ Dann } [Y \text{ ist } B_2].$$
$$\text{Wenn } [X_5 \text{ ist } A_2@T_4] \text{ Dann } [Y \text{ ist } B_4].$$
$$\text{Sonst } [Y \text{ ist } B_3].$$

Die Zuordnung der Eingangsgrößen $X_1, X_2, \ldots, X_5$ zu den Ausgangsgrößen der Mustererkennung zeigt Abbildung 5.18. Als Default-Wert wird die Fuzzy-Menge B_3 verwendet, durch die Y der Wert 0 zugeordnet wird.

Werden zusätzlich die Regeln:

$$\text{Wenn } [X_1 \text{ ist } A_2@T_4] \text{ Dann } [Y \text{ ist } B_3].$$
$$\text{Wenn } [X_5 \text{ ist } A_2@T_4] \text{ Dann } [Y \text{ ist } B_3].$$

hinzugefügt, so kann im Verlauf von Y auch das Abklingen von *steuer* angedeutet werden, wie Abbildung 5.20, rechts unten, zeigt. Im Ergebnis gibt Y den Verlauf von *steuer* zwar qualitativ korrekt wieder, der Regelsatz kann jedoch nur wenige Situationen berücksichtigen und versagt insbesondere bei der Reaktion auf kleine Veränderungen von *stell*. Hierbei führt die durch die Regeln 2 und 3 bewirkte Reaktion, welche die Stärke der Veränderungen trotz des kontinuierlichen Charakters von X_2 und X_4 nicht berücksichtigt, zu übertriebenen Werten von Y, wie ein Vergleich der Werte von Y und *steuer* zum Zeitpunkt $t = 300$ zeigt.

5.5 Bewertung

Ausgehend von der hinter t-Fuzzy-Systemen stehenden Motivation, zeitliche Zusammenhänge in Abhängigkeitsbeziehungen explizit darzustellen, wurde zunächst die Umsetzung von Zeitkonstanten dynamischer Systeme untersucht. Es wurden erfolgreich die explizite Modellierung einer Totzeit, die Modellierung der Halbwertzeit als charakterisierender Zeitkonstante eines Systems mit Verzögerung sowie die Modellierung des Zeitfensters und der Koeffizienten eines linearen Filters realisiert.

Der Schwerpunkt des Kapitels lag auf der Verarbeitung von Mustern mit Hilfe von t-Fuzzy-Regeln. Hierzu wurde der in Abschnitt 3.4.7 zunächst theoretisch entwickelte Ansatz umgesetzt, welcher durch die getrennte Durchführung von Mustererkennung und -generierung eine verständliche Umsetzung musterbasierter Regeln in zwei Schritten ermöglicht.

Es wurde zunächst die Mustererkennung realisiert, die sich in einem ersten Beispiel (siehe Abschnitt 5.3) bei geeigneter Wahl der t-Fuzzy-Mengen auch als robust gegenüber Störungen erwies. In einem zweiten Beispiel (vgl. Abschnitt 5.4) traten jedoch Schwierigkeiten bei der Erkennung Veränderungs-orientierter Muster, die durch Werteunterschied oder Gradient charakterisiert sind, auf, da hier das im ersten Beispiel erfolgreiche Schema zur Erkennung eines Musters als Folge vorgegebener unscharfer Werte nicht direkt eingesetzt werden kann. Die Probleme konnten durch die Einführung zusätzlicher Regeln weitgehend gelöst werden.

Weiterhin wurden t-Fuzzy-Systeme zur Generierung von Mustern entwickelt, wobei sich die Umsetzung von Niveaus als besonders leicht realisierbar erwies. Allerdings ist bei der Generierung von Veränderungs-orientierten Mustern mit ähnlich gelagerten Schwierigkeiten wie bei der Mustererkennung zu rechnen, da dann auch der Wert der jeweiligen Konklusionsgröße zu berücksichtigen ist.

Auch die Überlagerung mehrerer Muster, welche bei der vorgenommenen Implementierung einer (Zeit-) punktweisen Mittelwertbildung der Werte der einzelnen Muster entspricht, führte zu sinnvollen Ergebnissen. Die Korrektheit bzw. Allgemeingültigkeit des gewählten Vorgehens kann jedoch aus den musterbasierten Regeln einer Datenanalyse nach dem Schema von Abschnitt 3.3 nicht abgeleitet werden, da die gefundenen MSDD-I-Abhängigkeitsbeziehungen allein auf der Betrachtung isolierter Muster beruhen und aus ihnen allein deshalb im allgemeinen keine ausreichenden Erkenntnisse über die korrekte Überlagerung gewonnen werden können.

Schließlich konnte mit Hilfe des in Abschnitt 3.4.7 entwickelten zweiteiligen Schemas aus Mustererkennung und Mustergenerierung in Abschnitt 5.4 die Umsetzung vereinfachter MSDD-I-Regeln aus dem Kühlhaus-Beispiel des vorhergehenden Kapitels verwirklicht werden. Dabei erfolgte die eigentliche Umsetzung der MSDD-I-Regeln im Mustergenerierungsschritt durch Verknüpfung der Erkennungssignale für die einzelnen Prämissenmuster. Im Ergebnis gelang die qualitative Modellierung des Verhaltens der Zeitreihe *steuer*.

Als hilfreich erwies sich bei den meisten Experimenten die Einführung von Zwischengrößen. Sie ermöglichte sowohl bei der Umsetzung musterbasierter Regeln als auch bei der Implementierung eines dynamischen Systems mit Verzögerung die Aufteilung komplexer Beziehungen in überschaubare, verständliche Teilmodelle, welche nacheinander abgearbeitet werden können.

Einschränkend ist zur Verständlichkeit anzumerken, daß sich die bei den durchgeführten Experimenten verwendeten Fuzzy-Mengen in ihrer Form erheblich unterscheiden. So wurden im Zeitbereich beispielsweise rechteckförmige (lineares Filter / Glättung, Mustererkennung), gaußglöckenförmige (lineares Filter / Glättung) und rampenförmige (Mustergenerierung) Zugehörigkeitsfunktionen sowie Singletons (Totzeit, Halbwertzeit / System mit Verzögerung, Mustererkennung) verwendet. Da die Form der Zugehörigkeitsfunktionen entscheidend für die Auswertung der darauf aufbauenden *t*-Fuzzy-Terme ist, kann die Wirkung von *t*-Fuzzy-Regeln nur bei Kenntnis der zugrundeliegenden Fuzzy-Mengen intuitiv abgeschätzt werden.

Auch wenn eine Einschätzung des Nutzens von *t*-Fuzzy-Systemen zur Lösung praxisrelevanter Probleme noch nicht möglich ist, ist aus den durchgeführten Experimenten eine vorläufige positive Bewertung der Eignung von *t*-Fuzzy-Mengen zur Modellierung dynamischer Systeme abzuleiten. Dies ist auch auf das erfolgreich angewandte Schema zur direkten Umsetzung musterbasierter Zusammenhänge in ausführbare Regeln zurückzuführen.

Kapitel 6

Zusammenfassung und Ausblick

Die Motivation für die vorliegende Arbeit läßt sich in den folgenden Thesen zusammenfassen:

- Ein Weg zur Beherrschung komplexer dynamischer Systeme, welche sich einer theoretischen Modellierung entziehen, besteht in einer verhaltensorientierten Modellierung.
- Hierzu können die Verfahren der Maschinellen Intelligenz einen wertvollen Beitrag leisten. Chancen eröffnet insbesondere auch die Erschließung von Verfahren aus den Bereichen Induktives Logischen Programmieren (ILP) und Grammatical Inference für die verhaltensorientierte Modellierung auf Basis von Zeitreihen.
- Die Forderung nach Verständlichkeit von Verhaltensmodellen impliziert die Existenz einer symbolischen Beschreibungsebene. Dabei muß zwischen Symbolen und beobachtetem Verhalten (Zeitreihen) ein unmittelbar einsichtiger Zusammenhang bestehen.
- Trends als zeitbezogene Merkmale zur Erfassung von Zuständen und Zustandsveränderungen bilden geeignete universelle symbolische Beschreibungsmittel für Zeitreihen. Sie ermöglichen außerdem die Beschreibung von Zusammenhängen auf unterschiedlichen Abstraktionsebenen.
- Zur Beschreibung von Abhängigkeitsbeziehungen sind insbesondere regelbasierte Ansätze, wie z.B. Fuzzy-Systeme, geeignet. Verständlichkeit bedeutet hier vor allem die Verwendung sinnvoller Einzelregeln, die isoliert erfaßbare Zusammenhänge beschreiben.
- Eine wesentliche Schwäche fast aller existierenden Ansätze zur regelbasierten Modellierung besteht im Fehlen einer Möglichkeit zur expliziten Repräsentation zeitlicher Beziehungen. Insbesondere für Nicht-Fachleute kann Verständlichkeit meist nur durch eine Betrachtung im Zeitbereich erreicht werden.

- Fuzzy-Logik ist nicht nur zur Handhabung von Unschärfe bei numerischen Größen und mehrdimensionalen, abgeleiteten Merkmalen, wie z.B. Trends, geeignet, sondern auch zur Modellierung unscharfer zeitlicher Beziehungen sinnvoll einsetzbar.
- Der Vorgang der Verhaltensmodellierung sollte als interaktiver Prozeß gestaltet werden („computer-aided discovery"). Besonders wichtig ist dabei die Visualisierung sowohl der Beschreibungselemente (Symbole) als auch der zwischen ihnen bestehenden Zusammenhänge (Regeln).

Auf dieser Grundlage bestand das Ziel der Arbeit in der Erarbeitung theoretischer Grundlagen und in der Implementierung vielversprechender neu entwickelter Ansätze zur verständlichen, regelbasierten Modellierung dynamischer Systeme auf Basis von Beobachtungsdaten (Zeitreihen).

Dazu wurden zunächst in Kapitel 2 die wichtigsten Grundlagen und der Stand der Technik bei der Modellierung dynamischer Systeme zusammengestellt. Davon ausgehend wurden im folgenden Kapitel 3 neue Ansätze zur verhaltensbasierten Modellierung auf Basis numerischer Zeitreihen entwickelt. Im einzelnen wurden ein Verfahren zur Ableitung symbolischer Zeitreihen, ein neuer Algorithmus zur Suche nach Abhängigkeitsbeziehungen in symbolischen Zeitreihen und eine neue Modellstruktur zur Prognose und Simulation des Verhaltens dynamischer Systeme entwickelt. Kapitel 4 diente der Erprobung des neuen Analyseverfahrens anhand eines Simulationsbeispiels. In Kapitel 5 wurden erste praktische Erfahrungen mit der neuen Modellstruktur gesammelt.

Die wesentlichen Ergebnisse der Arbeit sind:

1. Entwicklung eines Verfahrens zur interaktiven Ableitung abstrakter, symbolischer Repräsentationen von numerischen Zeitreihen.

   Hierzu wurden bekannte Verfahren zur Datenvorverarbeitung (Glättung) und zur Clusteranalyse an die Problemstellung angepaßt und mit einem neuen Verfahren zur stückweisen, linearen Approximation von Zeitreihen kombiniert.

2. Erarbeitung eines Schemas zur Erfassung zeitlicher Abhängigkeitsbeziehungen in Form von Regeln und Entwicklung des MSDD-I-Algorithmus.

   Dieser zeigt als Erweiterung eines Verfahrens zur Entdeckung von Abhängigkeitsbeziehungen in symbolischen Zeitreihen das Potential maschineller Lernverfahren, die nicht auf die Verarbeitung von Merkmalsvektoren beschränkt sind, zur Zeitreihenanalyse.

3. Entwicklung der neuen Modellstruktur „t-Fuzzy-System" zur regelbasierten Prognose und effektiven Simulation des Verhaltens dynamischer Systeme.

   Die Erweiterung des Mamdani-Ansatzes für Fuzzy-Systeme ermöglicht die explizite Modellierung auch unscharfer zeitlicher Beziehungen in Form von

Regeln. Insbesondere erlauben t-Fuzzy-Systeme die verständliche Beschreibung von Ursache-Wirkungs-Beziehungen unter Einbeziehung von Totzeiten.

4. Entwicklung eines Schemas zur Umsetzung von MSDD-I-Abhängigkeitsbeziehungen in t-Fuzzy-Regeln sowie theoretische Beschreibung eines Ansatzes zur direkten Ableitung von t-Fuzzy-Systemen aus Zeitreihen (Entscheidungsbaumbasierte Identifikation).

5. Entwurf, Implementierung und Erprobung von Simulationsprogrammen für die entwickelten Algorithmen und Verfahren.

6. Simulative Erprobung der neuen Verfahren anhand eines aus der Literatur bekannten Testbeispiels.

7. Nachweis der Leistungsfähigkeit des MSDD-I-Algorithmus und der Modellstruktur „t-Fuzzy-System“.

Aus den bei der Ableitung symbolischer Repräsentationen und der Anwendung des MSDD-I-Algorithmus gewonnenen Erfahrungen ergeben sich die folgenden Vorschläge zur Weiterführung der Arbeiten zur Datenanalyse:

- Zur Bewertung von Möglichkeiten und Grenzen des entwickelten Ansatzes zur Datenanalyse ist dieser auf Zeitreihen aus der Thermischen Abfallbehandlung anzuwenden.

- Als Vergleichsmaßstab zur Bewertung des MSDD-I-Algorithmus und in Hinblick auf die Ableitung geschlossener Modelle sollte ein entscheidungsbaumbasiertes Datenanalyseverfahren, wie es in Abschnitt 3.4.7 skizziert wird, als Alternative zu dem auf die Entdeckung von Einzelregeln ausgelegten MSDD-I-Verfahren entwickelt und implementiert werden.

- Aus den bei der Anwendung des MSDD-I-Algorithmus gewonnene Erfahrungen (siehe Kapitel 4) resultiert der Wunsch nach einer verbesserten Darstellung der damit erzielten Analyseergebnisse.

  Wünschenswert ist insbesondere die benutzerfreundliche Aufbereitung der zwischen den gefundenen Regeln bestehenden Beziehungen hinsichtlich Redundanz und Widersprüchlichkeit sowie hinsichtlich der Abdeckung von Ein- und Ausgaberaum (Precursor- und Successor-Zeitreihen).

- Erhöhung der Ausdrucksmächtigkeit der abgeleiteten Beziehungen durch Erweiterung der Zeit- und Regelrepräsentation.

  Hierzu könnten beispielsweise Constraints zur Festlegung der Reihenfolge zwischen Symbolen oder die Einführung der Negation zur Definition nicht erlaubter Symbole dienen. Bei einer derartigen Erweiterung des Verfahrens ist jedoch sowohl die Verständlichkeit der Ergebnisse sicherzustellen als auch die Auswirkung auf die Laufzeitkomplexität zu berücksichtigen (siehe Abschnitt „Ergänzungen“ in Unterkapitel 3.3.8).

In Hinblick auf die Realisierung einer effektiven Prognose und Simulation des Verhaltens dynamischer Systeme lassen sich ausgehend von der neu entwickelten Modellstruktur „t-Fuzzy-System“ die folgenden Ansätze für weiterführende Arbeiten formulieren:

- Theoretische Untersuchung der Eigenschaften von t-Fuzzy-Systemen.

  Zu analysieren ist u.a. der Raum der sinnvollen Wert-Zeitkombinationen (t-Fuzzy-Terme) der Eingangsgrößen von t-Fuzzy-Systemen mit dem Ziel der Entwicklung vollständiger, geschlossener regelbasierter Verhaltensmodelle. In diesem Zusammenhang ist insbesondere auch der Umgang mit widersprüchlichen oder redundanten Regeln zu klären sowie das Problem unvollständiger Regelbasen zu lösen. Weitere zu untersuchende logische Aspekte betreffen den Vergleich der unterschiedlichen Methoden zur t-Fuzzy-Termauswertung.

  Ein weiteres Ziel besteht in der Einordnung von t-Fuzzy-Systemen in den regelungstechnischen Zusammenhang. Die Tatsache, daß ein t-Fuzzy-Term den (unscharfen) Wert einer Eingangsgröße zu einem (unscharfen) Zeitpunkt der Vergangenheit erfaßt und eine t-Fuzzy-Regel die Einflüsse unterschiedlicher Wert-Zeit-Kombinationen auf die Ausgangsgröße verknüpft, legt insbesondere einen Vergleich mit Gewichtsfunktionen (siehe etwa [Bur84], S.28ff oder [Czi00], S. 110) nahe.

  Hinsichtlich der praktischen Anwendbarkeit ist ein Vergleich mit anderen Modellstrukturen, etwa lokalen linearen Modellen, vorzunehmen.

- Implementierung und Test des skizzierten entscheidungsbaumbasierten Ansatzes zur direkten Identifikation von t-Fuzzy-Systemen aus Zeitreihen.

  Aufgrund des Verzichts auf zusätzliche Umformungsschritte (Symbolisierung) liegt hierin wahrscheinlich das größte Potential zur Modellierung realer dynamischer Systeme mit t-Fuzzy-Systemen auf der numerischen Ebene.

- Fortsetzung der Arbeiten zur Ableitung von t-Fuzzy-Systemen aus musterbasierten Regeln und Erarbeitung weiterer Methoden zu ihrer Umsetzung.

  Hierbei besteht das Ziel zum einen in der Automatisierung der Umsetzung von Einzelregeln unter Berücksichtigung der Eigenschaften der zugrundeliegenden Muster (z.B. Approximationsgüte oder Werte der zur Ableitung verwendeten Clusterparameter) und Regeln (z.B. Wahrscheinlichkeit des Eintretens der Konklusion, Regelbewertung). Dabei ist insbesondere das Problem der Umsetzung Veränderungs-orientierter Muster zu lösen.

Zum anderen sind Arbeiten zu Modellbewertung und -adaption durchzuführen, um unter Verwendung der vorliegenden Zeitreihen geschlossene, anwendbare Modelle abzuleiten. Dazu sind die zunächst aus einzelnen, isolierten Zusammenhängen bestehende Regelmengen (Initialisierung eines *t*-Fuzzy-Systems durch Umsetzung von Einzelregeln aus der maschinellen Datenanalyse) datenbasiert zu optimieren. Hierfür werden unter anderem auch Methoden zur Bewertung ganzer Regelmengen anstelle von Einzelregeln benötigt, die die Auswahl einer zur Verhaltensmodellierung nützlichen Untermenge aus einer Menge teilweise redundanter MSDD-I-Abhängigkeitsbeziehungen ermöglichen.

- Fortsetzung der durchgeführten Experimente zur Verhaltensmodellierung.

  Ein wichtiges Ziel derartiger Arbeiten besteht darin, verschiedene Kombinationen von Methoden der Termauswertung, logischen Operatoren und Inferenzprinzipien zu vergleichen und hinsichtlich ihres Nutzens zur Lösung praxisrelevanter Modellierungsprobleme zu bewerten.

- Untersuchung der Eignung von *t*-Fuzzy-Systeme zur Regelung.

  Da es sich bei *t*-Fuzzy-Systemen um echte Verallgemeinerungen der Fuzzy-Systeme nach Mamdani handelt, stellt auch die Untersuchung von *t*-Fuzzy-Systemen in Bezug auf ihre Eignung nicht nur zur Modellierung, sondern auch zur Regelung dynamischer Systeme (Fuzzy Control) ein vielversprechendes Forschungsthema dar.

- Untersuchung der Übertragbarkeit des Fuzzy-System-Ansatzes von Sugeno-Takagi auf *t*-Fuzzy-Systeme.

  Mit der Verwendung der Konklusionsterme von Sugeno-Takagi-Regeln erster Ordnung kann prinzipiell eine direkte Umsetzung der Konklusionsmuster musterbasierter Regeln mit Hilfe affiner Funktionen realisiert werden. Insbesondere können damit auch Veränderungs-orientierte Muster direkt umgesetzt werden.

Kapitel 7

Literatur

[AB95] L. Asker und H. Boström. Building the DeNOx system: Experience from a real-world application of learning. In *Workshop on Applying Machine Learning in Practise at IMLC-95*, 1995.

[Abr63] N. Abramson. *Information and Coding*. McGraw-Hill, New York, San Francisco, Toronto, London, 1963.

[Ack93] J. Ackermann. *Robuste Regelung: Analyse und Entwurf von linearen Regelungssystemen mit unsicheren physikalischen Parametern*. Springer Verlag, Berlin, Heidelberg, 1993.

[All83] J.F. Allen. Maintaining knowledge about temporal intervals. *Comm. of the ACM*, 26(11):832–843, 1983.

[And89] J.R. Anderson. *Kognitive Psychologie: eine Einführung*. Spektrum-der-Wissenschaft-Verlagsgesellschaft, Heidelberg, 2. Auflage, 1989.

[BA96] R.J. Brachman und T. Anand. The process of knowledge discovery in databases. In U. Fayyad, G. Piatetsky-Shapiro, G. Smyth und R. Uthurusamy (Hrsg.), *Advances in Knowledge Discovery and Data mining*, S. 37–57. The MIT-Press, 1996.

[Bac90a] F. Bacon. *Neues Organon, Teilband 1*. Felix Meiner Verlag, Hamburg, 1990.

[Bac90b] F. Bacon. *Neues Organon, Teilband 2*. Felix Meiner Verlag, Hamburg, 1990.

[Bai94] M.J. Baines. Algorithms for optimal discontinuous piecewise linear and constant l_2 fits to continuous functions with adjustable nodes in one and two dimensions. *Mathmatics of Computation*, 62(206):645–669, 1994.

[Bax96] R.A. Baxter. *Minimum Message Length Inference: Theory and Applications*. PhD thesis, Monash University, Clayton, Victoria, Australia, 1996.

[Bet96] K.D. Bettenhausen. *Automatische Struktursuche für Regler und Strecke. Beiträge zur datengetriebenen Analyse und optimierenden Führung komplexer Prozesse mit Hilfe evolutionärer Methoden und lernfähiger Fuzzy-Systeme*. Dissertation, TH Darmstadt, 1996.

[Bez73] J.C. Bezdek. *Fuzzy Mathematics in Pattern Classification*. PhD thesis, Center for Applied Mathmatics, Cornell University, New York, 1973.

[BFOS84] L. Breiman, J. Friedman, R. Olshen und C. Stone. *Classification and Regression Trees*. Wadsworth, Belmont, CA, 1984.

[BG93] H. Bandemer und S. Gottwald. *Einführung in Fuzzy-Methoden*. Akademie-Verlag GmbH, Berlin, 4. Auflage, 1993.

[BH65] G.H. Ball und B.J. Hall. *ISODATA, A Novel Method of Data Analysis and Pattern Classification*. Technical report, Stanford Research Institute, 1965.

[Bis94] Ch.M. Bishop. *Neural Networks for Pattern Recognition*. Oxford University Press, 1994.

[BK93] R. Böhm und V. Krebs. Ein Ansatz zur Stabilitätsanalyse und Synthese von Fuzzy-Regelungen. *at*, 41(8), 1993.

[BMB95] G. Bretthauer, R. Mikut und T. Bindel. Stabilitätssicherung mit einer Fuzzy-Überwachungs- und Adaptionsebene auf der Basis unscharfer Ljapunov-Funktionen. In *Proceedings Anwendersymposium zu Neuro-Fuzzy-Technologien*, S. 179 – 184, Wittenberg, 1995.

[BMO94] G. Bretthauer, R. Mikut und H.-P. Opitz. Stabilität von Fuzzy-Regelungen – eine Übersicht. In *GMA Aussprachetag „Fuzzy Control – Grundlagen – Entwurf – Anwendungen – Tools", VDI-Bericht 1113*, S. 287 – 297, Düsseldorf, 1994. VDI Verlag.

[BO94] G. Bretthauer und H.-P. Opitz. Stability of fuzzy systems - a survey. In *Proceedings EUFIT'94*, S. 283 – 290, Aachen, 1994.

[Bor01] M. Boronowsky. *Diskretisierung reellwertiger Attribute mit gemischten kontinuierlichen Gleichverteilungen und ihre Anwendung bei der zeitreihenbasierten Entscheidungsbauminduktion*. Dissertation, Universität Bremen, Bremen, 2001.

[Bra90] H. Braun. Abfallverbrennung. In *Umweltforschung, Umwelttechnik*, S. 3–17. Kernforschungszentrum Karlsruhe, Karlsruhe, 1990.

[Bru91] M. Bruns. *Systemtechnik*. Springer Verlag, Berlin, 1991.

[BS96] N. Birbaumer und R.F. Schmidt. *Biologische Psychologie*. Springer Verlag, Berlin, Heidelberg, New York, 3. Auflage, 1996.

[BSMM99] I.N. Bronstein, K.A. Semendjajew, G. Musiol und H. Mühlig. *Taschenbuch der Mathematik*. Verlag Harri Deutsch, Frankfurt am Main, 4. Auflage, 1999.

[Bur84] H.L. Burmeister. *Theorie der automatischen Steuerung. 2. Lehrbrief. Lineare Übertragungsglieder*. Polygrafischer Bereich der Bergakademie Freiberg, 1984.

[Bur98] Ch.J.C. Burges. A tutorial on support vector machines for pattern recognition. *Data Mining and Knowledge Discovery*, 2(2):955–974, 1998.

[Czi00] H. Czichos (Hrsg.). *Hütte. Grundlagen der Ingenieurwissenschaften*. Springer Verlag, Berlin, Heidelberg, 31. Auflage, 2000.

[dB84] J. deKleer und J.S. Brown. A qualitative physics based on confluences. *Artificial Intelligence*, 28:7–83, 1984.

[DH73] R. Duda und P. Hart. *Pattern Classification and Scene Analysis*. Wiley, 1973.

[DKRS83] D. Dörner, H.W. Kreuzig, F. Reither und Th. Stäudel (Hrsg.). *Lohhausen: vom Umgang mit Unbestimmtheit und Komplexität*. Verlag Hans Huber, Bern Stuttgart Wien, 1983.

[Dör87] D. Dörner. *Problemlösen als Informationsverarbeitung*. Kohlhammer, Stuttgart, Berlin , Köln, Mainz, 3. Auflage, 1987.

[Dör96] D. Dörner (Hrsg.). *Psychologie: eine Einführung in ihre Grundlagen und Anwendungsfelder*. Kohlhammer, Stuttgart, 1996.

[Dör93] D. Dörner. *Die Logik des Mißlingens - Strategisches Denken in komplexen Situationen*. Rowohlt, Hamburg, 1993.

[Dun74] J.C. Dunn. A fuzzy relative of the ISODATA process and its use in detecting compact, well-separated clusters. *Journal of Cybernetics*, 3(3):32–57, 1974.

[Eyk74] P. Eykhoff. *System identification: parameter and state estimation*. Wiley, London, 1974.

[FG86] K.D. Forbus und D. Gentner. Learning pyhysical domains: Toward a theoretical framework. In R.S. Michalski, J.G. Carbonnell und T.M.

Mitchell (Hrsg.), *Machine Learning. An Artificial Intelligence Approach*, S. 311–348. Morgan Kaufmann Publishers, Inc., Los Altos, California, 1986.

[FK98] A. Fick und H.B. Keller. Konzeptbildung zur automatischen Modellierung dynamischer Systeme. In Ute Schmid (Hrsg.), *Workshop Maschinelles Lernen und Konzepterwerb, Bremen, 15.-17.9.1998*, S. 28–42. TU Berlin, 1998.

[FK00a] A. Fick und H.B. Keller. Fuzzy-Modelle zur expliziten Repräsentation zeitlicher Beziehungen. In E. Leopold und M. Kirsten (Hrsg.), *Treffen der GI-Fachgruppe 1.1.3 Maschinelles Lernen, Sankt Augustin, 18.-20. September 2000, GMD Report 114*, S. 126–133. GMD - Forschungszentrum Informationstechnik GmbH, September 2000.

[FK00b] A. Fick und H.B. Keller. Modellierung des Verhaltens Dynamischer Systeme mit erweiterten Fuzzyregeln. In R. Mikut (Hrsg.), *10. Workshop des GMA-FA 5.22 Fuzzy Control am 19./20. Oktober in Dortmund, Wissenschaftliche Berichte FZKA 6509*, S. 126–139. Forschungszentrum Karlsruhe, Karlsruhe, Oktober 2000.

[Föl82] O. Föllinger. *Laplace- und Fourier-Transformation.* AEG-Telefunken, Frankfurt, 3. Auflage, 1982.

[FPSS96] U.M. Fayyad, G. Piatetsky-Shapiro und P. Smyth. From data mining to knowledge discovery: An overview. In U. Fayyad, G. Piatetsky-Shapiro, G. Smyth und R. Uthurusamy (Hrsg.), *Advances in Knowledge Discovery and Data mining*, S. 1–36. The MIT-Press, 1996.

[Fra89] A.M. Fraser. Information and entropy in strange attractors. *IEEE Transactions on Information Theory*, 35(2):245–262, 1989.

[FS86] A.M. Fraser und H.L. Swinney. Independent coordinates for strange attractors from mutual information. *Physical Review A*, 33(2):1134–1140, 1986.

[Fu94] L. Fu. Rule generation from neural networks. *IEEE Transactions on System, Man und Cybernetics*, 24(8), August 1994.

[Gab64] D. Gabor. Theory of communication. *Journal IEEE*, S. 429–457, 1964.

[GG89] I. Gath und A.B. Geva. Unsupervised optimal fuzzy clustering. *IEEE Transactions on Pattern Analysis and Machine Intelligence*, 11, 1989.

[Gie96] Ch. Gierend. Feuerungsregelung durch Fuzzy Control. *VGB Kraftwerkstechnik*, 76(6), 1996.

[GK79] E.E. Gustafson und W.C. Kessel. Fuzzy clustering with a fuzzy covariance matrix. *IEEE CDC*, 1979.

[Gly92] C. Glymour. *Thinking Things Through - An Introduction to Philosophical Issues and Achievments*. The MIT Press, Cambridge, Massachusetts; London, England, 1992.

[Göh74] B. Göhring. *Erprobung statistischer Parameterschätzverfahren und Strukturprüfverfahren zur experimentellen Identifikation von Regelsystemen*. Dissertation, Universität Stuttgart, 1974.

[Goo95] M.T. Goodrich. Efficient piecewise-linear function approximation using the uniform metric. *Discrete and Computational Geometry*, 14:445–462, 1995.

[Gra95] A. Graps. An introduction to wavelets. *IEEE Computational Sciences and Engineering*, 2(2):50–61, 1995.

[Grü98] P. Grünwald. *The Minimum Description Length Principle and Reasoning under Uncertainty*. PhD thesis, Universiteit van Amsterdam, Institute for Logic, Language and Computation, 1998.

[GS55] S. Guiasu und A. Shenitzer. The principle of maximum entropy. *The Mathematical Intelligencer*, 7(1), 1955.

[Har95] S. Hartmann. On stablity of fuzzy control. preprint 95-01, 1995.

[Har97] S. Hartmann. *Eine unscharfe Methode zur Modellierung und Untersuchung der Stabilität von Prozessen*. Dissertation, TU Freiberg, 1997.

[Har98] J. Hartung. *Statistik: Lehr- und Handbuch der angewandten Statistik*. Oldenbourg Verlag, München, Wien, 11. Auflage, 1998.

[Hay94] S. Haykin. *Neural Networks: A Comprehensive Foundation*. Maxwell Macmillan International, New York, Oxford, Singapore, Sidney, 1994.

[Heb49] D.O. Hebb. *The Organization of Behavior*. Wiley, New York, 1949.

[HHA+01] F. Hoffmann, D.J. Hand, N. Adams, D. Fisher und G. Guimaraes (Hrsg.). *Advances in Intelligent Data Analysis. 4th International Conference, IDA 2001, Cascais, Portugal, September 2001 Proceedings*, Berlin, Heidelberg, 2001. Springer Verlag.

[HJP00] H. Hunsinger, K. Jay und B. Peters. Experimentelle Untersuchungen und numerische Simulation des Verbrennungsprozesses auf dem Rost. *Forschungszentrum Karlsruhe Nachrichten*, 32(3):132–138, 2000.

[HKK90] E.J. Hartmann, J.D. Keeler und J.M. Kowalski. Layered neural networks with gaussian hidden units as universal approximations. *Neural Computation*, 2(2):210–215, 1990.

[HKK97] F. Höppner, F. Klawonn und R. Kruse. *Fuzzy-Clusteranalyse. Verfahren für die Bilderkennung, Klassifikation und Datenanalyse*. Vieweg Verlag, Braunschweig, 1997.

[Hol95] M. Holzschneider. *Wavelets: An Analysis Tool*. Clarendon Press, Oxford, 1995.

[Hol99] A. Holl. Leserbrief. *Informatik Spektrum*, 22(4):300, 1999.

[Hor91] K. Hornik. Approximation capabilities of multilayer feedforward networks. *Neural Networks*, 4:251–257, 1991.

[HS91] S.L. Hakimi und E.F. Schmeichel. Fitting polygonal functions to a set of points in the plane. *CVGIP: Graphical Models and Image Processing*, 53(2), 1991.

[HSW89] K. Hornik, M. Stinchcombe und H. White. Multilayer feedforward networks are universal approximators. *Neural Networks*, 2:359–366, 1989.

[Hüb89] R. Hübner. Methoden zur Analyse und Konstruktion von Aufgaben zur kognitiven Steuerung dynamischer Systeme. *Zeitschrift für experimentelle und angewandte Psychologie*, 36(2):221–238, 1989.

[II88] H. Imai und M. Iri. Polygonal approximations of a curve - formulations and algorithms. In G.T. Toussaint (Hrsg.), *Computational Morphology*. Elsevier Science Publishers B.V. (North-Holland), Amsterdam, New York, Oxford, Tokyo, 1988.

[Ise88] R. Isermann. *Identifikation dynamischer Systeme. Band 1*. Springer Verlag, Berlin, Heidelberg, 1988.

[JG95] J.-S. R. Jang und N. Gulley. *Fuzzy Logic Toolbox. For Use with MATLAB*. The Mathworks Inc., 1995.

[JK94] A. Jaeschke und H.B. Keller. Innovative Prozeßleittechnik in der thermischen Abfallbehandlung: Einsatz von wissensbasierten Systemen, Fuzzy Reglern und neuronalen Netzen. *ÖVE-Verbandszeitschrift e&i*, 111(9):463–469, 1994.

[JL83] P.N. Johnson-Laird. *Mental Models: Towards a Cognitive Science of Language, Inference and Consciousness*. Cambridge University Press, Cambridge, 1983.

[JMMB99] J. Jäkel, R. Mikut, H. Malberg und G. Bretthauer. Datenbasierte Regelsuche für Fuzzy-Systeme mittels baumorientierter Verfahren. In *9. Workshop Fuzzy Control des GMA-UA 1.4.2*, 1999.

[Jup78] D.L.B. Jupp. Approximation to data by splines with free knots. *SIAM Journal on Numerical Analysis*, 15(2):328–343, 1978.

[Kar92] A. Karalic. Employing linear regression in regression tree leaves. In *European Conference on Artificial Intelligence*, S. 440–441, 1992.

[Kel00] H.B. Keller. *Maschinelle Intelligenz*. Vieweg Verlag, 2000.

[KF99] H.B. Keller und A. Fick. Simulation of human modelling principles - Modellieren nach dem Vorbild Mensch? In H. Szczerbicka und Th. Uthmann (Hrsg.), *Modellierung, Simulation und Künstliche Intelligenz*. SCS Publishing House, Erlangen, 1999.

[KFK+02] T. Krakau, Ch. Fouda, H.B. Keller, M. Kersten, J. Matthes und S. Zipser. *Systemhandbuch Inspect 2.1*. IAI, Forschungszentrum Karlsruhe und Ci-Tec GmbH, 2002.

[KGK93] R. Kruse, J. Gebhardt und F. Klawonn. *Fuzzy-Systeme*. B.G. Teubner, Stuttgart, 1993.

[KH90] R.H. Kluwe und H. Haider. Modelle zur internen Repräsentation komplexer technischer Systeme. *Sprache & Kognition*, 9(4):173–192, 1990.

[Kie94] H. Kiendl. *Fuzzy Control methodenorientiert*. Oldenbourg Verlag, München, 1794.

[Kie93] H. Kiendl. Theorie für den Anwender: Fuzzy Control. *at*, 41(11):A33–A36, 1993.

[KKJA97] H.B. Keller, E. Kugele, A. Jaeschke und F.W. Albert. Ein Videobildgestützes System zur Optimierung des Ausbrandes in der thermischen Abfallbehandlung. *Wasser & Boden*, 49(6):15–17, 1997.

[Kli71] F. Klix. *Information und Verhalten*. Verlag Hans Huber, Bern Stuttgart Wien, 1971.

[Kli92] F. Klix. *Die Natur des Verstandes*. Hogrefe, Verlag für Psychologie, Göttingen, Bern, Toronto, Seattle, 1992.

[KMN98] V. Kreinovich, G.C. Mouzouris und H.T. Nguyen. Fuzzy rule based modeling as a universal control tool. In Hung T. Nguyen und M. Sugeno (Hrsg.), *Fuzzy Systems: Modeling and Control*, S. 135–195, Boston, MA, 1998. Kluwer.

[KMR96] V. Klingspor, K.J. Morik und A.D. Rieger. Learning concepts from sensor data of a mobile robot. *Machine Learning*, 23(2–3):305–323, 1996.

[KNY00] V. Kreinovich, H.T. Nguyen und Y. Yam. Fuzzy systems are universal approximators for a smooth function and its derivates. *International Journal of Intelligent Systems*, 2000.

[Koh82] T. Kohonen. Self-organized formation of topologically correct feature maps. *Biological Cybernetics*, 43:59–69, 1982.

[KR93] H. Kiendl und J. Rüger. Verfahren zum Entwurf und Stabiltätsnachweis von Regelungssystemen mit Fuzzy-Reglern. *at*, 41(5), 1993.

[Kra94] M. Krabs. *Das ROSA-Verfahren zur Modellierung dynamischer Systeme durch Regeln mit statistischer Relevanzbewertung*. Dissertation, Universität Dortmund, 1994.

[Kra00] M. Kraft. *Implementierung und Test von Cluster-Algorithmen in Java*. Studienarbeit, Universität Karlsruhe, 2000.

[Kra01] M. Kraft. *Ableitung von Ursache-Wirkungs-Beziehungen über Musteranalyse von Zeitreihen*. Diplomarbeit, Universität Karlsruhe, 2001.

[Kut89] S. Kutscha. *Statistische Bewertungskriterien für die Entropieanalyse dynamischer Systeme*. Dissertation, Fakultät für Maschinenwesen, RWTH Aachen, 1989.

[KW92] H.B. Keller und Th. Weinberger. Heuristische Modellierung - ein Arbeiten mit Hypothesen. In *Workshop Modellierung und Simulation im Umweltbereich*, Rostock, 1992. Universität Rostock, Fb. Informatik.

[Lan78] P. Langley. Bacon.1: A general discovery system. In *Proceedings of the Second National Conference of the Canadian Society for Computational Studies in Intelligence*, S. 173–180, Toronto, 1978.

[Lan98] P. Langley. The computer-aided discovery of scientific knowledge. In S. Arikawa und H. Motoda (Hrsg.), *Proceedings of the First International Conference on Discovery Science in Fukuoka, Japan*. Springer Verlag, 1998.

[LBS84] P. Langley, G.L. Bradshaw und H.A. Simon. Rediscovering chemistry with the bacon system. In Ryszard S. Michalski, Jaime G. Carbonnell und Tom M. Mitchell (Hrsg.), *Machine Learning. An Artificial Intelliogence Approach*, S. 307–330. Springer Verlag, Berlin, Heidelberg, New York, Tokyo, 1984.

[LL00] T.-S. Lim und W.-Y. Loh. A comparison of prediction accuracy, complexity und training time of thirty-three old and new classification algorithms. *Machine Learning*, 40(3):203–228, 2000.

[MA75] E.H. Mamdani und S. Assilian. An experiment in linguistic synthesis with a fuzzy controller. *International Journal of Man Machine Studies*, 7:1–13, 1975.

[MCM84] R.S. Michalski, J.G. Carbonell und T.M. Mitchell. *Machine learning. An Artificial Intelligence Approach.* Springer Verlag, Berlin, Heidelberg, New York, Tokyo, 1984.

[MD91] K. Mittag und H.-G. Dittrich. *Untersuchungen zum stationären und dynamischen Verhalten der Feuerung an der Versuchsanlage zur Müllverbrennung TAMARA.* Primärbericht, Kernforschungszentrum Karlsruhe, Mai 1991.

[MGJ01] R. Mikut, L. Gröll und J. Jäkel. Boolesche Algebra und Fuzzy-Operatoren. In R. Mikut und M. Reischl (Hrsg.), *Proceedings 11. Workshop Fuzzy Control des GMA-FA 5.22. Dortmund, 28.-30. November 2001*, 2001.

[Mik99] R. Mikut. *Modellgestützte on-line Stabilitätsüberwachung komplexer Systeme auf der Basis unscharfer Ljapunov-Funktionen.* VDI Verlag, Düsseldorf, 1999.

[Mil73] J.S. Mill. *A System of Logic, Ratiocinative and Inductive.* University of Toronto Press, Routledge & Kegan Paul, Toronto, Buffalo, 1973. General Editor J.M. Robson.

[Mit97] T. Mitchell. *Machine Learning.* McGraw-Hill, New York, 1997.

[MJMB00] R. Mikut, J. Jäkel, H. Malberg und G. Bretthauer. Datenbasierter Entwurf von Fuzzy-Systemen für medizinische Diagnoseaufgaben. *at*, 48(7):317–326, 2000.

[MK96] B. Müller und H.B. Keller. Neural networks for combustion process modelling. In *International Conference on Engeneering Applications of Neural Networks (EANN 96)*, 1996.

[MKS94] S.K. Murthy, S. Kasif und S. Salzberg. A system for induction of oblique decision trees. *Journal of Artificial Intelligence Research*, 2(1):1–32, 1994.

[MPSDB92] K. Mittag, G. Pfrang-Stotz, H.-G. Dittrich und Th. Behrendt. *Untersuchungen zur gepulsten Verbrennung an der Versuchsanlage zur Müllverbrennung TAMARA.* Primärbericht, Kernforschungszentrum Karlsruhe, August 1992.

[Mül00] B. Müller. *Innovative Prozeßführung in der thermischen Abfallbehandlung mit künstlichen neuronalen Netzen.* Dissertation, Universität Karlsruhe, http://www.ubka.uni-karlsruhe.de/cgi-bin/psview?document=2000/maschinenbau/8, 2000.

[OC96] T. Oates und R.R. Cohen. Searching for structure in multiple streams of data. In *Proceedings of the Thirteens International Conference on Machine Learning*, S. 346–354, 1996.

[OSC97] T. Oates, M.D. Schmill und P.R. Cohen. Parallel and distributed search for structure in multivariate time series. In *Proceedings of the Ninth European Conference on Machine Learning*, 1997.

[Opt93] H.-P. Optiz. Fuzzy control and stability criteria. In *Proceedings EUFIT'93*, S. 130 – 136, Aachen, 1993.

[Pes90] M.F. Peschl. *Cognitive modelling: ein Beitrag zur Cognitive Science aus der Perspektive des Konstruktivismus und des Konnektionismus.* Deutscher Universitäts-Verlag, Wiesbaden, 1990.

[Pes94] M.F. Peschl. *Repräsentation und Konstruktion.* Vieweg Verlag, Braunschweig, Wiesbaden, 1994.

[Pet94] B. Peters. *A model for numerical simulation of devolatilization and combustion of waste material in packed beds.* KfK-Bericht 5385, Kernforschungszentrum Karlsruhe, 1994.

[PKSF00] B. Peters, L. Krebs, E. Schröder und H.-H. Frey. Modellierung der Festbettverbrennung. *Forschungszentrum Karlsruhe Nachrichten*, 32(3):139–147, 2000.

[PS91] J. Park und I.W. Sandberg. Universal approximation using radial-basis-function networks. *Neural Computation*, 3(2):246–257, 1991.

[Pup91] F. Puppe. *Einführung in Expertensysteme.* Springer Verlag, Berlin, 2. Auflage, 1991.

[Qui86] J.R. Quinlan. Induction of decision trees. *Machine Learning*, 1(1):81–106, 1986.

[Qui93] J.R. Quinlan. *C4.5: Programs for Machine Learning.* Morgan Kaufmann, San Mateo, California, USA, 1993.

[RD88] U. Reichert und D. Dörner. Heurismen beim Umgang mit einem „einfachen" dynamischen System. *Sprache & Kognition*, 7(1):12–24, 1988.

[Reu95] H. Reuter. *Zur Identifikation nichtlinearer Systemmodelle mit wenig A-priori-Informationen.* Dissertation, FB Maschinenbau, Gerhard-Mercator-Universität-Gesamthochschule Duisburg, 1995.

[Ris78] J. Rissanen. Modeling by shortest data description. *Automatica*, 14:465–471, 1978.

[Ris83] J. Rissanen. A universal prior for the integers and estimation by minimum description length. *Ann. of Statistics*, 11(2):416–431, 1983.

[RMt89] D.E. Rumelhart, J.L. McClelland und the PDP Research Group. *Parallel Distributed Processing - explorations in the Microstructure of Cognition*, volume 1. The MIT-Press, Cambridge, Massachussets, 1989.

[RN95] S. Russel und P. Norvig. *Artificial Intelligence - A Modern Approach.* Prentice Hall, Englewood Cliffs, New Jersey, 1995.

[SB98] R.S. Sutton und A.G. Barto. *Reinforcement Learning: An Introduction.* The MIT Press, 1998.

[Sch67] H. Schwarz. *Mehrfachregelungen, Band 1.* Springer Verlag, 1967.

[Sch99a] E. Schäfers. *Dynamische Fuzzy-Systeme zur qualitativen Prozeßmodellierung: Eine neue Systemtheorie.* Dissertation, Institut für Regelungs- und Steuersysteme, Universität Karlsruhe (T.H.), Düsseldorf, 1999.

[Sch99b] P. Schefe. Softwaretechnik und Erkenntnistheorie. *Informatik Spektrum*, 22(2):122 – 135, 1999.

[SKK99] T. Slawinski, P. Krause und A. Krone. Fuzzy Adaption der evolutionären Regelsuche im FUZZY-ROSA-Verfahren. In *9. Workshop Fuzzy Control des GMA-UA 1.4.2*, 1999.

[SKS97] E. Schäfers, V. Krebs und K. Schmid. Inferenzverfahren für dynamische Fuzzy-Systeme. In *7. Workshop Fuzzy Control des GMA-UA 1.4.2*, S. 165–178, 1997.

[Sol89] R. Soltysiak. *Wissensbasierte Prozeßregelung*. Oldenbourg Verlag, München, Wien, 1989.

[SR95] R.R. Sokal und F.J. Rohlf. *Biometry*. W.H. Freeman and Company, 3. Auflage, 1995.

[SS94] R. Schlittgen und B. Streitberg. *Zeitreihenanalyse*. Oldenbourg Verlag, München, Wien, 5. Auflage, 1994.

[Sti98] J. Ch. Stiller. *Hidden-Markov-Modelle: Unüberwachtes Lernen und Klassifikation.* Dissertation, Institut für Theoretische Physik und Astrophysik, Carl-Albrecht Universität Kiel, 1998.

[Str75] H. Strobel. *Experimentelle Systemanalyse.* Akademie-Verlag GmbH, Berlin, 1975.

[Sug85] M. Sugeno. An introductory survey of fuzzy control. *Information Sciences*, 36:59–83, 1985.

[Sut88] R.S. Sutton. Learning to predict by the methods of temporal difference. *Machine Learning*, 3(1):9–44, 1988.

[Thi00] H. Thiele. *Einführung in die Fuzzy-Logik. Skriptum zur Vorlesung*, 2000.

[TK94] K. Thomé-Kozmiensky. *Thermische Abfallbehandlung.* EF Verlag für Energie- und Umwelttechnik GmbH, Berlin, 2. Auflage, 1994.

[TN94] A.Y. Tawfik und E. Neufeld. Temporal bayesian networks. In S.D. Goodwin und H.J. Hamilton (Hrsg.), *Proceedings of the First International Workshop on Temporal Representation and Reasoning (TIME-94)*, Department of Computer Science, University of Regina, Canada, 1994.

[TS92] G.G. Towell und J.W. Shavlik. Using symbolic learning to improve knowledge-based neural networks. In *Proceedings of the AAAI 92*, 1992.

[UGB74] H. Unbehauen, B. Göring, and B. Bauer. *Parameterschätzverfahren zur Systemidentifikation.* Oldenbourg Verlag, München, 1974.

[Unb93] R. Unbehauen. *Systemtheorie.* Oldenbourg Verlag, München, 6. Auflage, 1993.

[UW81] S. Unger und F. Wysotzki. *Lernfähige Klassifikationssysteme (Classification Systems Being Able to Learn).* Akademie Verlag, 1981.

[Val84] L.G. Valiant. A theory of the learnable. *Communications of the ACM*, 27(11), 1984.

[Vap98] V.N. Vapnik. *Statistical Learning Theory.* John Wiley & Sons, Inc., New York, Cichester, Weinheim, Brisbane, Singapore, Toronto, 1998.

[VDI00] VDI/VDE-Handbuch Regelungstechnik. VDI-Richtlinie: VDI/VDE 3550 Blatt 2. Fuzzy-Logik und Fuzzy-Control. Begriffe und Definitionen. VDI/VDE-Gesellschaft Mess- und Automatisierungstechnik, Juli 2000.

[von84] W. von Ockham. *Texte zur Theorie der Erkenntnis und der Wissenschaft.* Philipp Reclam Jun., Stuttgart, 1984. Herausgegeben, übersetzt und kommentiert von Ruedi Imbach.

[Wat89] C. Watkins. *Learning from Delayed Rewards.* PhD thesis, King's College, Cambridge, England, 1989.

[WB68] C.S. Wallace und D.M. Boulton. An information measure for classification. *Computer Journal*, 11(2):195–209, 1968.

[Web96] G.I. Webb. OPUS: An efficient admissible algorithm for unordered search. *Journal of Artificial Intelligence Research*, 3:45–83, 1996.

[Wei94] Th. Weinberger. *Ein Ansatz zur Modellierung dynamischer Systeme.* Dissertation, Universität Karlsruhe, 1994.

[Wen91] S. Wendt. *Nichtphysikalische Grundlagen der Informationstechnik.* Springer Verlag, Berlin, Heidelberg, 2. Auflage, 1991.

[Wer89] J. Wernstedt. *Experimentelle Prozeßanalyse.* Oldenbourg Verlag, München, Wien, 1989.

[Wic89] Th.D. Wickens. *Multiway Contingency Tables Analysis for the Social Sciences.* Lawrence Erlbaum Associates, 1989.

[WS96] W. Wienholt und B. Sendhoff. How to determine the redundancy of noisy chaotic time series. *International Jornal of Bifurcation and Chaos*, 6(1):101–117, 1996.

[Zad58] L.A. Zadeh. On the identification problem. *IRE Transactions on Circuit Theory*, S. 277 – 281, 1958.

[Zad62] L.A. Zadeh. From circuit theory to systems theory. *Proc. IRE*, 50:856 – 865, 1962.

[Zad65] L.A. Zadeh. Fuzzy sets. *Information and Control*, 8:338 – 353, 1965.

[Zel94] A. Zell. *Simulation Neuronaler Netze.* Addison Wesley, 1994.

[Zim83] P.G. Zimbardo. *Psychologie.* Springer Verlag, Berlin, Heidelberg, 4. Auflage, 1983.

[Zim99] H.-J. Zimmermann (Hrsg.). *Proceedings / EUFIT '99: 7th European Congress on Intelligent Techniques & Soft Computing; Aachen, Germany, September 13-16, 1999*, Aachen, Mainz, 1999.

Kapitel 8

Anhang

8.1 Abkürzungen

C^3R	„Childrens Cognitive Learning for Causal Reasoning about Dynamic Systems“ System zur Modellierung dynamischer Systeme
MSDD	Multi-Stream Dependency Detection
MSDD-I	Multi-Stream Dependency Detection with Intervals Erweiterung des MSDD-Algorithmus.
MSE	Mean Square Error

8.2 Symbole

$\mathcal{A}$	Menge aller Mengen von Fuzzy-Mengen zu den Eingangsgrößen eines t-Fuzzy-Systems, $\mathcal{A} = \{\mathcal{A}_1, \mathcal{A}_2, \ldots, \mathcal{A}_{n_x}\}$
$\mathcal{A}_i$	Menge der Fuzzy-Mengen zur Eingangsgröße X_i eines t-Fuzzy-Systems, $\mathcal{A}_i = \{A_{i,1}, A_{i,2}, \ldots, A_{i,n_{A_i}}\}$, $1 \leq i \leq n_x$
$\mathcal{B}$	Menge der Fuzzy-Mengen zur Ausgangsgröße eines t-Fuzzy-Systems, $\mathcal{B} = \{B_1, B_2, \ldots, B_{n_B}\}$
$\mathcal{R}$	Menge der Regeln eines t-Fuzzy-Systems, $\mathcal{R} = \{R_1, R_2, \ldots, R_{n_R}\}$
$\mathcal{S}$	Menge der Ströme (symbolischen Zeitreihen) des MSDD-Algorithmus, $\mathcal{S} = \{S_1, S_2, \ldots, S_{n_s}\}$
$\mathcal{T}$	Menge der Fuzzy-Mengen eines t-Fuzzy-Systems im Zeitbereich, $\mathcal{T} = \{T_1, T_2, \ldots, T_{n_T}\}$
$\mathcal{V}_i$	Menge der Symbole des Stromes S_i, $\mathcal{V} = \{v_{i,1}, v_{i,2}, \ldots, v_{i,n_{v,i}}\}$

$\mathcal{X}$	Menge der Eingangsgrößen eines t-Fuzzy-Systems, $\mathcal{X} = \{X_1, X_2, \ldots, X_{n_x}\}$
$\mathbb{N}$	Menge der natürlichen Zahlen ohne 0 $\mathbb{N} = \{1, 2, 3, \ldots\}$
$\mathbb{N}_0$	Menge der natürlichen Zahlen mit 0 $\mathbb{N}_0 = \{0, 1, 2, \ldots\}$
$A_{i,j}$	j'te Fuzzy-Menge zur i'ten Eingangsgröße eines t-Fuzzy-Systems, $1 \leq i \leq n_x$, $1 \leq j \leq n_{A_i}$
B_j	j'te Fuzzy-Menge zur Ausgangsgröße eines t-Fuzzy-Systems, $1 \leq j \leq n_B$
R_i	i'te Regel eines t-Fuzzy-Systems, $1 \leq i \leq n_R$
S_i	i'ter Strom (symbolische Zeitreihe) des MSDD-Algorithmus, $1 \leq i \leq n_s$
T_k	k'te Fuzzy-Menge eines t-Fuzzy-Systems im Zeitbereich, $1 \leq k \leq n_k$
U_i	i'te Eingangsgröße, $1 \leq i \leq n_u$
X_i	i'te Größe oder Zeitreihe, $1 \leq i \leq n_x$ i'te Eingangsgröße eines t-Fuzzy-Systems, $1 \leq i \leq n_x$
Y	Ausgangsgröße eines t-Fuzzy-Systems
Y_i	i'te Ausgangsgröße, $1 \leq i \leq n_y$
l	Länge des Gedächtnisses $\{t_{k-l+1}, \ldots, t_k\}$ bei Betrachtung der Modellierung als Abbildungsproblem.
m	Länge des Vorhersagebereiches $\{t_{k+1}, \ldots, t_{k+m}\}$ bei Betrachtung der Modellierung als Abbildungsproblem.
$m_{K,e}$	Wert eines Konklusionsmusters zum Endzeitpunkt des Musters $t_{K,e}$
$m_{K,s}$	Wert eines Konklusionsmusters zum Startzeitpunkt des Musters $t_{K,s}$
$m_{P,e}$	Wert eines Prämissenmusters zum Endzeitpunkt des Musters $t_{P,e}$
$m_{P,s}$	Wert eines Prämissenmusters zum Startzeitpunkt des Musters $t_{P,s}$
m_e	Wert eines Musters zum Endzeitpunkt des Musters t_e
m_s	Wert eines Musters zum Startzeitpunkt des Musters t_s
n	Länge der betrachteten Zeitreihen
n_A	Anzahl aller Fuzzy-Mengen $n_A = \sum_{i=1}^{n_X} n_{A_i}$
n_{A_i}	Anzahl Fuzzy-Mengen zur Größe X_i
n_B	Anzahl Fuzzy-Mengen zur Ausgangsgröße eines t-Fuzzy-Systems
n_R	Anzahl Regeln eines t-Fuzzy-Systems
n_T	Anzahl Fuzzy-Mengen im Zeitbereich
$n_{p,i}$	Anzahl Punkte im i'ten Cluster
n_s	Anzahl Ströme (symbolische Zeitreihen) des MSDD-Algorithmus
n_u	Anzahl Eingangsgrößen

$n_{v,i}$	Anzahl der Symbole des i'ten Stromes (symbolische Zeitreihe) des MSDD-Algorithmus
n_x	Anzahl aller Größen (Eingangs- und Ausgangsgrößen), $n_x = n_u + n_y$
n_y	Anzahl Ausgangsgrößen
r_{xy}	Korrelationsfunktion der Zeitreihen X und Y
s_x	empirische Standardabweichung der Zeitreihe X
s_{xy}	empirische Kovarianz der Zeitreihen X und Y
s_y	empirische Standardabweichung der Zeitreihe Y
$t_{K,e}$	Endzeitpunkt eines Konklusionsmusters
$t_{K,s}$	Startzeitpunkt eines Konklusionsmusters
$t_{P,e}$	Endzeitpunkt eines Prämissenmusters
$t_{P,s}$	Startzeitpunkt eines Prämissenmusters
t_e	Endzeitpunkt eines Musters
t_k	k'ter Zeitpunkt einer Zeitreihe, $1 \leq k \leq n$ Die (konstante) Abtastrate ist auf 1 genormt: $t_k - t_{k-1} = 1$.
t_p	Zeitpunkt der Auswertung eines Prämissenterms einer t-Fuzzy-Regel
t_s	Zeitpunkt der Auswertung eines Konklusionsterms einer t-Fuzzy-Regel *oder* Startzeitpunkt eines Musters
$u_{i,k} = u_i(t_k)$	Wert der Eingangsgröße U_i zum Zeitpunkt t_k
$\mathbf{u}_k = \mathbf{u}(t_k)$	Spaltenvektor der Werte aller Eingangsgrößen zum Zeitpunkt t_k
$v_{i,j}$	j'tes Symbol des i'ten Stromes des MSDD-Algorithmus, $1 \leq j \leq n_{v,i}$
$x_{i,k} = x_i(t_k)$	Wert der Größe X_i zum Zeitpunkt t_k
$\mathbf{x}_k = \mathbf{x}(t_k)$	Spaltenvektor der Werte aller Größen zum Zeitpunkt t_k, $\mathbf{x}_k = (x_{1,k}, x_{2,k}, \ldots, x_{n_x,k})^T = (y_{1,k}, y_{2,k}, \ldots, y_{n_y,k}, u_{1,k}, u_{2,k}, \ldots, u_{n_u,k})^T$.
$y_{i,k} = y_i(t_k)$	Wert der Ausgangsgröße Y_i zum Zeitpunkt t_k
$\mathbf{y}_k = \mathbf{y}(t_k)$	Spaltenvektor der Werte aller Ausgangsgrößen zum Zeitpunkt t_k
ε_{max}	Fehlergrenze für die Chebyshev-Metrik
ε_{MSE}	Fehlergrenze für das Kriterium „mittlerer quadratischer Abstand"
μ_A	Zugehörigkeitsfunktion der Fuzzy-Menge A (im Wertebereich einer Größe)
μ_B	Zugehörigkeitsfunktion der Fuzzy-Menge B (im Wertebereich einer Ausgangsgröße)
μ_T	Zugehörigkeitsfunktion der Fuzzy-Menge T (im Zeitbereich)
$\mu_{X_i \text{ ist } A_{i,j}@T_k}$	Zugehörigkeitsfunktion des t-Fuzzy-Terms $[X_i \text{ ist } A_{i,j}@T_k]$, $1 \leq i \leq n_x$, $1 \leq j \leq n_{A_i}$, $1 \leq k \leq n_T$

FSC
www.fsc.org
MIX
Papier | Fördert gute Waldnutzung
FSC® C083411

Kolibri 360 GmbH
Ferdinand-Jühlke-Straße 7
99095 Erfurt, Deutschland
produktsicherheit@kolibri360.de